AF292379

CATHERINE LESTANG

# ILS RACONTENT LES ÉVANGILES - 3

V2

PORTEUSE D'EAU 9

2020-2022

DU MÊME AUTEUR:


**AMAZON**

PORTEUSE D'EAU. TOME 1 PSYCHOLOGIES

PORTEUSE D'EAU. TOME 2 DICTIONNAIRE

PORTEUSE D'EAU. TOME 3 ANCIEN TESTAMENT

PORTEUSE D'EAU. TOME 4 NOUVEAU TESTAMENT PARTIE 1

PORTEUSE D'EAU. TOME 5 NOUVEAU TESTAMENT PARTIE 2


**BOD**

PORTEUSE D'EAU. TOME 6. ÉCRITS. 2016-2017

ILS RACONTENT LES ÉVANGILES

ILS RACONTENT LES ÉVANGILES -2-

ILS RACONTENT LES ÉVANGILES –3-

Table des matières

# INTRODUCTION

Ce tome 3 reprend tous les billets de mon blog "Porteuse d'eau" https://giboulee.blogspot.com consacrés à l'évangile et écrits depuis 2020, donc après le deuxième confinement.

Comme dans les tomes précédents, mon désir est de faire raconter ce qui s'est passé ce jour-là par quelqu'un qui était là, un disciple par exemple, mais pas uniquement. Parfois cela pourra être Jésus ou même quelqu'un qui est devenu acteur d'une action dont il ne voulait peut-être pas, par exemple la fille d'Hérodiade qui demande la tête de Jean le Baptiste.

Parfois, ce seront des regards croisés, car par exemple lors du lavement des pieds il est évident que les réactions de Simon-Pierre, du disciple que Jésus aime, et de Judas sont très différentes. Et tous ces regards qui peuvent être un peu les nôtres aident à approfondir quelle est aujourd'hui notre propre regard sur Jésus, sur celui que je reconnais comme celui qui est source de vie, source de ma vie.

Mais contrairement à ce que disent certaines personnes qui ont le charisme de conteur ou conteuse auprès d'adultes ou d'enfants, je ne "conte" pas les évangiles, je les raconte. Je raconte la scène telle que je la perçois. Je raconte les réactions des diverses personnes qui sont là, et si j'injecte de l'affectif, c'est que je pense que c'est un moyen de s'identifier aux protagonistes et ensuite de pouvoir contempler, car c'est bien le but. Il est nécessaire de se laisser toucher par les mots, par la scène, par les réactions, de se demander comment on aurait réagi et parfois de se mettre à la place de celui qui demande une guérison ou qui ne l'a pas demandée, ou d'être confronté à une tempête.

Pour le dire autrement, je reste au plus près du texte, je ne m'en écarte pas, je ne change pas les mots, simplement j'essaie, à ma manière, de permettre au lecteur de s'identifier à l'une de ces personnes qui un jour de sa vie, a rencontré l'homme Jésus. Une de ces personnes qui s'est posé des questions, qui n'a pas peut-être rien compris, qui a été parfois guéri, qui a vécu des évènements incompréhensibles, mais qui a été changé au plus profond de lui, qui a été sauvé, qui a rencontré celui qui demeurera en lui.

Je pense que ce livre sera le dernier à paraître. Cela ne veut pas dire que le blog lui s'arrêtera, mais que je pense que cette manière de m'exprimer, de témoigner doit changer, aller vers un autre mode d'expression. Sauf que pour le moment ce mode, je ne l'ai pas trouvé. Je sais juste que jamais ce ne sera du style exhortation, ou sermon. J'en suis bien incapable. Et s'il est bien quelque chose dont je ne veux pas, c'est de culpabiliser. Certes Jésus dénonce ce qui n'est pas bon, mais culpabiliser cela il ne le fait pas. Lui, il délie, et il relie.

Quand j'ai publié le premier livre de cette série en mai 2019, c'était pour le fruit de mon baptême dans l'Esprit. Faire parler l'autre, lui donner la parole, c'est je crois mon véritable charisme. J'avais dans le passé écrit beaucoup de textes de réflexions sur les deux testaments, certains étant déjà écrits à la première personne, mais relativement peu et pourtant c'est ce que j'ai toujours aimé faire. Je pense que c'est vraiment mon charisme.

Quand je travaillais auprès d'enfants ou d'adolescents lourdement handicapés, et que je transmettais mon expérience, les vignettes cliniques étaient ce que j'aimais le plus. Sortir de l'anonymat de la pathologie, permettre l'expression de sentiments, d'affects, voire de rage quand une maladie vous interdit tout moyen ou presque de communication.

Je me suis rendue compte, lors de conférences, que sortir du "il" pour passer au "je", permettait aux auditeurs de sortir de leur grille d'écoute, de lecture, et de pouvoir s'identifier avec le vécu de ces enfants ou adolescents qu'à l'époque on qualifiait encore de plantes vertes, ou de débiles, parce que le langage tel que nous le connaissons n'était pas possible pour eux. Ne pas parler, ne veut pas dire ne pas penser.

Il est important d'imaginer ce qui peut se passer quand le corps devient objet. Au cours de conférences, chaque fois que j'ai pu parler à la première personne, j'ai pu constater que l'auditoire devenait beaucoup plus attentif, que les questions ensuite étaient de vraies questions , que certains pouvaient se remettre en cause dans leur pratique et c'était bien un peu mon but.

Alors ce premier tome, très centré sur le temps de l'Avent et le temps de Noël, avait pour but de sortir d'une lecture tellement liée à des textes connus, qu'on ne se pose plus de questions. J'avais même laissé parler l'Ange Gabriel, qui pour moi a eu un sacré mouvement d'humeur en condamnant le brave Zacharie à la mutité pendant neuf mois.

Comme je l'ai déjà écrit, j'ai interprété ces textes que j'aime, en laissant aussi parler ma propre sensibilité, et bien entendu ma formation de psychologue, car on ne se refait pas.

Le deuxième tome, lui, est le fruit du premier confinement. Les derniers textes étant ceux de l'Ascension et de la Pentecôte. Pour le premier j'avais laissé parler Simon, ce disciple qui a eu le cœur brûlant sur la route d'Emmaüs, et pour le deuxième Marie.

Le troisième, que je publie aujourd'hui, est le fruit de beaucoup plus de réflexion. Parfois les récits narratifs, viennent tous seuls, parfois ils sont un peu comme un enfantement, donc plus difficiles même si au final la joie est là.

J'ai choisi de davantage montrer le travail qui m'est nécessaire pour arriver au texte final. Avec un peu l'idée ou le désir d'inciter ceux qui me lisent à se laisser eux aussi prendre par ce travail quotidien de lecture, de relecture. Je crois que la triade : lire, lire le texte, puis en quelque sorte, le "dé-lire", avec ou non le jeu de mots, permet ensuite de le relire en vérité.

Cela nécessite de se laisser interroger par les mots, de regarder parfois d'autres traductions, de regarder des explications, essayer de lire les notes - il faut reconnaître que ce travail est tellement facilité grâce à Internet; et même de changer de traduction. https://lire.la-bible.net/79/lecture/chapitres/traductions/genese/1/1/NBS?p=47

Parfois il faut aussi prendre le temps de regarder ce que disent les autres évangélistes qui rapportent le même évènement, mais à des moments très différents de la vie de Jésus.

Je pense aussi qu'il est nécessaire, quand la liturgie propose des textes où il manque des versets, d'aller les rechercher et surtout de toujours remettre la péricope proposée dans son contexte, c'est-à-dire aller ce qui se passe avant, ce qui se passe après (sauf si la suite est donnée le lendemain par l'évangile du jour).

Le site https://saintebible.com/genesis/1-1.htm permet d'avoir des références croisées, c'est-à-dire de voir si le verset a des harmoniques dans l'ancien testament, et enfin le site https://www.levangile.com/Comparateur-Bible-42-9-32.htm grâce à son comparateur, donne 29 versions différentes du même verset, ce qui peut être utile.

Les textes que je propose sont parfois le fruit de ces recherches. Mais je tiens aussi à dire que lorsque je travaille un évangile, je reste dans cet évangile, même si je sais qu'ailleurs le même épisode est rapporté, mais différemment. Et ce n'est pas toujours facile de rester uniquement dans le texte proposé par la liturgie. Seulement je dois dire aussi, très timidement, que c'est aussi fruit de la prière et que souvent, quand je relis des textes anciens, je m'étonne de moi-même et je pense, que l'Esprit Saint était là à souffler.

Enfin si ce tome 3 est pour moi, le dernier, c'est qu'il a un peu valeur d'un testament. Espérer que ce mode de transmission soit utile à certains, les pousser à toujours chercher, à toujours se laisser séduire, à toujours se laisser déplacer, à toujours se laisser mouvoir et émouvoir.

Je sais que raconter comme je le fais, en injectant des affects, des émotions, mais aussi de parler de ce qui surprend, ce qui pose question, ce qui n'est pas facile à accepter, et se laisser interroger par le comportement, peut être utile, car je pense que ceux qui partageaient le quotidien de Jésus, cet infatigable, n'ont pas toujours dû le trouver facile à vivre. Bien entendu ma manière de percevoir, de raconter sont très liées à ma formation de psychologue et ma propre expérience de vie, et à ma structure psychologique. Je pense que je ne remercierais jamais assez tous ceux qui m'ont fait confiance, qui ont parlé d'eux, qui m'ont appris et qui m'ont aussi transformée.

Je pense que si souvent je me centre sur les regards échangés entre Jésus et ceux qu'il guérit, ce n'est pas pour rien. Je veux dire que ce regard-là, ce regard qui ne juge pas, qui cherche au contraire à élever, parfois à rassurer, c'est certainement un regard dont j'ai pu faire l'expérience; s'agit-il du regard du ressuscité ou du regard de l'homme Jésus quand il était sur cette terre d'Israël, je ne le sais, mais cela renvoie à ma propre expérience.

Je vais peut-être en faire sourire certains, mais les représentations picturales d'un Jésus aux yeux bleus m'insupportent profondément. Je n'aime pas non plus certaines icônes où les yeux sont brun-sombre, et le regard est un regard de jugement. Mon Jésus à moi, il aurait les yeux gris, gris comme ceux de quelqu'un qui m'a beaucoup aimée et beaucoup respectée à un moment de ma vie où j'en avais vraiment besoin. Un regard d'amour et de respect, un regard où on se voir regardée et aimée.

Alors je pense que mon désir le plus profond, est que certains d'entre vous, puissent au travers de ces écrits découvrir le regard de Jésus, ce regard rempli d'amour, la joie et la paix, ce regard dans lequel on peut plonger en toute confiance.

La présentation ne suit pas l'ordre chronologique de parution des billets, mais par évangile et en suivant l'ordre des chapitres, comme dans le tome 2.

----------

# MATTHIEU

## Mt 1, 16-21 24a ne crains pas de prendre chez toi, Marie ton épouse. 2022

Fête de Saint Joseph. L'évangile proposé est un évangile bien connu (Mt 1,16), déjà entendu pendant le temps de l'Avent. J'ai raconté comment l'Ange Gabriel pouvait parler de sa rencontre avec Joseph mais aussi j'ai écrit en septembre à l'occasion de la Nativité de la Vierge. https://giboulee.blogspot.com/2018/12/temps-de-lavent-lange-gabriel.html

Comme souvent, j'ai essayé de relire ce texte, comme si c'était une première fois.

Travail sur le texte.

En mettant des couleurs sur les différents prénoms, on peut voir leur fréquence, mais aussi l'instance de l'auteur.

On voit ainsi que Joseph revient cinq fois et tout tourne autour de lui. Marie n'apparait que trois fois, presque sur un mode mineur, et il est de même du prénom que portera l'enfant: deux occurrences;

Voici le texte

*16 Jacob engendra Joseph, l'époux de Marie, de laquelle fut engendré Jésus, que l'on appelle Christ.*

*18 Or, voici comment fut engendré Jésus Christ : Marie, sa mère, avait été accordée en mariage à Joseph ; avant qu'ils aient habité ensemble, elle fut enceinte par l'action de l'Esprit Saint.*

*19 Joseph, son époux, qui était un homme juste, et ne voulait pas la dénoncer publiquement, décida de la renvoyer en secret.*

*20 Comme il avait formé ce projet, voici que l'ange du Seigneur lui apparut en songe et lui dit : « Joseph, fils de David, ne crains pas de prendre chez toi Marie, ton épouse, puisque l'enfant qui est engendré en elle vient de l'Esprit Saint ;*

*21elle enfantera un fils, et tu lui donneras le nom de Jésus (c'est-à-dire : Le-Seigneur-sauve), car c'est lui qui sauvera son peuple de ses péchés. »*

*24aQuand Joseph se réveilla, il fit ce que l'ange du Seigneur lui avait prescrit.*

Bien entendu il y a des trous, puisque le verset 16 termine la généalogie et qu'il manque le commentaire sur le nombre de générations. Il manque également les versets 22-23, avec l'autre prénom de l'enfant à venir: Emmanuel - mais je dois reconnaître que c'est peut-être plus facile; et la fin du verset 24.

J'ai essayé dans la mesure de mon possible de ne pas me servir du tout ce que l'évangile de Luc raconte sur Marie, la jeune fille de Nazareth. J'ai juste utilisé l'évangile de Jacques (le Protévangile) qui raconte entre autres, la naissance de Marie. Elle est l'enfant tardif de Anne et Joakim.

Joseph est nommé fils de David, et c'est la suite du récit matthéen qui parlera de Bethléem, lors de la venue des mages. De Marie, on ne sait rien, sauf qu'elle avait été accordée en mariage. Mariage de raison? Mariage de rencontre comme jadis la rencontre de Jacob avec Rachel? On ne sait pas; on peut tout imaginer.

On sait enfin que Joseph est un homme juste. Certains commentateurs pensent que c'est cette qualité de Joseph qui le fait penser à renvoyer sa future épouse, car il se sent indigne d'être le père choisi pour élever cet enfant qui est don de l'Esprit. Je trouve cela très beau, mais j'aime pour ma part à sentir le trouble qui a pu prendre cet homme, qui voit ses espoirs de fonder une famille s'évanouir. Peut-être apprécie-t-il la franchise de sa future femme, mais quand même.

Alors j'ai laissé Joseph raconter.

Joseph raconte.

*Mon prénom c'est Joseph; et celui qui est mon guide, c'est ce Joseph des temps anciens, ce Joseph qui était devenu le bras droit de Pharaon en terre d'Égypte; et qui lors d'une famine avait permis à son père Jacob (mon père porte le même prénom) et à sa famille de s'établir sur des terres fertiles et de devenir un véritable peuple, le peuple de la lignée des fils de Jacob. Aujourd'hui, comme je suis un descendant de la tribu de Juda, et donc du roi David, je réside à Bethléem, la ville du pain.*

*Je suis le fiancé d'une belle jeune fille. Elle s'appelle Myriam, ses parents sont morts, et elle a peu de famille. Notre mariage doit avoir lieu dans les mois qui viennent, mais la date n'a pas encore été fixée; nous apprenons à nous connaître et plus je la vois et plus elle me ravit. Elle est instruite, elle connaît bien les écritures et comme moi, elle attend la venue du Messie, celui qui doit sauver notre peuple.*

*Il me semblait que tout allait pour le mieux, sauf qu'hier elle est venue me voir, seule, ce qui n'est pas la coutume. Elle m'a souri, elle m'a regardé, et a baissé la tête et elle m'a dit qu'elle attendait un enfant, et que cet enfant était engendré par le Souffle du très Haut. J'ai entendu les mots qu'elle disait, j'ai eu l'impression que tout s'effondrait. Je n'ai pas posé de questions. J'avais l'impression qu'elle s'attendait à ce que je ne dise rien. Elle m'a regardé avec son beau regard, son doux regard, et elle est partie, la tête haute. Je l'aurais imaginée honteuse, mais pas du tout. Cela m'a surpris.*

*Comme je l'ai dit, j'étais abasourdi, désemparé, moi un homme fait, un homme avec un métier, un beau métier d'ailleurs. Je construis des maisons et ma maison à moi, la maison que je voulais fonder, elle s'effondre avant même d'avoir vu le jour.*

*Je n'ai rien pu avaler de la journée. Je ne savais que faire. La prendre, la renvoyer? Je ne savais pas. Nous ne sommes pas mariés, alors je ne peux rien faire de légal, mais je vais la renvoyer, le plus discrètement possible, qu'elle quitte ce village, qu'elle aille ailleurs, qu'elle donne naissance à cet enfant et que personne ici ne la montre du doigt. Je les connais les gens d'ici, ils jugent si vite; et je ne voudrais pas qu'elle prenne une pierre.*

*Et en même remps, je me dis que si cet enfant est ce qu'elle dit, qui suis-je pour refuser de m'en occuper?*

*Elle est orpheline Myriam, et Dieu ne dit-il pas qu'il faut prendre soin des orphelins? Je ne sais pas, je ne sais plus.*
*J'ai imploré le Très Haut de me guider, je l'ai loué parce que je sais que toute épreuve a un sens pour lui, et je me suis couché en essayant de trouver le sommeil.*

*Tout à coup, j'ai eu l'impression que je n'étais plus seul; il y avait une présence.*

*Et j'étais sûr, dans ce sommeil qui en était un sans en être un, que c'était l'Ange du Seigneur. Je voulais bouger, mais je ne pouvais pas. Puis j'ai entendu une voix qui me disait: "Joseph, ne crains pas de prendre chez toi, Myriam ton épouse, car l'enfant qui est engendré en elle, vient de l'Esprit Saint".*

*Il y a eu un petit temps de silence, et une paix est venue en moi. Ma douce fiancée avait dit vrai, l'enfant était bien engendré en elle, non par un autre, mais par l'Esprit du très Haut, cet esprit qui planait sur les eaux et qui a permis à tout ce que je connais d'exister.*

*Puis il a repris, et il a dit que cet enfant serait un garçon, et que moi Joseph, je lui donnerais le nom de Jésus, ce nom qui signifie "Dieu sauve", parce que m'a-t-il dit, il sauvera le peuple de ses péchés.*

*Cette phrase a fini de me rassurer car je sais au fond de moi que le Messie, qui sera issu de ma lignée, la lignée de David, ne sera pas un simple roi, qui viendrait renverser un pouvoir existant, mais qu'il aurait une autre fonction, autrement plus importante, vraie, plus digne d'un roi berger, nous faire devenir un peuple saint en nous sauvant de nos péchés.*

*Je me suis rendu compte que la Présence m'avait quitté, je me suis réveillé, mais je dois dire que maintenant j'étais bien, je savais ce que je devais faire. Myriam sera mon épouse et cet enfant, certes je l'élèverai comme s'il était le mien, je lui transmettrai tout ce qu'un père peut transmettre à son fils; mais aussi je veillerai sur lui comme un berger veille sur un agneau sans pareil, un agneau qui portera le péché du monde et qui l'en délivrera.*

*Grande fut ma joie quand le jour s'est levé et quand j'ai dit les premières prières pour accueillir ce jour nouveau, ce jour qui était pour moi comme un premier jour.*

## Mt 12, 46-50. La famille de Jésus vient lui parler. 2021

L'évangile de ce mardi 20 juillet, c'est la fin du chapitre 12 dans l'évangile de Matthieu. C'est l'épisode où Marie et les frères de Jésus viennent pour lui parler, mais certainement aussi pour le ramener manu militari à la maison, si on en croit l'évangile de Marc. En lisant hier le texte, je suis un peu tombée comme en arrêt devant ce geste de Jésus qui désigne largement ceux qui l'écoutent. C'est un beau geste, un très beau geste.

Certes ce geste, c'est montrer, mais c'est plus que cela. Et la phrase qui suit est réconfortante, pour nous: celui qui l'écoute et qui met sa parole en pratique devient un frère, une sœur une mère pour Lui.

Sauf qu'en général, dans les homélies qui commentent ce texte, on parle de frères et sœurs, pas de mère... Et pourtant, c'est ce que dit Jésus.

Il y a donc des personnes qui l'ont choisi, Lui, et avec lesquelles il est comme un fils. Cela me fait un peu penser à des prêtres africains que je connais, qui voient en une de mes amies leur mère, et qui l'appellent maman! Qui d'entre nous pense que Jésus pourrait nous voir comme des mères pour lui, être notre fils, notre enfant. C'est un autre lien, un lien différent de la fraternité, un lien plus intime, plus proche, plus affectueux aussi, mais qui dit aussi que Jésus a besoin de cette affection, et je trouve cela très important.

Par ailleurs, même si on dit toujours que Marie, qui a fait la volonté du Père, est "la disciple parfaite", je ne peux m'empêcher de penser que cette phrase a dû être très douloureuse pour son cœur. Cet enfant, elle l'a porté 9 mois en elle, elle l'a mis au monde! Et là, c'est quand même tout le groupe familial qui est comme mis à l'écart, comme mis dehors. Certes elle a pu le comprendre, mais pour moi, cette phrase-là a bien dû lui transpercer le cœur.

Bien entendu, comme c'est Matthieu, qui est très bref, on ne sait pas ce que sa famille souhaite; mais il y a bien ici une scission, une rupture. Jésus ne se laisse pas distraire de son chemin: qui ne passe pas, qui ne passe plus par Nazareth.

Je propose maintenant un travail sur les différents versets. Cela me permettra de donner naissance à un petit texte qui laissera parler Marie, celle qui est Sa Mère et notre mère.

Le texte.

*46 En ce temps-là, comme Jésus parlait encore **aux foules**, voici que sa mère et ses frères se tenaient **au-dehors**, cherchant à lui parler.*

Si on lit bien, c'est très étonnant ce qui est décrit là. On peut imaginer que si Jésus parle "aux foules", c'est qu'il est dehors. Et Matthieu nous parle de la famille qui se tient "au-dehors", qui cherche à lui parler. Comme s'il y avait un autre au-dehors. Il y a le au dehors de ceux qui entourent Jésus, avec les disciples, et de ceux qui viennent l'écouter, et cela fait comme une sorte de corps.

Et à l'extérieur, il y a la famille, qui "cherche" à lui parler, et qui ne sait pas comment faire, comment s'y prendre. Et pourtant… Et on peut imaginer qu'ils demandent à ceux de "l'enveloppe" de prévenir Jésus, que sa mère et famille sont là.

Le rôle de la foule est toujours très important à pointer quand on veut essayer de visualiser une scène.

*47 Quelqu'un lui dit : « Ta mère et tes frères sont là, **dehors**, qui cherchent à te parler. »*

*48 Jésus lui répondit : « Qui est ma mère, et qui sont mes frères ? »*

Quelqu'un a vu et donc a transmis, mais la réponse de Jésus, cette interrogation, me semble pour le moins étonnante, presque désabusée , triste. Quelle solitude Jésus peut-il ressentir? Sa famille de fait, même si Marie est là, à mon avis pour faire pression, le pense fou et veut l'empêcher de parler, d'être. Elle ne le comprend pas, il leur fait peur. Ils ont peur pour eux. Alors la réponse de Jésus, qui de fait n'est pas reconnu dans son identité, se comprend;

*49 Puis, étendant la main vers ses disciples, il dit : « Voici ma mère et mes frères. 50 Car celui qui fait la volonté **de mon Père qui est aux cieux**, celui-là est pour moi un frère, une sœur, une mère. »*

Il y a donc ce geste, que la famille doit voir, ce geste qui a peut-être été un crève-cœur pour Marie, parce que certes la volonté du Père, elle l'a faite, mais ça a dû être dur.

Et cette annonce, pour nous, "celui qui fait la volonté de mon Père", c'est peut-être cela l'important: le pronom possessif "mon", montre bien que Jésus n'est plus dans la logique de la famille biologique, mais dans une logique autre. Créer cette église d'amoureux.

Marie raconte

*Depuis que mon fils a quitté la maison pour se faire baptiser par Jean, il a pris son envol, son envergure. On nous a raconté tout ce qu'il fait, tout ce qu'il dit, mais aussi ses querelles avec les pharisiens. Et puis on a aussi appris que Jean avait été emprisonné et tué par Hérode; alors, nous avons peur pour lui. Nous voudrions qu'il arrête, qu'il s'arrête, qu'il ne se mette pas tout le monde à dos, bref qu'il rentre...*

*Je sais bien que cela il ne le fera pas, parce que le nom qui est le sien, "Dieu Sauve", c'est son destin, son rôle; mais la famille a tellement insisté, et insisté aussi pour que je vienne avec eux, parce que fils se doit d'honorer ses parents, et donc d'écouter sa mère, que je suis partie avec eux, sans trop y croire.*

*Nous sommes arrivés à Capharnaüm. Il était dehors, assis, avec tellement de gens autour de lui qu'on ne le voyait pas; on entendait juste sa voix. Et cette foule, il fallait la traverser, et elle était tellement dense* que cela faisait comme un mur qui le séparait de nous. Nous, sa famille, nous étions comme dehors, à la porte. On a demandé à un homme, qui nous regardait avec une certaine curiosité, de lui faire dire que sa mère et ses frères voulaient lui parler. Et cela a été transmis de bouche à oreille et certains se sont un peu déplacés pour que nous puissions passer.

Mais le temps que nous arrivions, il avait déjà été prévenu et là, rien ne s'est passé comme la famille l'avait prévu, et ça ne m'a pas étonnée; sauf que malgré tout ça m'a fait mal.

À celui qui lui disait que nous étions là, il a désigné les disciples qui étaient proches de lui, ses disciples, qui avaient en son nom expulsé des esprits impurs, guéri des malades et proclamé que le royaume était tout proche. Il dit ensuite que ceux-là, mais aussi tous ceux qui faisaient la volonté de son Père qui est dans les cieux, ceux-là étaient pour lui une mère, des frères, des sœurs. Bref que nous ne comptions plus vraiment pour lui.

Alors j'ai repensé à cette fête de la Pâque, alors qu'il venait d'avoir 13 ans, où après l'avoir cherché trois jours, nous l'avions retrouvé parmi les docteurs, discutant avec eux, et nous disant "pourquoi me cherchez-vous, ne saviez-vous qu'il me faut être chez 'mon' Père? ".

 Et là, c'était la même chose: et c'était à nous aussi de laisser faire, pour que la volonté de son Père puisse s'accomplir.

Je sais que ses frères étaient très en colère, mais nous avons pris le chemin du retour. En moi, il y avait à la fois une grande fierté, mais aussi une certaine tristesse, de ne pas avoir pu rester auprès de lui. Mais, quand il a parlé 'd'être pour lui une mère,' son regard s'était posé sur moi, et j'ai senti son amour, cet amour qu'il donne sans compter. Et au fond de moi, je me suis réjouie.

Une prière qui m'est venue après avoir laissé ce texte s'incarner.

" Merci Jésus de nous accepter dans ta famille, de faire de nous tes mères, tes frères, tes sœurs; et apprends-nous à faire toujours plus la volonté de Ton Père qui est dans les cieux."


## Mt 18, 21-35. Le débiteur impitoyable.2020

C'était l'évangile proposé hier, mardi de la troisième semaine du temps de Carême. C'est un texte avec lequel j'ai du mal. Il a fallu presque deux jours pour que ce texte, d'un coup, prenne une autre dimension, que je sorte de ce que j'avais pu lire, pour comprendre que la "logique de Dieu" n'a rien à voir avec la logique des hommes, et qu'il se joue de nos petits calculs bien mesquins; parce que sa logique à lui, c'est celle du cœur (finale de ce texte: pardonner du fond de votre cœur).

J'ai lu beaucoup de commentaires sur ce texte, sur le fait que le serviteur impitoyable a oublié que derrière le don (la remise de la dette), il y a le donateur.

Il y a les commentaires qui font des parallèles avec la prière du Notre Père: "Remets-nous nos dettes, comme nous remettons leurs dettes à nos débiteurs" et "Car si vous ne pardonnez pas aux hommes, votre Père non plus ne pardonnera pas vos fautes". Mais pour pardonner, nous avons normalement quand nous étions enfants, été pardonnés par nos propres parents, et c'est cette expérience-là, qui permet la bienveillance envers les autres. On passe quand même ici du juridique (qui a des règles précises dans le Lévitique) a quelque chose de différent, la notion de faute.

Ce texte se trouve dans le chapitre 18 de Matthieu, qui est consacré au "vivre ensemble", donc aux règles qui doivent avoir cours dans la jeune communauté des disciples de Jésus. Se pose à partir du verset 15 la question du péché commis par un frère contre un frère, et du rôle de la communauté qui peut exclure. Vient ensuite celle du pardon, ce qui paraît assez logique.

Analyse du texte: travail sur les versets.

C'est une analyse où je souligne certains mots qui me paraissent importants, et où je me laisse aller, au fil de la plume, à commenter, à laisser venir assez librement ce que cela me dit.

> **21** *En ce temps-là, Pierre s'approcha de Jésus pour lui demander: «Seigneur, lorsque mon frère commettra des **fautes contre moi**, combien de fois dois-je lui pardonner ? Jusqu'à sept fois?»*
> **22** *Jésus lui répondit: «Je ne te dis pas jusqu'à sept fois, mais jusqu'à soixante-dix fois sept fois.»*

Bien sûr, il faut faire un parallèle avec le livre de la Genèse (Gn 4,24): "Caïn sera vengé sept fois et Lamek soixante-dix -sept fois". Mais Jésus remplace vengeance par pardon, et c'est quand même autre chose.
Pauvre Pierre, qui devait trouver que pardonner sept fois, c'était déjà beaucoup. Et ce que Jésus répond, c'est quasiment impossible; ce qui laisse penser qu'on est dans un autre registre. Et puis, le juste pèche sept fois par jour. Mais faute et péché, est-ce la même chose? Je ne le pense pas.

Il est question ici du nombre de fautes: pas du temps, ou de la durée. Je veux dire que si quelqu'un commet envers moi sept fautes dans la même journée, ce n'est pas la même chose que si c'est en une semaine ou en un mois. La faute (mais il faudrait savoir si le mot grec est différent du mot employé pour parler du péché), c'est souvent quelque chose que l'autre ne fait pas exprès, mais qui peut tout à fait insupporter, voire même faire exploser. Faut-il se laisser faire, faut-il répondre systématiquement oui à l'autre, si - conscient de sa faute - il demande pardon?

La réponse de Jésus est sans équivoque: toujours pardonner. Et soixante-dix fois sept fois, c'est de la **démesure**. Et je crois que c'est bien là que se trouve la pointe de la parabole: *ne pas rester dans le "compter"*, parce qu'avec Dieu, ça ne fonctionne pas comme ça.

*23 Ainsi, le royaume des Cieux est comparable à **un roi** qui voulut régler ses comptes avec ses serviteurs.*
*24 Il commençait, quand on lui amena quelqu'un qui lui **devait** dix mille talents (c'est-à-dire soixante millions de pièces d'argent).*
*25 Comme cet homme n'avait pas de quoi **rembourser**, le maître ordonna de le vendre, avec sa femme, ses enfants et tous ses biens, en **remboursement** de sa **dette**.*
*26 Alors, tombant à ses pieds, le serviteur demeurait prosterné et disait : "Prends patience envers moi, et je te **rembourserai** tout."*
*27 Saisi de **compassion**, le maître de ce serviteur le laissa partir et lui **remit sa dette**.*

Ce qui est étonnant, c'est qu'on est dans une scène presque banale d'un roi (d'un maître, d'un gros propriétaire) qui veut régler ses comptes, à un moment donné; s'agit-il de quelque chose qui peut évoquer la fin des temps?

Avant même qu'il ne commence à "rendre justice", on lui amène un homme qui très certainement voulait prendre la fuite. Et là, ce sont les autres, les frères si on peut dire, qui ne le laissent pas faire. Il faut dire que cet homme-là, clairement, doit beaucoup plus que les autres. De qui est-il le prototype? Peut-être justement de nos dettes envers Dieu, dont nous ne nous rendons pas compte, mais que les autres comptabilisent.

La suite on la connaît: il y a la demande, la promesse; et la compassion finalement très étonnante du maître pour cet homme. On n'est plus dans le registre du maître implacable face à son serviteur; c'est autre chose qui se passe. Il y a de la pitié, il y a de l'amour.

Et là normalement le serviteur devrait être éperdu de reconnaissance et se précipiter chez lui, par raconter à sa femme, la bonté de leur maître. Et "le remettre sa dette" va s'opposer au "rembourse ta dette" du verset suivant.

*28 Mais, en sortant, ce serviteur trouva un de ses compagnons qui lui devait cent pièces d'argent. Il se jeta sur lui pour l'étrangler, en disant :*
**"Rembourse ta dette !"**
*29 Alors, tombant à ses pieds, son compagnon le suppliait: "Prends patience envers moi, et je te **rembourserai."***
*30 Mais l'autre refusa et le fit jeter en prison jusqu'à ce qu'il ait **remboursé** ce qu'il devait.*
*31 Ses compagnons, voyant cela, furent profondément attristés et allèrent raconter à leur maître tout ce qui s'était passé.*

C'est donc la même scène, mais cette fois c'est le premier qui a la place du maître, et qui n'agit pas du tout comme ce dernier. C'est aussi parfaitement symétrique par rapport à la première scène. Mais, Il y a eu en plus un acte très violent, presque un désir de meurtre (l'étrangler). Cela peut jouer dans la phrase "serviteur mauvais" qui sera employée par la suite. Et "serviteur mauvais", cela renvoie aussi à la parabole des talents, où le serviteur n'a pas compris qui était ce maître qui lui confiait cette somme.

*32 Alors celui-ci le fit appeler et lui dit : "Serviteur **mauvais** ! je t'avais **remis toute cette dette** parce que tu m'avais supplié.*
*33 Ne devais-tu pas, à ton tour, avoir pitié de ton compagnon, comme moi-même j'avais eu pitié de toi ?"*

***34** Dans sa colère, son maître le livra aux bourreaux jusqu'à ce qu'il eût **remboursé** tout ce qu'il devait.*

***35** C'est ainsi que mon Père du ciel vous traitera, si chacun de vous ne pardonne pas à son frère **du fond du cœur.** »*

La "sentence" qui termine cette histoire, c'est: **voici ce qui vous arrivera si vous ne pardonnez pas à votre frère, du fond du cœur.** Et je trouve que c'est bien autre chose que pardonner du bout des lèvres. Cela montre aussi que quand Dieu pardonne, il pardonne du fond du cœur. De cela, cela, Pierre en fera l'expérience, bien plus tard, après la résurrection en Jn 21,15-17. Mais que cela peut être difficile encore pour nous, ce "pardonner du fond du cœur", sans arrières pensées, sans rumination ultérieures, pouvoir oublier.

La pointe de la parabole: sortir de la logique du nombre.

La pointe de cette histoire pour moi, c'est de ne pas s'empêtrer dans du juridique, dans de l'obsessionnel, parce qu'avec Dieu ce n'est comme cela que ça se passe. Passer de 7 fois à 70 fois 7 fois, c'est complètement fou...

Remettre une dette qu'on ne peut pas se représenter (comme la dette de la France en ce moment), c'est complètement fou. Cela brise toutes les références.

Dieu n'a pas besoin de compter. Ce qui compte pour lui, c'est justement de ne pas entrer dans une relation de compte, mais d'amour.

Si ce n'est pas possible à un moment donné, parce que l'homme n'est pas prêt à ce fonctionnement-là, alors oui, le juridique pourra reprendre le dessus, mais c'est bien dommage et ce n'est pas la démarche désirée par Dieu, même si une justice doit être rendue.

Si Jésus parle du cœur, pardonner de tout son cœur, c'est que si on pardonne avec son cœur, on ne compte plus. On sort de la logique du donnant-donnant, de la rétribution, pour entrer dans la logique de l'amour qui sera la logique de Jésus: logique de la Croix.

Ce que je veux dire, c'est que quand Pierre pose la question du pardon en termes juridiques, Jésus, par la démesure, fait sauter cette conception étriquée. Et il enfonce le clou en montrant que Dieu (le roi, le maître) ne rentre pas dans cette manière de fonctionner. Peu importe la somme, il ne se place pas dans le juridique, mais s'il fait grâce, s'il a pitié, c'est que cela change d'ordre.

J'ai envie de dire que cela se passe dans l'affectif, et que ce qui est demandé aux disciples, c'est de sortir d'une logique de rétribution pour entrer dans une logique de l'amour. C'est ce que le serviteur mauvais, au cœur fermé, n'a pas été capable de comprendre.

On peut noter que les mots rembourser, dettes, sont omniprésents, ce qui renvoie presque à du juridique, comme dans le passage précédent (Mt 18, 15-18) qui est centré sur le péché.

J'ai lu récemment que ce qui explique l'impossible reconnaissance, c'est que ce serviteur s'est mis dans la tête qu'il devait rembourser (ce qui explique son comportement inadmissible, avec son compagnon, alors que la dette lui a été remise. C'est comme s'il n'avait pas pu croire que c'était possible. Il a entendu délai, il n'a pas entendu que la dette était apurée).

Je vais dans un premier temps laisser ce débiteur qui ne se laisse pas fléchir raconter ce qui s'est passé, puis un autre racontera ce qui lui, il a pensé.

L'homme raconte

*Il paraît que le maître est revenu d'une longue absence et qu'il va voir avec chacun d'entre nous ce que nous lui devons. L'ennui, c'est que moi, ça fait des années et des années que j'emprunte, parce que je suis un joueur et que je perds et je perds; et si je gagne je reperds. Alors j'ai dû emprunter. Peut-être qu'il n'aurait pas dû me laisser emprunter autant. Alors je vais essayer de m'enfuir, parce que c'est sûr que je vais être vendu moi et ma famille, je vais perdre les quelques biens que ma femme a réussi à garder, et ce sera pour toute notre vie. C'est de sa faute à lui, d'abord, il n'aurait pas dû me laisser m'endetter à ce point-là.*

*Seulement je n'ai pas pu prendre la fuite, parce que les autres employés, à qui je dois aussi des sous, même si certains m'en doivent, m'ont rattrapé. Ils m'ont conduit manu militari devant lui. Et Là j'ai peur, très peur.*

*Il ne me reste qu'une chose à faire: jouer le tout pour le tout, lui demander de prendre patience, prendre un air contrit, me jeter à ses pieds. C'est ce que j'ai fait, et curieusement ça a marché. Il est étonnant ce maître, et maintenant je ne suis pas en prison; ma dette est remise, et je peux reprendre ma vie. Que ma femme va être contente!*

*En sortant, j'étais sur un petit nuage! Mais j'ai croisé un de mes amis qui me doit de l'argent. Ce n'est pas énorme à côté de ce que moi je devais, mais je n'ai aucune ressource. Alors mon sang n'a fait qu'un tour, je lui ai sauté à la gorge en lui demandant de me rembourser sur le champ. Il m'a supplié d'être patient, mais j'ai trop besoin de cet argent alors je l'ai fait mettre en prison, lui et sa famille. Quelques jours ont passé, et je coulais des jours assez heureux; seulement j'avais oublié que dans une ville, finalement tout se sait. Les autres ont su ce que j'avais fait et ils m'ont dénoncé au maître. Celui-ci m'a convoqué, et là, je savais que ça sentait mauvais pour moi. Je ne sais pas pourquoi je me suis conduit ainsi, mais quand la colère me prend, rien ne m'arrête. Et après tout, cet argent il me le devait.*

*Le maître lui, était très en colère, je n'ai rien pu dire. Il criait en me disant que lui avait eu pitié de moi et moi j'aurais dû faire pareil. Et il m'a livré à la justice et me voilà mis en esclavage moi, ma femme et mes enfants pour un nombre d'années que je ne peux même pas calculer. Pourtant ma dette, il me l'avait bien remise, pourquoi ai-je été aussi stupide?*

Raconté comme cela, c'est l'histoire d'un type mauvais, qui ne pense qu'à lui, qui ne sait pas ouvrir les yeux, qui ne se rend pas compte de la chance qu'il a d'avoir quelqu'un qui lui remet sa dette - pourtant énorme, et qui au final est obligé de subir sa peine.


Un compagnon de ce serviteur raconte.

*Il y a quelques jours, l'intendant du domaine est venu nous prévenir que le maître était revenu de son grand voyage et qu'il allait nous demander des comptes. De mon côté je n'ai rien à me reprocher, mais je n'aime pas, mais pas du tout. Nous étions les uns derrière les autres, à attendre et nous avons vu que l'intendant conduisait Onésime. Onésime, c'est un joueur, et il a des dettes faramineuses. Il est bien évident que jamais il ne pourra rembourser quoique ce soit.*

*Et on sait tous, ce que cela veut dire: prison à vie pour lui et toute sa famille. Mais lui, il s'est jeté aux pieds de notre maître, il lui a juré qu'il rembourserait tout. Et là, le maître lui a dit que sa dette était annulée. Vous vous rendez compte, lui qui devait une fortune, il ne devait plus rien, il était libéré, sa famille avait échappé à l'emprisonnement. Et il est rentré chez lui.*

*Cela aurait pu en rester là, mais quelques jours plus tard, nous avons su qu'il, avait fait mettre en prison un de nos amis qui lui devait cent pièces d'argent alors que lui, il en devait dix mille talents. Vous vous rendez compte, il l'a fait jeter en prison lui et toute sa famille alors qu'il était en liberté.*

*Alors, nous avons trouvé cela tellement injuste, malhonnête, méchant, qui nous sommes allés voir l'intendant qui a prévenu le maître. Et il s'est retrouve en prison, lui et toute sa famille. Et cela ce n'est que justice. Le maître a fait sortir l'autre de prison. Et cela nous a rendu heureux.*

*Quand on a fait l'expérience de la compassion, n'est-il pas normal d'en faire autant?*

Le maître raconte.

*J'ai décidé de faire le point de la gestion de mes domaines, et donc de voir avec mon intendant ce qui se passe avec mes serviteurs, car je sais que certains empruntent alors que d'autres ne le font pas; c'est toujours étonnant.*

*On m'a présenté un homme, je ne sais rien de lui, si ce n'est qu'il me doit une somme tellement exorbitante que je me demande comment il a fait son compte. Il faudra que je le vende lui et sa famille et qu'il termine sa vie en prison. Je sais qu'il n'aurait pas dû vivre comme cela, mais penser qu'il ne sera plus jamais libre de toute sa vie. Maintenant la loi, c'est la loi et c'est quand même à moi qu'il doit cette fortune.*

*Il est arrivé, il s'est jeté à me pieds, il m'a supplié et j'ai décidé de lui remettre sa dette. Il m'a à peine regardé. Moi je pensais qu'il allait se jeter à mes pieds, mais non. Cela m'a un peu étonné.*

*Et le temps a passé. Mais mon intendant est venu me chercher car d'après lui, je devais apprendre ce qui s'était passé. Et là j'ai su que cet homme, ce Thomas, avait fait jeter en prison un de ses compagnons qui lui devait une somme, certes non négligeable, mais à côté de celle qui avait été remise, il aurait dû lui aussi montrer de la compassion.*

*Alors là, je me suis mis très en colère. Pourquoi n'a-t-il pas compris que la dette était remise? Pourquoi n'a-t-il pas été capable d'entendre la détresse de son compagnon? Je dois dire que j'ai été très déçu par sa méchanceté. Alors je l'ai fait mettre en prison lui et sa famille. J'ai fait sortir de prison celui que lui-même avait jeté en prison.*

*J'espère que les autres, comprendront que je suis un maître qui remet des dettes même énormes, mais qu'il y a une condition à cela: être avec son frère comme moi j'ai été, remettre et remettre encore.*

## Mt 20. 1-16 La parabole des talents. 2020

Le texte.

**01** *« En effet, le royaume des Cieux est comparable au maître d'un domaine qui sortit dès le matin afin d'embaucher des ouvriers pour sa vigne.*
**02** *Il se mit d'accord avec eux sur le salaire de la journée : un denier, c'est-à-dire une pièce d'argent, et il les envoya à sa vigne.*

**03** *Sorti vers neuf heures, il en vit d'autres qui étaient là, sur la place, sans rien faire.*
**04** *et à ceux-là, il dit : "Allez à ma vigne, vous aussi, et je vous donnerai ce qui est juste."*
**05** *Ils y allèrent. Il sortit de nouveau vers midi, puis vers trois heures, et fit de même.*

*06 Vers cinq heures, il sortit encore, en trouva d'autres qui étaient là et leur dit : "Pourquoi êtes-vous restés là, toute la journée, sans rien faire ?"*

*07 Ils lui répondirent : "Parce que personne ne nous a embauchés." Il leur dit : "Allez à ma vigne, vous aussi."*

*08 Le soir venu, le maître de la vigne dit à son intendant : "Appelle les ouvriers et distribue le salaire, en commençant par les derniers pour finir par les premiers."*

*09 Ceux qui avaient commencé à cinq heures s'avancèrent et reçurent chacun une pièce d'un denier.*

*10 Quand vint le tour des premiers, ils pensaient recevoir davantage, mais ils reçurent, eux aussi, chacun une pièce d'un denier.*

*11 En la recevant, ils récriminaient contre le maître du domaine :*

*12 "Ceux-là, les derniers venus, n'ont fait qu'une heure, et tu les traites à l'égal de nous, qui avons enduré le poids du jour et la chaleur !"*

*13 Mais le maître répondit à l'un d'entre eux : "Mon ami, je ne suis pas injuste envers toi. N'as-tu pas été d'accord avec moi pour un denier ?*

*14 Prends ce qui te revient, et va-t'en. Je veux donner au dernier venu autant qu'à toi :*

*15 n'ai-je pas le droit de faire ce que je veux de mes biens ? Ou alors ton regard est-il mauvais parce que moi, je suis bon ?"*

*16 C'est ainsi que les derniers seront premiers, et les premiers seront derniers. »*

C'est presque la même finale que celle du chapitre 19. **Beaucoup de premiers seront derniers, beaucoup de derniers seront premiers"** mais elle est comme inversée. i

Si je reprends le texte du chapitre 19, à Pierre qui demande, "quelle récompense auront ceux qui ont tout quitté pour te suivre", Jésus a une réponse étonnante. En premier, il annonce que celui qui aura tout quitté pour le suivre, recevra au centuple, et surtout qu'il aura la vie éternelle. Ceci peut sembler très satisfaisant. Mais la petite phrase notée ou rajoutée par Matthieu et qui sert de prélude à la parabole qui suit, "beaucoup de premiers seront derniers et beaucoup de derniers seront premiers", montre que ce n'est pas si simple.

Dans le Royaume, présenté par Jésus, il y aura des inversions. Cela ne fonctionne plus au mérite, mais à la mise en route, ouvrier de la dernière heure.

Maintenant revenons à la parabole proposée ce jour. Dans cette parabole, il est question d'une vigne. Dans la Bible, la vigne c'est le domaine du Dieu, c'est Israël. Alors dans une première approche, vendanger, cela permet de faire le vin des noces, noces de la rencontre entre le Très Haut et l'Humanité, parce qu'avec Jésus, du moins dans les évangiles, il y a un changement de perspective. Et le vin, il est composé d'une multitude de grains et parfois ce peut être un grain (un autre cépage) qui fait la différence. Alors peut-être que celui qui arrive en dernier, il donne au vin son gout particulier.

Maintenant c'est vrai aussi, et je viens de le lire dans un commentaire sur cet évangile, que nous sommes temporellement, les ouvriers de la onzième heure, comme on disait autrefois, parce que nous sommes les derniers appelés. Sauf que nous ne savons pas quand aura lieu le Retour et peut-être que d'autres viendront après nous.

Alors pour nous, il n'y a pas à se battre la coulpe d'être dans ce temps-là, je veux dire se sentir coupable. Mais si on pense que Jésus s'adresse certes à ses disciples, mais aussi à d'autres, tels que les pharisiens, qui depuis un certain nombre d'années se battent pour que le nom de Dieu soit respecté et sanctifié, pour que le règne de Dieu arrive (les jeûnes et les prières servent essentiellement à hâter ce retour), alors oui, ils peuvent trouver anormal que les disciples de Jésus (et parmi il y a des publicains, des prostituées, bref des pécheurs) aient comme eux la vie éternelle.

Ils se considèrent comme les premiers, et c'est aussi à eux, autant qu'à nous aujourd'hui que Jésus s'adresse. Faire de bonnes choses, c'est bien, mais ce n'est pas cela qui ouvre le royaume. On aura peut-être de sacrées surprises de l'autre côté; alors ne soyons pas surpris. Il y a des personnes que nous jugeons en les mettant dans une catégorie "pas bien" parce qu'elles ne sont pas conformes à nos normes. Et pourtant elles seront, si on accepte la notion de classement (ce que je n'aime pas) bien mieux classées que nous, après l'examen de passage qu'est la mort.

Enfin, on peut aussi penser à la joie de ceux de la dernière heure. Et c'est ce que j'ai voulu exprimer, parce que ces laissés pour compte, en étant embauchés, ils retrouvent une dignité, et c'est bien là le travail de restauration que fait en chacun l'Esprit Saint, à un moment où à un autre.

Dans cette parabole, il est bien question de la fin des temps, et du salaire.

Un ouvrier embauché à la dernière heure qui raconte.

*Si vous aviez vu leur tête… Nous, je veux dire 'moi et mes amis', nous qui sommes considérés comme des fainéants, et c'est vrai que le travail, surtout la vendange ce n'est pas trop notre truc. Nous avons reçu le même salaire que ceux qui avaient embauchés dès le petit matin. Mais il fallait voir aussi notre tête, parce que le Maître n'avait pas parlé vraiment de salaire. Un denier, vous vous rendez compte? Avec un denier on allait pouvoir payer un peu nos dettes, acheter des figues, acheter des choses que nous ne mangions plus depuis longtemps, et rentrer chez nous les mains pleines.*

*Je vous raconte. Le maître de ce domaine-là, il aime bien savoir qui il fait travailler chez lui et il ne laisse pas ce travail à son intendant. Il sait que le travail est rare par ici alors quand la vigne a donné son fruit, il embauche. Bon ça, on le sait, mais comme j'ai dit, c'est dur de travailler* à la vigne. Bref, au petit matin, il va sur la place du village, il demande aux hommes qui sont là s'ils veulent travailler à sa vigne. D'après ce que je sais, ils aiment travailler, ils aiment vendanger, ils sont même habiles. Un salaire a été fixé un denier pour la journée. C'est un bon salaire, même si la journée va être longue pour eux. Le travail de vendangeur ce n'est pas rien, mais le soir il y a le repas partagé, et surtout le gout du jus du raisin pressé.

Alors ils ont convenu d'un salaire et ils sont partis travailler. Puis le maître est revenu à la troisième heure. Il y avait à nouveau des hommes qui attendaient. Il les a embauchés, sans dire le salaire, il a dit le juste prix. Ensuite, vous n'allez pas me croire, mais il est revenu au moment des heures les plus chaudes, à midi et à trois heures. Il veut vraiment que tout le raisin soit cueilli. Puis il a vu que du raisin il en restait encore et il est revenu et c'est là qu'il nous a trouvé. Il nous a demandé d'un ton pas très aimable pourquoi nous étions là, à attendre on ne sait trop quoi. Et il nous a dit d'aller à sa vigne. Et on s'est mis à cueillir ce qui restait, mais aussi à ramasser le bois mort, et faire du propre.

Le temps a passé et celui qui devait nous payer est arrivé, l'intendant. Il nous a appelé en premier; on s'attendait à quelques grappes et peut-être quelques pièces, mais il nous a donné à chacun une pièce d'un denier. Nous n'en croyons pas nos yeux.

Puis il a appelé ceux qui de la neuvième heure, ceux de la sixième heure, et il a fini par ceux qui avaient été embauchés au petit matin. Et à ceux-là, il a donné une pièce d'un denier, comme pour nous tous. Alors là, il y en a un qui s'est mis à ronchonner. En général quand ça ronchonne, le Très Haut n'aime pas trop, souvenez-vous de ce qui se passait dans le désert à la sortie d'Égypte.

Et le maître est arrivé, pas trop content. Il lui a demandé pourquoi il se sentait lésé, puisqu'un contrat avait été passé. Et il a dit une phrase qui résonne encore dans mon cœur: pourquoi ton regard est-il mauvais, *alors que moi je suis bon. Bon c'est ce que dit le très Haut quand il crée la lumière, quand il sépare les eaux d'en bas avec les eaux d'en haut, quand il crée les animaux, quand il crée l'homme. Alors croyez-moi ou pas, cela n'a pas d'importance, mais moi, ce n'est pas tant cette somme que je n'avais pas vraiment mérité qui m'a rendu heureux, mais cette parole.*

*Moi aussi, je veux que désormais mon regard devienne bon, pour que je sois à l'image et à la ressemblance du Créateur. Je suis heureux, et je travaillerai toujours pour ce maître qui n'est pas juste, mais qui est capable de nous transformer au dedans de nous, de changer notre regard.*

*Je suis heureux d'avoir été un dernier et peu importe si je deviens premier ou pas, ce n'est pas cela qui compte, c'est que mon regard devienne autre, que mon regard ne soit pas dans la comparaison ou la jalousie, que je cesse de récriminer, parce que récriminer, je connais, mais que tous les jours de ma vie, je laisse prendre par cette phrase: le regard du maître de la vigne est un regard de bonté et d'amour, qui voit au-delà et qui permet aux derniers de devenir comme les premiers.*

**Mt 21, 23-43. Les vignerons homicides. 2020**

Dans l'évangile de Matthieu, au chapitre 21, on est à Jérusalem; Jérusalem où Jésus est entré peu de temps avant, avec un accueil somme toute, assez triomphal. Pour les grand-prêtres et les anciens, qui vivent à Jérusalem, c'est la découverte de cet homme, qui enseigne dans le Temple, qui parle beaucoup, et qui en fustigeant les pharisiens, les fustige eux aussi. Par ailleurs, quand on veut le mettre en échec, ce qui permettrait à la foule, ou à des gens payés pour cela, de le lapider, ça ne marche pas. Il a toujours le dernier mot, et surtout il s'appuie sur l'écriture. On peut juste noter que, durant cette période qui va conduire Jésus à la mort, il n'y a pas de miracles, sauf peut-être celui du figuier desséché.

On voit comment le conflit entre Jésus et le pouvoir se noue de plus en plus, et comment Jésus ne se fait pas des amis chez ces notables, même si certains d'entre eux (Nicodème) lui sont favorables.
Il est assez facile d'imaginer la rage des prêtres et des anciens, à la suite des paraboles sur les deux fils, sur les vignerons homicides, et sur les invités à la noce, qui sera proclamée dimanche prochain.

Alors j'ai laissé parler l'un d'entre eux, mais je me suis un peu servie des récits venant des autres évangiles.

Un prêtre ou un ancien parle

*Mais pour qui se prend-il, celui-là qui nous fait la morale? On sait qu'il vient de ce village de Nazareth, qui n'est pas le lieu d'où le Messie doit venir! Pourtant certains racontent qu'il est né à Bethléem, au temps du recensement; mais les racontars, on connaît, et nous sommes les premiers à en faire naitre. C'est sûr que s'il venait de Bethléem, la ville du roi David, il aurait l'avantage de réaliser les prophéties, mais Nazareth, ce village de Galilée, ce n'est pas de là que le Messie doit ou devrait venir.*

*Et puis, il faut voir aussi qui sont ses adeptes. Des pêcheurs, qui ne savent même pas lire, un ancien collecteur d'impôts, des femmes - comme si les femmes ne devaient pas rester chez elles s'occuper des enfants, un zélote, et j'en passe.*

*L'ennui, c'est que des miracles il en a fait énormément, et que beaucoup le prennent pour un prophète; ils disent même qu'il est le nouvel Elie, le prophète annoncé par notre Père Moïse; d'autres le prennent carrément pour le Messie, et il se permet de faire des guérisons le jour consacré à*

*Dieu, le jour du repos. Il dit des choses étonnantes, que le Sabbat a été fait pour l'homme, que les péchés sont pardonnés...*

*Il en veut aux pharisiens, il leur reproche de se réfugier sans cesse derrière la loi, mais de ne pas ouvrir les yeux sur leurs frères. Et il connaît bien les écritures, même s'il n'a pas fait d'études.*

*A nous, il nous reproche de ne pas avoir entendu l'appel de Jean, de ne pas nous être convertis... Mais se convertir, ce sont ces mots que nous répétons à longueur d'années dans les psaumes; et qui sont devenus vides de sens pour nous. Et voilà qu'aujourd'hui, il s'affirme comme étant le Fils de Dieu. Il ne se prend pas pour rien, cet homme qui parle avec cet affreux accent de Galilée.*

*Mais le mettre à mort, pour qu'il se taise, qu'il cesse ses critiques, qu'il cesse ses miracles, qu'il cesse de s'affirmer être l'envoyé du très haut, le fils du très haut, ce ne sera guère facile; à moins de trouver quelqu'un parmi les siens qui pourrait nous dire où il se cache; parce qu'il disparait facilement, et que comme il a beaucoup d'adeptes qui peuvent le cacher, on ne sait jamais où il est.*

*L'arrêter dans le Temple n'est pas possible, il y a trop de gens qui viennent écouter son enseignement où il dit que les petits, les pauvres, les publicains seront les premiers dans le royaume de celui qu'il appelle son père.*

*Alors oui, on va trouver un moyen pour le faire disparaître, quitte à utiliser la force romaine pour cela; car il est un agitateur, il a chassé les vendeurs qui étaient dans le temple, il a refusé de faire lapider une femme adultère, il parle avec les samaritains et il nous critique sans arrêt. Et qu'il ne s'imagine pas être la pierre angulaire: nous allons la casser en petits morceaux cette pierre, et même Dieu, Béni soit-il, ne pourra pas la restaurer.*

*Alors, pour le moment, faisons semblant de l'écouter, mais au moment voulu, nous aurons sa peau, ses adeptes se disperseront, et nous serons tranquilles. Puisque nous avons le pouvoir, c'est que nous le méritons et que Dieu est avec nous. Lui, il n'a rien et il n'aura rien, c'est un pauvre qui veut nous faire la morale. A nous la gloire, à lui la mort.*

*La seule chose, c'est qu'il a dit qu'il serait mis à mort, mais qu'il reviendrait à la vie. Alors ça, à d'autres... Et nous ferons tout pour étouffer cela dans l'œuf.*

*Oui, la vigne nous appartient, nous en faisons ce que nous voulons, nous gardons son fruit; et notre nation vivra éternellement, quoi que raconte ce Galiléen.*

## Mt 28, 8-15 . Récits de la résurrection. 2021

Généralités.

Pour le premier jour de l'octave de Pâques, la liturgie propose le récit de Matthieu: Mt 28, 8-15, du moins la seconde partie, qui rapporte à la fois la rencontre des deux Marie: Marie-Madeleine et l'autre Marie, avec le Ressuscité et aussi ce que les grands-prêtre veulent faire croire, à savoir que des disciples sont venus enlever le corps pour faire croire que Jésus est revenu d'entre les morts et ce malgré les soldats qui gardaient l'entrée du tombeau.

On peut noter que suivant les évangiles, le rôle de Marie-Madeleine, qui est toujours présente, comme un pilier, est assez différent d'un récit à l'autre.

Chez **Jean,** elle part dans les ténèbres, (il fait encore nuit, mais elle-même, si l'on peut dire,  est dans les ténèbres; elle arrive au sépulcre, elle le trouve ouvert et là, elle laisse tout en plan, pour demander de l'aide à Simon Pierre et au disciple dont on ne connaît pas le nom. Il faut qu'ils viennent pour retrouver le corps. Dans ce récit, elle est seule et elle sera la seule à voir.

Dans l'évangile de **Marc,** que nous avons entendu lors de la Vigile Pascale, elles sont trois femmes, Marie-Madeleine, Marie mère de Jacques et Salomé. Elles trouvent la pierre roulée, elles entrent dans le tombeau, voient un homme vêtu de blanc qui leur dit de dire de retrouver Jésus en Galilée, mais elles sont mortes de peur et ne disent rien.

Dans l'évangile de **Matthieu,** que nous venons de lire, il y a Marie-Madeleine et l'autre Marie. Contrairement à l'évangile de Marc, elles courent pour annoncer la nouvelle aux disciples et transmettre l'ordre de Jésus, le retrouver en Galilée.

Enfin, dans l'évangile de **Luc,** au début du chapitre 24,  il est question de femmes, qui arrivent pour embaumer le corps, et ce n'est qu'au verset 10 que l'on apprend qu'il s'agit de Marie-Madeleine, de Jeanne et de Marie mère de Jacques et manifestement d'autres femmes. Elles vont voir les disciples, mais ceux-ci pensent qu'elles sont folles mais Pierre va quand même au tombeau.

Bref il n'est pas facile de savoir quelle serait la version la plus proche de la réalité. Il est certain que l'évangile de Jean est de loin le plus séduisant. Ce qui semble évident, c'est que ces femmes, ces premiers témoins, ont bien du mal à se faire entendre. Elles ont vu, elles ont cru, elles ont, du moins dans trois récits sur quatre, témoigné, transmis, mais ce n'est que dans l'évangile de Matthieu que le témoignage semble porter du fruit, et encore.

Pour en revenir au texte de Matthieu, plusieurs choses m'interrogent. Je me demande comment on peut saisir les pieds de Jésus et se prosterner. Je ne comprends pas trop. Ce peut-être un moyen de l'empêcher de partir, de se sauver, le retenir. Peut-être qu'elles n'osent pas le toucher lui. Mais c'est aussi un moyen de nous faire comprendre que Jésus ressuscité a un vrai corps. Ce n'est pas une vision, il est bien là, avec un corps autre, mais un corps que l'on peut tenir, saisir, et c'est l'important.

Dans l'évangile de Jean, Jésus (traduction liturgique) dit à Marie-Madeleine: "cesse de me tenir". Alors peut-être que Matthieu, montre là, le même geste, tenir, retenir. Je me disais aussi que les femmes doivent être déconcertées, elles qui viennent de voir un ange, assis sur la pierre qui fermait le tombeau. Alors maintenant qu'elles voient le Maître en personne, il y a de quoi être complètement déboussolé.

Peut-être que saisir, toucher les pieds de celui dont on ne sait pas trop si ce n'est pas un fantôme, c'est un moyen de se rassurer . Il est bien de chair et d'os. Alors, on peut se prosterner devant lui. Est-ce que les femmes font cela pour éviter que le Seigneur ne s'envole, ne disparaisse? Je ne sais pourquoi, mais en réfléchissant, ce passage a évoqué l'enlèvement d'Elie. Car Jésus (si on se réfère Jean, doit aller vers le Père). Et cela montrerait que Jésus, lui n'a pas besoin d'un char de feu pour être enlevé, que la puissance est en lui. Peut-être que cette approche typologique est celle qui me plait le plus.

Comme nous avons entendu l'évangile de Matthieu aujourd'hui, je laisse donc les deux femmes raconter.

Les deux femmes prénommées Marie racontent.

*Notre Jésus, notre Maître, celui que nous aimons plus que tout, - nous ne pouvons pas dire que nous aimions, parce que même s'il est mort, pour nous, il est vivant -, a été déposé à la hâte dans un tombeau vide, dans* un jardin. Un jardin, un grand jardin pour lui, qui les aimait tant. Il repose dans un jardin, il se repose durant ce Shabbat. Nous avons juste regardé, parce qu'il fallait rentrer avant la tombée de la nuit.

Nous nous sommes lamentées sur lui, nous avons pleuré. Certes c'est la Pâque du Seigneur, mais lui qui avait célébré la libération, il était l'agneau immolé et il était dans son tombeau et nos larmes débordaient.

On nous a dit que les grands-prêtres avaient demandé à Pilate d'envoyer des hommes pour garder le tombeau, parce que comme Jésus avait clamé haut et fort qu'il serait mis à mort, mais qu'il reviendrait à la vie le troisième jour, ils ne voulaient pas que des disciples viennent enlever le corps et fasse passer cela pour une résurrection. Alors nous étions craintives avant de nous mettre en route, parce que ces soldats romains, ce sont ce sont des brutes! Comment allaient-ils accepter notre présence, nous laisseront-ils entrer dans le tombeau pour lui redonner figure humaine? Il faut voir dans quel état ils l'ont mis les soldats. Son pauvre visage, son pauvre nez, sans parler de la couronne d'épines.

Dès que le jour s'est mis à poindre, nous sommes parties.

Nous avons franchi cette porte de Jérusalem qui menait au jardin et nous pensions au Cantique des Cantiques:" je me suis levée et j'ai cherché celui que mon cœur aime... Ils m'ont trouvée, les gardes qui tournent dans la ville".  À un moment, nous avons senti sous nos pieds la terre trembler. Cela nous a fait peur, mais nous avons pensé que cela ferait peut-être rouler la pierre, et que notre Maître en sortirait tout resplendissant. Et nous avons continué notre chemin.

Quand nous sommes arrivés, la pierre était roulée, il y avait quelques gardes sur le sol, qui gisaient là. C'était bizarre. Et il y avait un homme de lumière, vêtu de blanc sur la pierre. Après coup, nous nous sommes dit que ces anges envoyés par le Très Haut, ils ont souvent de drôles de lieux pour s'asseoir. Il nous a dit de ne pas avoir peur, que Jésus était bien ressuscité et que nous devions annoncer aux disciples qu'ils devaient aller en Galilée.

Là, je ne sais pas ce qui nous a pris, parce que nous sommes des femmes raisonnables, mais notre joie était telle, que nous nous sommes mises à courir pour annoncer la bonne nouvelle aux amis du Maître.

Avant d'entrer dans la ville, nous avons vu un homme qui venait dans notre direction. Quand nous nous sommes croisés, nous l'avons reconnu, c'était lui, mais en même temps ce n'était pas lui. Il était changé. Il était comme éclairé et cela nous remplissait de crainte.

Alors nous nous sommes jetées à ses pieds, et ses pieds nous les avons touchés, sans trop savoir pourquoi. Il marchait pieds-nus. Il n'y avait plus de trace de sang, plus de trace du clou, enfin si, mais comment le dire; le trou était cicatrisé, mais pourtant le trou était là. Il nous a parlé et sa voix nous a rassurées, car c'était bien la sienne. Il nous a dit de ne pas avoir peur, puis il a ajouté la même chose que l'ange nous avait dit: de retourner en Galilée, et qu'il nous y attendrait. Puis d'un coup, il n'était plus là.

Nous avons vu alors passer quelques-uns des soldats qui gardaient le tombeau. Ils semblaient très pressés. Mais nous, nous avons continué notre chemin pour annoncer aux disciples qu'il était relevé des morts comme il l'avait dit, et qu'il nous attendait tous en Galilée.

Maintenant, est-ce que les hommes, vont vouloir nous croire, rien n'est moins sûr. Nous les entendons déjà nous traiter de folles. Mais nous, nous l'avons vu, nous l'avons touché, et personne ne pourra nous faire taire.

# MARC

## Mc 1, 9-14 : le baptême de Jésus. 2020

Comme souvent, je sursaute en lisant ou en écoutant la traduction proposée par la Bible de la Liturgie. Dans mon souvenir, c'était "en lui, j'ai mis toute ma complaisance", ce qui n'est pas tout à fait la même chose, que toute ma joie, ou toute ma faveur ou même tout mon amour. Encore que contenir l'Amour de Dieu, semble inimaginable.

J'ai alors comparé ce qui est retenu par les différents évangélistes, et cela donne le tableau suivant:

| Matthieu 3, 16-17 | Marc 1, 14 | Luc 3,22 | Jean 1, 22 |
|---|---|---|---|
| 16 Dès que Jésus fut baptisé, il remonta de l'eau, et voici que les cieux s'ouvrirent; il vit **l'Esprit de Dieu** descendre<br><br>comme une **colombe** et venir sur lui. | | 22 **L'Esprit Saint**, sous une apparence corporelle, comme une **colombe**, descendit sur Jésus | 32 Alors Jean rendit ce témoignage :<br><br>« J'ai vu **l'Esprit descendre du ciel**<br><br>comme une **colombe** et il demeura sur lui. » |
| 17 Et des cieux, une **voix** disait: | Il y eut une **voix** venant des cieux : | et il y eut une **voix** venant du ciel : | |

| | | | |
|---|---|---|---|
| « Celui-ci est mon Fils bien-aimé, en qui je trouve ma joie. » | « Tu es mon Fils bien-aimé ; en toi, je trouve ma joie | « Toi, tu es mon Fils bien-aimé ; en toi, je trouve ma joie. » | |

Le mot **joie,** ce qui est cohérent, se trouve donc dans les synoptiques, mais cela me laissait un peu sur ma faim.

La Bible de Jérusalem, elle, dit "faveur". Pourtant si on se réfère au grec, ce serait bien "complaisance". Et se complaire, cela renvoie au livre d'Isaïe, dans le deuxième chant du serviteur: "Voici mon serviteur, mon élu en qui je me complais. En lui (ou sur lui), j'ai mis mon esprit.

Alors il m'est venu l'envie de laisser Dieu raconter, mais avec le mot proposé aujourd'hui, à savoir "la joie"...

Dieu raconte.

*"Moi, dit Dieu, je n'aurais jamais pensé utiliser une parole de ces cantiques que j'ai mis dans la bouche de ceux qui venaient à Jérusalem pour me célébrer et pour célébrer la construction des murailles et de mon Temple. Après l'exil, quand ils sont revenus chez eux, quand mon Temple a été enfin reconstruit, je peux imaginer leur joie. Arriver après une longue marche, et contempler le lieu de ma Présence: "O ma joie quand on m'a dit 'allons à la maison du Seigneur'. Enfin nos pieds s'arrêtent, devant tes portes Jérusalem".*

*Cette joie, je l'ai goûtée aujourd'hui... C'est une manière de parler mais c'est pour que vous compreniez un peu ...*

*Quand mon fils, mon bien-aimé, a pris place, là où Jean-Baptiste baptisait, parmi ceux qui voulaient reconnaître publiquement leur péché et changer de vie, je savais bien qu'il n'avait rien à faire là. Seulement il représente aussi mon peuple, car il s'est fait homme au milieu des hommes; et mon peuple, oui, il a bien besoin d'ouvrir ses yeux. Et pourtant, je sais qu'il ne le fera pas.*

*Je sais que mon bien-aimé passera par la mort, mais c'est le prix à payer pour que le monde, et pas seulement Israël, soit sauvé. C'est un combat à mort qui se livre contre le Mal. Mais aujourd'hui je l'ai équipé pour le début de ce combat, pour qu'il révèle que j'aime mon peuple, que j'aime la terre que j'ai créée, que j'aime les hommes.*

*Jean, quand il l'a vu, et pourtant il ne le connaissait pas, lui a dit qu'il ne voulait pas faire ce geste sur lui, que c'était lui, Jean, qui aurait dû, comme Naaman le Syrien, entrer dans les eaux du Jourdain et être purifié: parce que tout prophète qu'il est, il commet aussi des fautes, même s'il ne fait pas exprès.*

*Jean a une manière étonnante de parler de mon Fils.*
*Pourquoi dit-il de lui qu'il sera une sorte de justicier, alors qu'il sera Amour! Et l'Amour ne détruit pas. En même temps, c'est cela que le peuple a besoin d'entendre. Alors il a fait ce qu'il devait faire et dire, mais peut-être pas comme ça.*

*Mon fils a été immergé dans les eaux; et les eaux, vous savez tous que c'est le symbole du mal, des forces qui veulent dominer et détruire. Je sais que Jean a maintenu la pression longuement sur la tête de mon fils, qui a presque perdu le souffle, comme il le perdra un jour, totalement, mais ce sera autre chose.*

*Je voulais que cet instant soit pour lui, mon Bien-Aimé comme une naissance, alors j'ai mis en lui comme un nouveau souffle, qui a pris la forme d'une colombe: pour dire que des cieux nouveaux et une terre nouvelle étaient là.*

*J'ai ouvert le ciel, mais cela, il est le seul à l'avoir vu... Les cieux se sont déchirés, et il a été comme happé entre ciel et terre, et j'ai parlé. Ma voix ne crie pas dans le désert pour demander la conversion, ma voix est là pour qui veut l'entendre, pour qui a des oreilles ouvertes. Alors Jean aussi a entendu; il a entendu que je disais qu'en cet homme-là, qui est bien plus qu'un homme, je mettais toute ma joie. D'autres ont entendu mon amour, d'autres encore ma complaisance. Peu importent les mots; ce que mon Fils, et ceux qui le pouvaient, devaient entendre c'est que la Joie était parfaite, et qu'elle allait s'enraciner en lui, pour pouvoir se déverser sur le monde entier.*

*La colombe, Jean l'a vue. Et il a alors vraiment compris, connu, su, que celui qui venait d'être immergé par lui dans les eaux du Jourdain était l'agneau, qui serait offert pour permettre enfin aux hommes de connaître que Dieu donne aux hommes ce qu'il y a de plus précieux pour lui, et leur manifeste ainsi son amour. Mais comprendront-ils?*

*Puis, tout est redevenu calme, paisible. Jean a continué à baptiser. Mon Fils, qui était quand même un peu secoué par tout cela, a pris du repos au bord du Jourdain, mais aussi en moi. Puis il est parti pour son premier combat contre le tentateur...*
*Et Moi, dit Dieu, je suis dans la Joie, car il est le chemin, la vérité et la vie. Celui qui est mon Unique.*


Mc 2, 1-12 La guérison du paralytique de Capharnaüm. 2022

Mettre en parallèle les synoptiques quand ils décrivent un miracle cela a du bon, cela permet de voir ce qui est propre à chaque rédacteur. Là, par exemple, le "mon enfant" ne se trouve que chez Marc et chez Matthieu. Et c'est peut-être à partir de cela que j'ai raconté le vécu de cet homme.

| Matthieu 9, 1_ | Marc 2, 1-12 | Luc 5, 18- |
|---|---|---|
| **01** Jésus monta en barque, refit la traversée, et alla dans sa ville de Capharnaüm | **01** Quelques jours plus tard, Jésus revint à Capharnaüm, et l'on apprit qu'il était à la maison.<br>**02** Tant de monde s'y rassembla qu'il n'y avait plus de place, pas même devant la porte, et il leur annonçait la Parole. | |
| **02** Et voici qu'on lui présenta **un paralysé**, couché sur une civière. | **03** Arrivent des gens qui lui amènent **un paralysé**, porté par **quatre hommes**. | **18** Arrivent des gens, portant sur une civière un homme qui était **paralysé** ; ils cherchaient à le faire entrer pour le placer devant Jésus. |
| | **04** Comme ils ne peuvent l'approcher à cause de la foule, ils découvrent le toit au-dessus de lui, ils font une ouverture, et descendent le brancard sur lequel était couché le paralysé. | **19** Mais, ne voyant pas comment faire à cause de la foule, ils montèrent sur le toit et, en écartant les tuiles, ils le firent descendre avec sa civière en plein milieu devant Jésus |
| Voyant leur foi, Jésus dit au paralysé :<br><br>« Confiance, **mon enfant,** tes péchés sont pardonnés. | **05** Voyant leur foi, Jésus dit au paralysé :<br><br>« **Mon enfant**, tes péchés sont pardonnés. | **20** Voyant leur foi, il dit :<br><br>« **Homme**, tes péchés te sont pardonnés. |
| **03** Et voici que certains parmi les scribes se disaient : « Celui-là blasphème. » | **06** Or, il y avait quelques scribes, assis là, qui raisonnaient en eux-mêmes : | **21** Les scribes et les pharisiens se mirent à raisonner : « Qui est-il celui-là ? Il dit des |

| | 07 « Pourquoi celui-là parle-t-il ainsi ? Il blasphème. Qui donc peut pardonner les péchés, sinon Dieu seul ? » | blasphèmes !<br><br>Qui donc peut pardonner les péchés, sinon Dieu seul ? » |
|---|---|---|
| 04 Mais Jésus, connaissant leurs pensées, demanda : « Pourquoi avez-vous des **pensées** mauvaises | 08 Percevant aussitôt dans son esprit les raisonnements qu'ils se faisaient, Jésus leur dit : « Pourquoi tenez-vous de tels **raisonnements ?** | 22 Mais Jésus, saisissant leurs pensées, leur répondit : « Pourquoi ces **pensées** dans vos cœurs ? |
| 05 En effet, qu'est-ce qui est le plus facile ?<br><br>Dire : "Tes péchés sont pardonnés"<br><br>,ou bien dire : "Lève-toi et marche" ? | 09 Qu'est-ce qui est le plus facile ?<br><br>Dire à ce paralysé : "Tes péchés sont pardonnés",<br><br>ou bien lui dire : "Lève-toi, prends ton brancard et marche" ? | 23 Qu'est ce qui est le plus facile:<br><br>Dire : "Tes péchés te sont pardonnés",<br><br>ou dire : "Lève-toi et marche" |
| 06 Eh bien ! pour que vous sachiez que le Fils de l'homme a le pouvoir, sur la terre,<br><br>de **pardonner les péchés**... | 10 Eh bien ! Pour que vous sachiez que le Fils de l'homme a autorité<br><br>pour **pardonner les péchés sur la terre**... | 24 Eh bien ! Afin que vous sachiez que le Fils de l'homme a autorité sur la terre<br><br>**pour pardonner les péchés,**» |
| – Jésus s'adressa alors au paralysé | – Jésus s'adressa au paralysé – | – Jésus s'adressa à celui qui était paralysé |

| | | |
|---|---|---|
| —  lève-toi, prends ta civière, et rentre dans ta maison. » | **11** je te le dis, lève-toi, prends ton brancard, et rentre dans ta maison. » | –je te le dis, lève-toi, prends ta civière et retourne dans ta maison. » |
| **07** Il se leva et rentra dans sa maison | **12** Il se leva, prit aussitôt son brancard, et sortit devant tout le monde. | **25** À l'instant même, celui-ci se releva devant eux, il prit ce qui lui servait de lit et s'en alla dans sa maison en rendant gloire à Dieu. |
| **08** Voyant cela, les foules furent saisies de crainte, et rendirent gloire à Dieu qui a donné un tel pouvoir aux hommes | Tous étaient frappés de stupeur et rendaient gloire à Dieu, en disant : « Nous n'avons jamais rien vu de pareil. » | **26** Tous furent saisis de stupeur et ils rendaient gloire à Dieu. Remplis de crainte, ils disaient : « Nous avons vu des choses extraordinaires aujourd'hui ! » |

Le paralytique raconte.

*Il y a un petit bout de temps, ma femme a su qu'il y avait un homme qui guérissait à tour de bras. Il habite dans la maison de la belle-mère de Simon, le pêcheur, mais quand on a voulu m'y transporter, on nous a dit qu'il était parti et personne ne savait quand il allait revenir. L'ennui c'est que depuis que je ne peux plus me servir de mes pauvres jambes, j'ai pris du poids, je suis un vrai poids lourd, je dirai même un poids mort; mais on a des amis qui nous préviendront s'il revient. Et aujourd'hui, ils sont venus nous dire que Jésus, parce que c'est son nom était de retour. Alors quatre de mes amis sont venus à mon aide, et tous les cinq nous sommes partis. Arrivés devant la maison, impossible de rentrer et personne, je dis bien: personne n'a fait le moindre effort pour nous frayer un chemin pour nous permettre d'entrer.*

*Des fois, on se demande ce qu'ils ont dans la tête les gens, tous ces gens qui se disent pratiquants, et qui sont là pour écouter la bonne parole. Pas un, je vous dis. Alors mes amis ont eu une idée, passer la terrasse. Et là, il a fallu me hisser le long de l'escalier, arriver tout en haut. Ils en ont vu de toutes les couleurs mes amis, surtout qu'il faisait bien chaud. Ensuite c'est moi qui ai eu la peur de ma vie quand ils m'ont descendu sur mon brancard par le trou qu'ils avaient fait. Bon, le trou on le rebouchera, on fera même du plus beau plus tard, mais là, c'était dans l'urgence. Et me voilà aux pieds de Jésus. Il était assis. Et il y a eu un grand silence et mes amis sont arrivés eux aussi. Jésus les a regardés, m'a regardé. Et il ne m'a rien demandé, il m'a juste dit: "mon enfant, tes péchés sont pardonnés".*

*Je m'attendais à tout sauf à ça, mais vous ne pouvez pas savoir ce que j'ai ressenti à ce moment- là. Il m'a dit "mon enfant", à moi qui me sens tellement dépendant, tellement inutile, mais c'était plein de tendresse, comme un père peut le dire à son fils. Et surtout, c'était comme si un poids énorme m'avait été enlevé, et j'étais à deux doigts de me lever quand Jésus a pris la parole. Il s'est adressé aux scribes qui étaient là, et qui ne disaient pourtant rien, sauf que la désapprobation se lisait sur leur visage;*

*Je les connais les scribes, et je sais bien qu'ils pensaient que Jésus s'était pris pour Dieu, puisque Dieu seul, béni soit-il, a le pouvoir de pardonner. Mais il a bien dit que mes péchés étaient pardonnés, et j'ai pensé à notre père David, dont le péché a été pardonné et à la phrase du prophète Isaïe: "vos péchés seraient comme le cramoisi, ils deviendront blancs comme la neige, s'ils étaient rouges comme la pourpre, ils deviendraient comme la laine". Et il a eu une phrase étonnante, il leur a dit que pour qu'ils sachent que le Fils de l'Homme a le pouvoir de remettre les péchés, alors, il allait leur donner un signe et ce signe c'était ma guérison. Il se nomme "le fils de l'homme", alors qui est-il?*

*Et là il s'est adressé à moi en me disant de me lever, de prendre mon brancard et de rentrer chez moi. Comme je l'ai dit, la force dans mes jambes, elle était là depuis que mes péchés avaient été ôtés, et j'ai obéi dans la joie.*

*Je suis rentré chez moi, mes amis me suivaient et tous nous louions Dieu qui a donné un tel pouvoir à ce homme. Qui est-il vraiment? Certainement plus qu'un guérisseur. N'est-il pas le Messie que nous attendons, celui qui vient nous délivrer et nous donner la vie?*

## Mc 3, 13-20 L'appel des apôtres. 2022

Le texte .

*13 En ce temps-là,  Jésus **gravit** la montagne, et il appela ceux qu'il voulait. Ils vinrent auprès de lui,*

*14 et il en institua **douze** pour qu'ils **soient avec lui** et pour les envoyer **proclamer** la Bonne Nouvelle*
*15 avec le pouvoir **d'expulser** les démons.*

*16 Donc, il établit les Douze : Pierre – c'est le nom qu'il donna à Simon –,*
*17 Jacques, fils de Zébédée, et Jean, le frère de Jacques – il leur donna le nom de « Boanerguès », c'est-à-dire : « Fils du tonnerre » –,*
*18 André, Philippe, Barthélemy, Matthieu, Thomas, Jacques, fils d'Alphée, Thaddée, Simon le Zélote,*
*19 et Judas Iscariote, celui-là même qui le livra.*

Élaboration.

C'est l'appel des disciples dans l'évangile de Marc. Dans la péricope précédente, on a vu que Jésus est tellement pressé par la foule qu'il doit prendre de la distance avec la foule et monter dans une barque. L'impression que cela donne, c'est que cet évènement peut lui faire prendre conscience qu'il a besoin d'aide, et que comme Moïse qui a eu besoin d'instituer des juges, lui aussi doit choisir lesquels seront les plus à même de l'aider pour que le Royaume de Dieu soit annoncé.

L'évangéliste emploie de verbe "gravir" et c'est le même verbe employé dans l'évangile de Matthieu au chapitre 5, quand Jésus ayant gravi la montagne, ouvre la bouche et instruit ceux qui sont autour de lui, et leur donne la charte des Béatitudes. Jésus le nouveau Moïse., sauf que Jésus ne répète pas des paroles entendues, mais qu'il donne La Parole.

Gravir, ce n'est pas n'importe quel mot. Ce n'est pas simplement "monter" comme dans le livre de l'Exode quand le Seigneur demande à Moïse de monter sur la montagne où Lui-même Il se tient. C'est gravir, comme on gravit un escalier, mais pas n'importe lequel, l'escalier qui mène au Très Haut, et c'est un acte liturgique. Si Jésus gravit la montagne, c'est bien pour trouver son Père e poser par la suite un acte important.

On sait aussi, que Jésus passe souvent la nuit en prière dans des lieux "déserts". Cela n'est pas dit dans le texte de Marc. Puisque Jésus gravit, appelle et en institue douze pour être avec lui, un peu comme sa troupe d'élite, mais aussi pour annoncer la bonne parole et expulser les démons.

Alors je me suis un peu écartée du texte, pour parler de cette nuit que Jésus a pu passer avec son Père, avant d'appeler ceux qu'il voulait.

Comme je l'ai dit, c'est finalement ce verbe "gravir" qui a servi de départ à cette visualisation, méditation.

Jésus monte lentement, religieusement, calmement sur cette montagne qui domine le lac,  parce qu'il sait qu'il a besoin de conseil, de calme, de se retrouver et aussi de retrouver son Père.

Et cette nuit-là, il va comprendre que comme Moïse, il a besoin d'aide; ce qui vient de se passer, ces gens qui se jettent sur lui pour être guéris, pour le toucher, ces démons qui font que des hommes et des femmes se jettent à ses pieds et beuglent qu'il est le fils de Dieu, cela il ne le veut plus.

Alors il prie, il demande à son Père ce qu'il doit faire. Et la réponse est là, fais comme Moïse, fais-toi aider. Mais par qui va-t-il se faire aider, sachant ce qui l'attend? Et là aussi il a dû réfléchir, penser, peser le pour et le contre.


Jésus raconte...

*Bien entendu, il y a ceux qui m'ont suivi dès la première heure, mais que deviendront-ils dans la tourmente? Mais à chaque jour suffit sa peine. C'est aujourd'hui que j'ai besoin d'avoir des hommes autour de moi et avec moi.*

*Alors il y aura Simon, c'est peut-être celui qui me connaît le mieux. Il m'a pratiquement donné sa maison à Capharnaüm.  il sera alors le roc, et je lui donnerai un nom nouveau. Il s'appellera Pierre, Il y aura André, son frère. Il y aura les deux autres, Jacques et Jean, mais ils sont un peu comme des chiens fous. Alors que feront-ils de la force que je vais leur donner, cette force qui est en moi, quand ils seront contrariés? ? Ne se prendront-ils pas pour le prophète Eli, qui aimait tant faire tomber le feu du ciel? Mais n'ont-ils pas quitté leur métier, leur père, pour me suivre et ils sont toujours là?*

*Il y aura bien sûr Philippe et Barthélémy, et puis il m'en faut d'autres, parce que Père, ces hommes que je choisis pour que ton Règne arrive, ils seront comme les patriarches des douze tribus d'Israël, ils seront les fondements du nouveau Royaume, de ton Royaume.*

*Et il y a Matthieu, que parfois on appelle seulement Lévi: il sera surement utile pour faire les comptes, et tant pis si les pharisiens continuent à voir en lui un homme aux mains sales.*

*Il y aura Thomas, lui il a bien les pieds par terre., et encore Jacques, fils d'Alphée, Thaddée. Et puis pourquoi par cet autre Simon qui a fait partie de ceux qui veulent libérer le pays pas la force et enfin Judas, qui est de ce petit village. Je ne sais pas grand-chose de lui, mais c'est un grand sensible. Peut-être qu'il ne sera pas un roc lui. Je sais bien qu'un jour l'un des douze me livrera, mais est-ce que ce sera l'un d'entre eux ou un autre quand ma tête aura été mise à prix? . Toi Père tu le sais, toi seul.*

*A ces douze, selon ton désir ô mon Père, je donnerai le pouvoir d'expulser les démons, et d'annoncer la bonne nouvelle, mais surtout ils seront avec moi, ils seront ma famille et leur ferai connaître tour l'Amour que tu as pour les hommes.*

*Maintenant, je vais les appeler, et je leur donnerai le nom d'apôtre, car ils sont mes envoyés, tes envoyés. Je te demande de leur donner le pain dont ils auront besoin, de ne pas les laisser succomber aux ruses du diable et surtout de les délivrer de ce Mal qui est si présent, de ce Mal qui un jour croira être plus fort mais qui est déjà vaincu.*

**Mc 4, 35-41 La tempête apaisée. 2022**

L'évangile de Marc débute par "Commencement de l'évangile de Jésus-Christ, fils de Dieu". Il se termine par le commentaire du Centurion, qui en voyant Jésus expirer, dit: "cet homme était vraiment fils de Dieu".

Et certains récits comme celui rapporté aujourd'hui montrent que Jésus est vraiment Dieu. On peut parler d'une épiphanie.

Cet épisode a lieu juste avant que Jésus ne débarque en pays dit païen, où on élève des porcs en quantité, et où il sera accueilli par un homme possédé par un démon, homme qui est plus animal qu'être humain.

On peut comprendre que les esprits qui font la loi dans ce pays ne veulent pas du tout de la présence de Jésus chez eux, et vont tout faire pour le tuer, ce qui arrivera de la même manière quelques mois plus tard quand les autorités décideront de tuer cet homme qui dit avoir Dieu pour Père.

Si j'écris cela, c'est qu'il y a des harmoniques possibles. Les disciples sont dans la tourmente, le mal semble avoir gagné haut la main, Jésus semble dormir du sommeil du juste, mais ici on le montre sourd et aveugle à ce qui se passe, un peu comme s'il était "mort". Et une fois réveillé, il se dresse, il parle, et la mer se tait, le calme revient; mais la crainte, elle, demeure chez les disciples, exactement comme après la résurrection où dans la seconde finale de l'évangile de Marc, il est dit que certains doutaient encore".

Un disciple raconte

*On avait passé une rude journée, on aurait bien voulu retourner à la maison à Capharnaüm, nous changer, respirer, dormir. Mais non, le Maître a voulu que nous partions en pleine nuit en direction de l'autre* côté de la mer. Lui, il s'est installé à l'arrière, il s'est allongé sur le coussin, et manifestement il s'est endormi du sommeil du juste. Je dois même dire qu'il ronflait un peu.

Tout allait bien, mais d'un coup, comme nous commencions à être vraiment loin de chez nous et plus proche du pays des Géradséniens, le vent s'est mis à souffler, souffler souffler, le lac à gonfler, gonfler, et les vagues sont devenues de plus en plus fortes. J'avais l'impression qu'elles faisaient exprès de se jeter dans le bateau, qu'elles en voulaient à la vie de Jésus, qu'elles nous voulaient du mal. On écopait l'eau, mais on n'y arrivait pas, et le vent soufflait de plus en plus; la barque commençait même à tournoyer sur elle-même et, croyez-le ou pas, Jésus dormait, comme s'il ne sentait pas le roulis, et l'eau qui par moment lui tombait dessus.

Si la situation n'avait pas été aussi dramatique, on aurait pu en sourire, avec lui qui dormait comme un juste. Mais là, nous étions sur le point de sombrer, alors tous ensemble on a crié pour qu'il se réveille. Lui qui fait tant pour les autres, il pouvait bien faire quelque chose pour nous, qui étions à deux doigts de périr dans ce lac déchainé.

Mais dans mon souvenir, on ne lui a pas dit, "Seigneur au secours, fais quelque chose", mais non, on lui a posé une question, comme pour le rendre responsable de ce qui nous arrivait. On lui a dit: "Seigneur nous périssons, ça ne te fait rien"? Peut-être qu'au fond de nous, nous pensions qu'à Lui rien ne pourrait arriver et qu'Il s'en sortirait.

Alors il s'est levé, et là, de sa voix de stentor il a menacé la mer, il lui a ordonné de se taire. La mer s'est tue, les vagues sont mortes, et nous étions dans un silence étonnant.

Je pensais à Moïse qui, lui, n'avait pas parlé, mais qui avait dompté la mer...

*Et là, maintenant que nous étions sauvés, il nous a posé une question. Il nous a demandé pourquoi nous étions si craintifs, et pourquoi nous n'avions pas confiance. On ne savait pas quoi dire, mais une tempête pareille, ça ne permet pas de penser. On se demande juste ce qui va se passer quand la barque s'enfoncera dans les eaux en colère.*

*Et là, on s'est bien rendu compte que celui qui était avec nous, il vivait bien comme nous, mais il était, le maître de la mer, le maître des éléments, et qu'il était présence du Tout Puissant parmi nous.*

*Nous avons accosté et là, je crois que j'ai compris que qui s'était passé. C'était un combat que je pourrais qualifier de titanesque des forces du mal qui possèdent cette partie du pays, qui en sont les maîtres et qui ne veulent pas que la bonne nouvelle du Salut arrive, car elles perdraient tout leur pouvoir: alors notre Jésus, elles ont essayé de le tuer, de le noyer, mais il a été le plus fort. Il est le plus fort: il est le fils du Très Haut.*


## Mc 5, 21-45: deux guérisons. 2022


Comme tous les ans, en semaine, c'est la lecture continue de l'évangile de Marc, je retrouve ce texte qui raconte la guérison de la fille de Jaïre et de la femme qui perdait du sang avec plaisir. Mais en travaillant ce texte, j'ai été frappée par la place que prend la foule, puis par la réaction des gens de la maison de Jaïre. Et par le fait que l'une étouffe Jésus et que l'autre montre Jésus en proie aux moqueries et que cela est évocateur de ce qui se passera lors de la passion.

Dans un premier temps mon désir n'a pas été de faire raconter par un des protagonistes ce qui est arrivé, parce que cela, je l'ai déjà fait et refait, mais de prendre le temps de visualiser ce qui se passe, ce qui se joue avec cette foule, qui est presque comme un contenant pour Jésus, qui le serre, qui l'enserre, qui est à deux doigts de l'étouffer, et qui en même temps empêche ceux qui voudraient l'approcher de l'atteindre. On a déjà vu cela lors de la guérison du paralytique de Capharnaüm, et on le reverra encore plus d'une fois.

Si je remets les évènements rapportés par Marc, dans leur contexte, il faut donc revenir au retour de la Décapole, de Géradsa.
Jésus après avoir sauvé, rendu à une vie sociale, un homme possédé par un grand nombre d'esprits mauvais, impurs, ne peut rester dans ce territoire païen.

Deux raisons possibles, la première souvent mise en avant c'est la perte subie par les propriétaires des troupeaux de porcs, qui se sentent lésés, la seconde étant que Jésus peut faire peur. Les magiciens, à certaines époques, guérissaient les cas de possession en obligeant les démons à quitter le corps humain pour aller dans un animal. Et c'est bien ce que Jésus fait, mais faire cela avec une telle puissance, montre qu'il est un magicien trop puissant et qu'il vaut mieux le faire partir. Le voilà donc de retour chez lui, et dès qu'il arrive, deux phénomènes se passent.

Le premier c'est la foule qui d'emblée, s'assemble autour de lui, comme pour bien mettre la main sur lui, et éviter qu'il reparte à nouveau.

Et le second c'est la demande du chef de la synagogue, certainement envoyé par sa femme, qui vient demander la guérison de sa fille qui est à l'article de la mort.

J'ai raconté dans un billet, comme Jaïre a vécu ce temps, peut-être bref dans le temps, mais qui pour lui a dû durer une éternité, https://giboulee.blogspot.com/2019/02/la-resurrection-de-la-fille-de-jaire-mc.html car Jésus est comme interrompu dans sa marche vers la maison de Jaïre, par cette femme, dont on ne connait pas le nom ou le prénom, mais qui perd du sang et qui joue son va-tout en touchant Jésus. Et c'est cette guérison, qui intervient un peu comme des cheveux sur la soupe, mais qui permet de comprendre que de Jésus sort la vie, la vie plus forte que la mort.

Je vais simplement relire le texte (traduction liturgique) en me centrant sur les mouvements.

Le texte.

*21 En ce temps-là, Jésus regagna en barque l'autre rive, et **une grande foule** s'assembla autour de lui. Il était au bord de la mer.*

**On a donc une grande foule qui S'ASSEMBLE autour de lui.**

Jésus s'est en quelque sorte fait rejeter par les habitants de la Décapole, par les païens. Ill rentre à la maison. Et là, aussitôt c'est la foule qui **s'assemb**le autour de lui. Ce verbe pour moi, renvoie presque à un dessin. Chaque individu, est un peu comme une feuille, poussée par le vent, qui vient se coller contre Jésus. Et cela fait un gros tas de feuilles qui s'agglutinent

*22 Arrive un des chefs de synagogue, nommé Jaïre. Voyant Jésus, il tombe à ses pieds*
*23 et le supplie instamment : « Ma fille, encore si jeune, est à la dernière extrémité. Viens lui imposer les mains pour qu'elle soit sauvée et qu'elle vive. »*
*24 Jésus partit avec lui, et **la foule** qui le suivait était si nombreuse **qu'elle l'écrasait.***

**Maintenant on a une foule si nombreuse, qui ÉCRASE, (comme le grain de blé qui devient farine).**

Arrive donc Jaïre, qui a dû être prévenu par le "bouche à oreilles", qui arrive, qui trouve Jésus, qui le voit, qui tombe à ses pieds, qui supplie, lui le chef de synagogue. Il lui a déjà fallu la traverser cette foule qui fait barrage. Jésus qui aussitôt se met en marche. Il accepte de ne pas rentrer chez lui pour se changer, car on nous avait dit qu'il était parti tel qu'il était, sans se changer. Malgré l'écrasement de la foule, Jésus se laisse toucher par l'attitude de père, et par sa demande. Il accepte immédiatement de partir chez lui. On peut penser qu'il y a un changement d'itinéraire. Et c'est là que les choses se compliquent et qu'un certain temps pas passer.

*25 Or, une femme, qui avait des pertes de sang depuis douze ans… –*
*26 elle avait beaucoup souffert du traitement de nombreux médecins, et elle avait dépensé tous ses biens sans avoir la moindre amélioration ; au contraire, son état avait plutôt empiré –…*
*27 cette femme donc, ayant appris ce qu'on disait de Jésus, vint par-derrière **dans la foule** et toucha son vêtement.*
*28 Elle se disait en effet : « Si je parviens à toucher seulement son vêtement, je serai sauvée. »*
*29 À l'instant, l'hémorragie s'arrêta, et elle ressentit dans son corps qu'elle était guérie de son mal.*
*30 Aussitôt Jésus se rendit compte qu'une force était sortie de lui. Il se **retourna dans la foule**, et il demandait : « Qui a touché mes vêtements ? »*
*31 Ses disciples lui répondirent : « Tu vois bien **la foule** qui t'écrase, et tu demandes : "Qui m'a touché ?" »*
*32 Mais lui regardait tout autour pour voir celle qui avait fait cela.*
*33 Alors la femme, saisie de crainte et toute tremblante, sachant ce qui lui était arrivé, vint se jeter à ses pieds et lui dit toute la vérité. 3*
*34 Jésus lui dit alors : « Ma fille, ta foi t'a sauvée. Va en paix et sois guérie de ton mal. »*

**Jésus est comme coincés DANS la foule, la foule l'enserre, il est presque prisonnier, comme il le sera lors de la passion.**

Dans toute cette séquence, la foule est présente, au moins autant que la femme. Cette dernière, un peu comme un saumon qui remonte le cours de la rivière, doit se faufiler en essayant de ne pas toucher les personnes qui l'empêchent d'arriver à Jésus, puisqu'elle se sait impure, se positionner **derrière** Jésus, et toucher son vêtement.

On nous dit que Jésus se retourne **dans** la foule, c'est-à-dire qu'il s'arrête, et que manifestement il faire un effort pour se retourner, car il sait bien que ça vient de derrière, mais que la foule est tellement dense que c'est difficile.

Et les disciples avec leur bon sens habituel, pensent qu'il se fait des idées, que bien sûr quelqu'un a touché ses vêtements, mais quoi de plus normal. Mais là, Il ne se laisse pas faire, et on voit **le regard de Jésus qui balaye tout** autour de lui, qui se croise certainement celui de la femme, et c'est alors qu'elle peut raconter ce qu'elle a vécu, et recevoir un immense réconfort dans les mots prononcés: elle est redevenue une fille d'Israël, elle n'est plus exclue, sa foi, sa confiance, son acte de bravoure, car c'en est un, l'a sauvée au-delà de ce qu'elle espérait, oui elle est guérie et en paix.

Et là quelque chose se passe, Il y avait **la foule**, mais elle n'a pas pu empêcher la guérison, et maintenant il y a les **"gens"** qui arrivent et qui sont peu nombreux, mais qui ne s'adressent pas à Jésus mais à Jaïre pour lui annoncer brutalement que c'est trop tard. Qui sont ces gens? C'est beaucoup moins impersonnel que la foule.

*35 Comme il parlait encore, des **gens** arrivent de la maison de Jaïre, le chef de synagogue, pour dire à celui-ci : « Ta fille vient de mourir. À quoi bon déranger encore le Maître ? »*
*36 Jésus, surprenant ces mots, dit au chef de synagogue : « Ne crains pas, crois seulement. »*
*37 Il ne laissa personne l'accompagner, sauf Pierre, Jacques, et Jean, le frère de Jacques*

On a un premier **groupe de gens** qui semblent vouloir protéger Jésus, mais qui ont parole assez brutale envers Jaïre. Et il me semble que l'évangéliste nous fait comprendre que Jésus on peut toujours le déranger. La foule a disparu, il reste ces gens qui viennent de la maison, et les disciples. Jésus fait alors un choix, il ne garde que quatre personnes, cinq avec lui.

*38 Ils arrivent à la maison du chef de synagogue. Jésus voit l'agitation, et*
*__des gens__ qui pleurent et poussent de grands cris.*
*39 Il entre et leur dit : « Pourquoi cette agitation et ces pleurs ? L'enfant*
*n'est pas morte : elle dort. »*

Là ce sont d'autres gens, qui **font du bruit** Et qui prennent Jésus pour un fou. Ce sont   les proches, les voisins, les amis,

*40 Mais on se moquait de lui. Alors il met __tout le monde__ dehors, prend*
*avec lui le père et la mère de l'enfant, et ceux qui étaient avec lui ; puis il*
*pénètre là où reposait l'enfant.*

*41 Il saisit la main de l'enfant, et lui dit : « Talitha koum », ce qui*
*signifie : « Jeune fille, je te le dis, lève-toi ! »*
*42 Aussitôt la jeune fille se leva et se mit à marcher – elle avait en effet*
*douze ans. Ils furent frappés d'une grande stupeur.*
*43 Et Jésus leur ordonna fermement de ne le faire savoir à personne ;*
*puis il leur dit de la faire manger.*

Et Jésus met tout le monde dehors, mais il n'est pas seul pour autant, et là, il se différencie nettement d'Elie ou d'Élisée, qui eux aussi ont redonnée la vie à des enfants. Et la parole suffit pour que la jeune fille revienne à la vie.
On peut aussi noter le fait que Jésus ne veut pas que cela se sache. Plus personne. On retrouve la paix, le silence. Je pense que cette interdiction, nécessaire à ce moment-là, a dû poser question aux parents de la jeune fille.

Au début de ce texte, il y a la foule avide, une foule qui attend quelque chose de Jésus, qui veut en quelque sorte le prendre pour elle. Cette foule, un homme parvient à fendre. Puis une femme y arrivera aussi.

Et Jésus se met en route, mais je pense que la curiosité est telle, surtout que Jaïre est très connu, que tout le monde veut voir. Et la foule, devient envahissante avec sa curiosité. Elle est même menaçante puisqu'elle écrase Jésus. Elle fait un peu penser aux vagues qui se jettent dans la barque dans la péricope précédente.
Et c'est cette même foule que la femme à son tour affronte pour venir toucher cet homme dont on lui a parlé, mais qu'elle ne connaît pas. Et c'est à la fois, la guérison, mais aussi la question de Jésus, qui m'a touché; mais la formulation "il se retourna dans la foule", montre bien à quel point c'est dense et qu'il est presque incapable de faire le moindre geste. Mais il a senti que quelque chose s'est passé, entre lui et quelqu'un comme si, on lui avait arraché quelque chose, pris quelque chose, et il veut comprendre.

Le verset 32 "il regardait tout autour de lui pour voir celle qui avait fait cela", est étonnant. Comment Jésus peut-il savoir que c'est une femme qui l'a touché? Toujours est-il que la femme là, ne peut plus se cacher, et qu'elle se montre, elle qui n'est plus impure, qui est guérie. On peut alors penser que la foule s'écarte quand même, car elle peut comme Jaïre, se jeter aux pieds de Jésus et lui dire "toute la vérité". Et c'est la réponse de Jésus, qui sert d'accroche à la suite: la foi, foi qu'il demandera à Jaïre: ne crains pas, croie seulement.

Arrivent ensuite des gens qui brutalement annoncent la mort de l'enfant. Et là, on a l'impression qu'il se passe quelque chose, de non-dit, comme si Jésus, dispersait la foule, il renvoie tout le monde, et ne garde avec lui que les trois qui plus tard assisteront à la transfiguration. Et là, ce n'est plus une foule, mais ce sont des gens qui annoncent que l'enfant est morte, et que ça ne sert plus à rien de déranger Jésus.

Mais il y a manifestement un tournant. Cela se passe entre lui et Jaïre et les trois disciples.

Là aussi il se passe quelque chose avec les "gens". Pas déranger le maître, puis des gens qui s'agitent et qui pleurent (la maison de Jaïre), des gens qui se moquent de lui, 'elle n'est pas morte, elle dort', et enfin 6 personnes: lui, les 3 disciples, les deux parents et l'enfant. Et c'est la toute petite phrase, qui est rendue par beaucoup de mots. C'est bien "la jeune fille" qui entend la phrase de résurrection "lève-toi". J'aime la phrase, dite en araméen, soit traduite. Et ensuite il y a les verbes étonnants: il y a la main de Jésus, et elle se lève, elle marche. Et les ordres de Jésus, ne rien dire et la faire manger.

Alors il y a la foule, il y a les gens, il y a une femme, il y a un homme, il y a les disciples. Il y a Jésus qui est comme enserré par la foule, mais qui guérit à son insu et qui parle. Il y a les gens qui se moquent de lui, qui sont mis dehors et c'est la guérison.

Peut-être que maintenant je peux laisser la place à la maman de la jeune fille…

La maman raconte.

*Ma fille est malade. Elle ne mange rien, elle a mal à la tête, la lumière lui fait mal aux yeux. Je ne sais pas quoi faire. Mon mari a prié mais son état a empiré. Nous avons passé la nuit à son chevet, elle ne parlait presque plus. Sa respiration était trop rapide, elle avait une forte fièvre, et elle s'épuisait. Au petit jour elle s'est endormie, mais ce n'était pas un bon sommeil. Elle paraissait si petite si fragile sur sa couche. Des voisins qui savaient qu'Anna était très malade nous ont dit que jésus, le Jésus de*

Nazareth était revenu et qu'il allait dans la maison de la belle-mère de Simon, le pêcheur qui avait tout laissé pour le suivre.

J'ai demandé à mon mari d'aller voir cet homme, de tout faire pour le ramener à la maison, pour qu'il vienne guérir mon rayon de soleil, ma petite fille. Elle a douze ans, mais c'est encore mon bébé.

Il est parti, et le temps a passé. Je me tordais les mains, et elle allait de plus en plus mal. Et son souffle s'est arrêté. Alors j'ai envoyé des serviteurs dire à Jaïre que c'était trop tard, qu'elle était morte, notre aimée. Et les pleureuses sont arrivées, et la maison s'est remplie, et Jaïre est enfin revenu. Je pensais qu'il serait seul, mais Jésus était avec lui, et aussi trois de ses amis, Simon et les fils Zébédée.

Il a dit aux pleureuses d'arrêter de pleurer, aux joueurs de flûte de cesser de jouer, car disait-il "la jeune fille n'était pas morte, mais elle dormait". Je l'ai pris pour un fou. Mon Anna avait rendu le dernier souffle, depuis près d'une heure. Peut-être que s'il était arrivé plus rapidement il aurait empêché cela, mais voilà, il n'était pas venu.

Il nous a demandé de nous conduire à elle, les servantes voulaient venir, mais il a refusé et nous sommes allés auprès du lit où elle reposait. Et là, il m'a regardé, il a regardé Jaïre, il a regardé ma toute petite fille, il lui a pris la main et il lui a dit dans notre langue de se lever. C'était un peu comme s'il l'arrachait à la mort en lui saisissant ainsi la main, comme sil nous la ramenait.

J'entends encore les mots résonner dans mes oreilles: Talita Koum, il a dit et elle a ouvert les yeux, comme si elle se réveillait, elle s'est assise et elle s'est mise debout et elle marchait. Mon cœur débordait de joie, mais les larmes se sont mises à couler. Que voulez-vous, c'est comme ça.
Il nous a dit de lui donner à manger, de ne rien dire à personne. Ne rien dire à personne, mais comment pourrions-nous ne pas parler de ce nous

*venions de vivre? Il est parti. Il n'a rien demandé, il n'a rien dit, mais il avait l'air heureux.*

*J'avais lu dans nos écritures que les prophètes Elie et Élisée avaient redonné la vie eux aussi à des enfants, mais cela avait pris du temps, ils avaient longuement prié alors que jésus, il lui a pris la main, il lui a parlé simplement, et elle est revenue, vivante, souriante, heureuse.*

*Que le Dieu d'Israël soit béni pour ce prophète qu'il a suscité pour nous son peuple. Oui notre Dieu est un Dieu fidèle qui entend la voix du malheureux, et qui répond. Béni soit-il et béni soit son envoyé.*

## Mc 6, 14-29 La mort de Jean le Baptiste.2022

Le chapitre 5 de l'évangile de Marc avait rapporté la guérison de la femme qui perdait du sang et surtout ce qu'on appelle la résurrection de la fille de Jaïre. Puis Jésus était parti, et avait envoyé les douze en mission. C'est le début du chapitre 6. Et cette scène, qui arrive un peu comme une incise, apporte le récit de la mort de Jean le Baptiste, récit qui se trouve chez tous les évangélistes. J'ai, dans le passé, raconté comment le garde chargé de l'exécution avait vécu cette tragédie: https://giboulee.blogspot.com/2019/02/la-mort-de-jean-le-baptiser-mc-6-14-29.html

Il se trouve que professionnellement je rencontre pas mal de personnes qui ont vécu dans leur enfance ou leur adolescence des situations traumatiques, générées par des personnes proches. Aujourd'hui, on sait que les séquelles sont importantes et peuvent perdurer pendant des années.

J'ai noté que quand Jésus s'adresse à la fille de Jaïre, il l'appelle "jeune fille". C'est le même terme qui est utilisé ici, au verset 25, pour parler de la fille d'Hérodiade: "Aussitôt la jeune fille s'empressa de retourner vers le roi..."

Et je me suis dit que cette jeune fille, qui va recevoir la tête de Jean sur un plat, a dû vivre un véritable traumatisme, d'autant que c'est elle qui l'a ensuite donnée à Hérodiade et que le temps du transport a pu être assez long.

Alors j'ai imaginé que cette jeune fille a dû à la fois craindre cette mère qui a commis un meurtre, mais aussi la haïr, car elle a été son instrument. Sa mère s'est servie d'elle. Comment ne pas haïr une telle mère?

La fille d'Hérodiade raconte cette soirée qu'elle ne pourra jamais oublier.

*Elle, ma mère, a quitté mon père Philippe parce que c'était le moyen d'avoir un titre, un vrai titre de reine, et ça, c'est ce qu'elle veut. Mais moi, elle ne m'a pas demandé mon avis, je suis une princesse, et je dois apprendre à devenir une reine. Et j'ai dû la suivre, mais moi le roi Philippe, je l'aime.*

*Seulement, Jean le prédicateur, celui qui baptise dans le Jourdain, s'est mis à tonner haut et fort contre Hérode, en disant qu'il n'a pas de droit de faire ce qu'il a fait.*
*Je dois dire que je suis bien d'accord avec lui. Seulement ma mère, elle, déteste Jean et elle voudrait le faire mourir. Elle a obtenu qu'il soit emprisonné, pour que plus personne ne puisse plus l'entendre. Elle a essayé de l'empoisonner, mais il n'est pas mort; il a été malade et depuis, sa nourriture va directement des cuisines d'Hérode à la prison.*

*Hérode a d'ailleurs une drôle d'attitude envers ce prophète. Parfois il le fait sortir de sa prison pour l'écouter, et il aime bien l'entendre; et en même temps il a peur des malédictions qui pourraient sortir de sa bouche, et il a peur aussi du peuple qui considère Jean comme un nouvel Elie.*

*Mais ma mère Hérodiade, elle, ne veut qu'une chose, qu'il se taise; et surtout qu'il n'influence pas Hérode qui est un faible. Elle a peur de tout perdre. Alors elle cherche ce qu'elle pourrait faire, et Hérode, elle le connaît bien.*

*L'anniversaire du roi est arrivé, et c'est là qu'elle s'est servie de moi. En fait elle avait tout manigancé dans sa tête. Elle voulait que j'aille danser devant le roi, que je lui fasse tourner la tête et qu'il me récompense. C'est tout ce qu'elle m'avait dit.*

*Danser devant ces hommes avinés, je déteste cela, mais avec elle, je dois obéir. Et j'ai dansé, et Hérode m'a regardé avec un regard que j'ai détesté, qui m'a fait mal, qui me donnait envie de disparaître. Bien sûr il est tombé amoureux de ma beauté, de ma danse. Le plan de ma mère avait marché. Il m'a demandé de lui dire ce que je voulais, et qu'il me le donnerait, même si c'était la moitié de son royaume. Et il a juré devant tous les dignitaires, les chefs d'armée, et les notables qu'il le ferait.*

*Sauf que moi je n'avais pas d'idée et je suis sortie demander à ma mère. Je pensais à des bijoux, à des perles rares… Mais elle, elle m'a ordonné de demander la tête de Jean et de la faire apporter sur un plat. Et là encore je n'ai pas pu refuser. Et c'est ce que j'ai demandé quand je suis retournée dans la salle du festin. Ma voix tremblait quand j'ai demandé cela.*

*Quand Hérode a entendu ma demande, cela l'a dégrisé net. Mais il avait promis, et il a envoyé un garde exécuter son ordre. Le silence était tombé sur la salle.*

*Le garde est revenu avec la tête de Jean. J'ai cru m'évanouir. Il y avait du sang partout. Il avait les yeux ouverts. J'ai pris le plat et je me suis sauvée en quelque sorte; Je l'ai apporté à ma mère. J'aurais voulu fermer les yeux, ne pas regarder, mais je ne pouvais pas faire autrement que de voir cette tête, celle d'un homme tué par vengeance, par ma faute.*

*Je ne sais pas ce que ma mère a fait de cette tête, mais moi je n'arrive plus à dormir. Je vois sans arrêt le garde qui revient, la tête, le sang; et c'est tout le temps. Quand j'arrive à m'endormir, les cauchemars sont là. Et maintenant je voudrais tuer ma mère, je voudrais qu'elle n'existe plus, car dès que je la vois, je pense à ce qu'elle m'a fait faire et j'ai envie de me tuer; de la tuer.*

*Je ne veux plus être une princesse, je ne veux pas être une reine, je veux disparaître. Je veux m'enfuir, je veux partir, je ne veux pas qu'elle me retrouve.*

*Peut-être que ce Jésus, qui semble inquiéter Hérode, pourra m'obtenir le pardon du Très Haut et me prendra avec lui. Je sais que Jeanne, la femme de l'intendant d'Hérode, fait partie des femmes qui le suivent, alors je vais tenter ma chance. Je n'ai plus de mère, je n'ai plus de père, je n'ai que ces images qui me hantent.*

## Mc 6, 34-44 Première multiplication des pains. 2022

Après leur première mission, les apôtres reviennent fatigués mais heureux. Ils sont partis sans provisions pour la route, avec leur bâton, sans argent dans leur ceinture. Ils ont proclamé qu'il faut se convertir. Ils ont expulsé les démons et fait des onctions d'huile (ce que Jésus ne fait pas). Et quand ils reviennent, on nous dit que les arrivants et les partants étaient si nombreux que l'on n'avait pas le temps de manger. C'est dire que ça grouille de monde. Alors Jésus leur propose de se reposer et donc de prendre la barque pour aller dans un lieu désert. Sauf que les "gens" ont compris où va Jésus et le précèdent et c'est l'épisode qui nous est alors rapporté, ce que nous appelons la multiplication des pains.

Un apôtre raconte.

*Il nous avait envoyé en mission, car c'est bien le mot. Mission de parler de lui, mission d'appeler à la conversion, mission de guérir, mission de chasser les esprits mauvais. Mais il nous a aussi envoyé sur les routes, sans rien. Je veux dire qu'il n'a pas voulu que nous prenions un peu d'argent avec nous, ou du rechange. Non juste nos bâtons. Et cela s'est bien passé, mais quelle fatigue tous ces gens qui vous entourent et demandent encore et encore. Parfois on a l'impression que ça ne finira jamais. Je me demande comment il fait Lui, pour garder toujours le sourire, pour guérir encore et encore. Et nous sommes rentrés. Mais il y avait tellement de monde, qu'on a eu du mal pour nous retrouver dans notre propre maison. Alors il nous a proposé de prendre la barque pour aller sur la côte un peu plus loin là où il y a une source, pour passer du temps avec lui, pour nous reposer.*

*Et nous sommes partis. Seulement les autres, ils avaient entendu et compris où nous allions, ce qui fait que quand nous avons accosté, il y avait une véritable foule sur la plage. Je dois dire que nous n'étions pas contents du tout. Nous avions besoin de l'avoir un peu pour nous, lui raconter ce qui s'était passé. Et là nous avons cessé d'exister pour lui. Il s'est mis à leur parler, à les enseigner; Il était comme le berger qui rassemble ses brebis, qui leur fait comprendre qu'elles appartiennent toutes à un même troupeau, et qu'elles ont un seul berger.*

*Et le temps a passé, et nous nous avions faim, mais vraiment faim. Alors comme la nuit allait tomber, on lui a demandé de renvoyer la foule pour qu'elle puisse acheter à manger, parce qu'ils étaient là depuis des heures. Mais il l'a mal pris. Il nous a dit qu'on n'avait qu'à s'en occuper* nous-même. Et à nous non plus cela n'a pas plu. On a essayé de lui faire comprendre que l'argent ça ne poussait pas sous le sabot d'un cheval, qu'il faudrait le salaire de deux cent journées de travail et que cet argent bien entendu, on ne l'a pas. Il a soupiré et nous a demandé ce que nous avions nous, pour manger, parce que c'est toujours nous qui pensons à cela.

Nous avons cherché ce que nous avions pris un peu à la hâte, et lui avons répondu que nous avions cinq pains et deux poissons. Ce n'était pas énorme, même pour nous. Mais on le lui a donné.

Il nous demande de faire asseoir tout le monde; on se demandait ce qui allait se passer. Il a pris les pains il a regardé longuement vers le ciel, très longuement. Il a prononcé la bénédiction rituelle, "tu es béni Seigneur roi du ciel et de la Terre toi qui nous donne ce pain, fruit de la terre et du travail des hommes", et il a commencé à rompre le pain pour le partager.

Et là, et là, il y a eu du pain à profusion, et des poissons à profusion et il nous a dit de distribuer à tous et à toutes et aux enfants.

Nous étions comme transportés ailleurs. Nous n'avions plus faim, nous n'avions plus soif, nous étions dans la joie. Et de la nourriture il y en a eu plus que largement car on en rempli 12 corbeilles et pourtant il y en avait du monde, plus de cinq mille hommes.

Nous avons mangé de ce pain-là, de notre pain. Nous avons bu de l'eau de la source, et nous avons mangé. Il nous a dit alors de repartir, de prendre la barque et qu'il se chargeait de renvoyer ceux qui étaient là. Et nous sommes partis dans la nuit, sur le lac.

**Mc 6, 45-52 Les disciples pris dans la tempête. 2022**

C'est ce qui est rapporté par Marc, tout de suite après la multiplication des pains. Ce que je retiens, c'est que même si Jésus n'est pas avec ses disciples dans la barque, il est attentif à ce qui se passe, du lieu où il se trouve (la montagne, le ciel). Quand il se rend compte que la mort est là, que le danger est grand, il n'hésite pas à quitter ce qu'il faisait (être avec son Père) pour venir à l'aide.

Je remarque aussi que le danger peut faire qu'on ne le reconnaisse pas, je veux dire qu'on ne se rende pas compte que l'aide est là. Et que Jésus ne demande pas à la tempête de s'apaiser. Ce n'est que lorsqu'il peut monter dans la barque, qu'il a sa place avec nous, que le vent tombe.

Mais la phrase qui résonne en moi c'est ce verset *"Voyant qu'ils peinaient à ramer, car le vent leur était contraire, il vient à eux vers la fin de la nuit en marchant sur la mer, et il voulait les dépasser"*, parce que je trouve ce regard de tendresse tellement important; Jésus voir qu'ils n'arrivent pas à ramer parce que les vents sont contraires. Et cela c'est tellement fréquent, et savoir qu'il nous regarde, qu'il est prêt à quitter le lieu de son repos pour nous, donne un tel espoir.

Quant à la dernière phrase: *ils n'avaient rien compris au miracle du pain car leur cœur était endurci,* je la trouve assez dure. Que veut dire l'évangéliste? Qu'avant le don de l'Esprit, les apôtres ne comprenaient pas grand-chose? Le cœur endurci, c'est aussi quelque part un refus. Ne pas vouloir ouvrir les yeux, ne pas vouloir changer et s'adapter au nouveau qui se donne dans la personne de Jésus.

J'ai essayé de faire raconter le vécu de cette nuit, par un des disciples qui a dû reprendre la navigation en pleine nuit.

Un disciple raconte:

*Il aurait dû être content le Maître, notre Maître. Hier nous nous étions bien démenés pour que tout le monde ait à manger, pour que tout le monde soit satisfait. Je dois dire qu'on s'était bien fatigué. On avait même trouvé des corbeilles pour ramasser tous les morceaux de pain qui restaient de ce repas improvisé d'hier soir. Du poisson il n'y en avait plus, et c'est bien dommage: on ne pouvait pas en mettre un peu de côté pour nous et pourtant c'était bien avec nos poissons qu'il a nourrit tout le monde. On aurait bien voulu passer un peu de temps avec lui, même s'il y avait encore du monde.*

*Mais non, il n'a rien voulu entendre. Il nous a obligé à repartir pour aller à Bethsaïde, là où se trouve la maison d'André, pour arriver avant lui là-bas.*

*On est parti, mais on grognait un peu, pour ne pas dire beaucoup. Et pour comble de malchance, le vent s'est levé, la tempête est arrivée, les vagues nous secouaient, nous malmenaient et on ne savait plus du tout où nous étions. On avait déjà essuyé une sacrée tempête, mais il était avec nous, et c'était différent. Là nous étions seuls dans cette nuit d'encre. On avait beau ramer, la barque avait du mal à avancer et pour la direction, ça on ne savait plus du tout où on était.*

*Et tout d'un coup, on a vu une espèce de silhouette qui se mouvait sur ces vagues, et là on était sûr que c'était l'esprit d'un de ceux qui ont péri dans le lac, un de ces esprit qui veut du mal, un fantôme sans sépulture. On avait tellement peur qu'on a hurlé, nous des hommes faits.*

*Et pourtant, en regardant bien, cette silhouette ce n'était pas un fantôme, c'était celle de notre maître. À croire qu'il avait vu combien nous avions de mal dans cette nuit d'encre. Il marchait sur la mer. Vous vous rendez compte. Il allait droit devant lui, il allait nous dépasser. Mais quand nous avons hurlé, la forme s'est arrêtée, et on a crié "à l'aide". On aurait dit qu'il n'attendait que ça. Et là, nous l'avons vraiment reconnu, mais croyez-moi, ce n'était si facile.*

*Mais ça soufflait toujours. Dans la tempête, il a parlé, il nous a rassurés, demandé d'avoir confiance, et c'était bien le timbre de sa voix.*

*On l'a aidé à monter dans la barque, parce que ça tanguait beaucoup. Et d'un coup le vent est tombé et nous avons accosté.*

*Nous étions stupéfaits, bouleversés. Certes nous étions sains et saufs, mais comment avait-t-il pu nous voir de sa montagne, comment avait-t-il pu marcher sur ces vagues, comment avait-t-il pu donner à manger à toute cette foule. Parfois on comprend, mais parfois on est complètement dépassé. Et puis là, il nous a quand même fait très peur. Le Très Haut n'est-il pas le seul à être le maître des éléments? Qui est-il vraiment celui qui nous a choisi?*

## Mc 7, 1-14 le pur et l'impur. 2020

Le chapitre 6 de Marc, se termine par la première multiplication des pains et la marche de Jésus sur la mer.

La lecture suivie de cet évangile, proposée par la liturgique fait ici un saut: on passe des miracles à ce que dit Jésus. Jusque-là, dans cet évangile, peu de discours sont rapportés, mais on sait que les scribes et les pharisiens sont à l'affût. On peut penser qu'ils sont allés à Jérusalem pour parler de cet homme, qui ne dit pas être le Messie, mais qui dit et fait des choses étonnantes.

Et ce sont eux, ces hommes de Jérusalem, qui vont lancer la première flèche: "Tes disciples ne se purifient les mains avant de se mettre à table, et tu les laisses faire. Quel Maître es-tu donc, si tu ne leur fais pas respecter la tradition des anciens". Et le débat s'instaure, mais Jésus leur clôt le bec: ce sont les versets du texte de ce matin (Mc 7, 1-14). Puis dans un deuxième temps, mais Jésus est coutumier de cette manière de faire, il utilise ce qui vient de se passer pour donner un enseignement: et c'est ce qu'il dit sur le pur et l'impur. Ce ne sont pas les aliments qui rendent impur, mais bien ces pensées qui rongent le cœur de l'homme, qui le divisent (ce qui est bien la question du pur et de l'impur), et qui le coupent de l'amour.

Et j'ai voulu laisser Jésus lui-même raconter...

Jésus raconte.

*Quand je les ai vus arriver, avec leur air coincé (pardon pour ce jugement), je savais bien qu'ils allaient me chercher des noises. Je sais que les pharisiens qui vivent en Galilée ont peur de ce que je raconte, peur de mes miracles, et de mes guérisons. Ils disent même que c'est avec l'aide du prince de démons que je guéris, et rends la vie. Ils veulent ma peau, et ils l'auront un jour... Mais aujourd'hui, comme mes disciples ne s'étaient pas lavé les mains avant de prendre le repas bien mérité - car souvent il y a tellement de personnes qui vont et viennent pour se faire guérir qu'il est impossible de prendre le temps de se restaurer, ils sont venus avec leur bec enfariné, me demander pourquoi mes disciples ne respectent pas la tradition des anciens. Alors là, mon sang n'a fait qu'un tour. Comment opposer la tradition des anciens à la Loi donnée par Moïse...*

*Je sais bien que se laver les mains au moment du repas, c'est signifier qu'on entre dans une autre dimension, celle du partage, de l'hospitalité, et que mon Père est présent. Mais tant que moi, je suis avec mes disciples, ils sont purifiés. Quand je suis avec eux, leur cœur n'est plus partagé, ils font corps avec moi, ils font corps ensemble, ils ne sont pas dans la division mais dans la pureté. Mais eux, ceux qui "savent", cela ils sont incapables de le percevoir.*

*Alors je me suis servi des paroles du prophète Isaïe pour qu'ils comprennent - parce que si je m'appuie sur la Parole, ils ne pourront rien faire contre moi: qu'ils servent mon père non avec leur cœur, mais du bout des lèvres.*

*Puis je leur ai montré combien cette tradition pouvait être perverse. Mon Père, par Moïse, a dit qu'ils devaient honorer leur père et leur mère; et eux, ils poussent leurs disciples à donner leur argent pour le Temple et ainsi à laisser leurs parents dans le besoin. Et ils n'honorent plus leur père et leur mère; ils les poussent à devoir mendier.*
*Ils sont partis, mais ils étaient très en colère.*

*En fait moi aussi je l'étais, mais j'étais surtout triste, et j'ai peur que leur enseignement ne fausse complètement le jugement de ceux qui les écoutent. Alors je me suis adressé à ceux qui étaient là, qui avaient assisté à cette petite scène. Je voulais leur faire comprendre que le pur, c'est autre chose.*

*Un jour mon pauvre Pierre aura une vision où il verra sur une grande nappe des animaux de toute sorte, des purs et des impurs (Moïse a développé tout cela) et une voix lui dira d'immoler et de manger; il se récriera en disant qu'il n'a jamais mangé d'animaux impurs. Et la vision lui fera comprendre qu'il n'a pas à appeler impur ce que mon Père appelle pur; et il ira vers ceux qui sont appelés les païens.*

*Mais moi aujourd'hui, je voulais qu'ils comprennent que ce qui rend impur, séparé de mon Père, ce n'est pas ce qui pénètre par la bouche, parce que cela ne demeure pas en l'homme, mais c'est ce qui sort du cœur: ces paroles d'envie, de haine, d'orgueil.*

*Qu'ils comprennent que dans le cœur de l'homme, il y a ce mauvais, cette présence du mal; et que se débarrasser de cela, c'est autrement plus difficile que de s'abstenir de manger certaines choses, ou de se laver les mains. Et qu'ils comprennent que moi je suis venu pour qu'ils deviennent purs à l'intérieur d'eux-mêmes; que moi, je peux leur donner cela.*

*De même que les lépreux qui me touchent sont purifiés, sans que pour autant je sois contaminé, de même s'ils se laissent toucher par moi, si leur cœur de pierre se laisse toucher, alors ils auront en eux un cœur de chair, un cœur purifié et rempli de mon amour.*
*Mais la route est encore longue avant que même mes disciples le comprennent.*

## Mc 7, 31-37. La guérison d'un homme sourd et muet. 2022

On est presque à la fin du chapitre 7. Jésus un peu à son corps défendant a expulsé un démon qui rendait malade une petite fille qui avait une maman païenne. Il n'y a pas eu contact avec cette enfant, un peu comme pour la guérison du fils ou de l'esclave du Centurion, épisode non raconté par Marc, mais qui montre l'efficacité de la Parole, même en pays non juif, mais aussi la foi de cette mère.

Jésus prend une route qui va le ramener en Galilée. Et c'est là que se passe, dans un lieu inconnu la guérison rapportée.

C'est un texte que j'aime, parce que pour une fois, comme dans la scène de la résurrection de la fille de Jaïre, on a une parole de Jésus en araméen.

Et puis j'aime la demande qui lui est faite de de "poser la main sur lui" , car cela évoque pour moi un chant que j'aime: " Ta main me saisit, ta droite me conduit, tu as sur moi posé ta main". (https://www.abiif.com/chants/ta-main-me-conduit-mp3)

D'un point de vue symbolique, on peut penser que cette ouverture des oreilles et de la bouche, montre que, (d'autant que Marc a œuvré avec Paul), les oreilles des non juifs vont s'ouvrir à la bonne nouvelle, qu'eux aussi apprendront à écouter, avec des oreilles non bouchées, et que leur bouche proclamera la louange de Dieu qui se laisse connaître par tous les hommes. Ainsi ils sortiront de la surdité et de la mutité.

Mais revenons à la péricope d'aujourd'hui.

J'avais dans le temps écrit un billet sur cet épisode où je me demandais comment Jésus avait fait pour mettre à la fois ses doigts dans les oreilles, et mettre de la salive sur la langue https://giboulee.blogspot.com/2012/07/pas-facile-les-guerisons-marc-7-et-8.html.


 Aujourd'hui j'aimerais penser que Jésus par ces gestes, fait comprendre à l'homme, un peu comme avec une langue des signes, ce qu'il va faire pour lui. Et c'est alors qu'il peut prononcer ce mot (et là je me plais à imaginer que l'homme entend au moins la fin du **Ef fa ta**) et que là il comprend qu'il est guéri, et que sa langue va lui permettre de parler et d'être compris. Je pense ensuite que quand Jésus lève les yeux au ciel et qu'il soupire, c'est qu'il s'adresse à son Père du plus profond de lui-même, et que peut-être il pense non pas à cet homme unique, mais à tous ceux qui un jour, par ce qui se passera sur la croix, seront sauvés.

J'ai laissé un disciple raconter cette scène, qui sera suivie de la deuxième multiplication des pains, où l'on voit (et en cela c'est différent de la première multiplication) la sollicitude de Jésus pour cette foule qui est restée trois jours (et non plus une journée) à l'écouter, et qui pourrait défaillir, si elle revient sans alimentation. Et le dernier verset de la péricope d'aujourd'hui " Il a bien fait toute chose, il fait entendre les sourds et parler les muets" Isaïe 29, 18, si on le remet dans son contexte, annonce la venue d'un temps nouveau, d'un temps "où les humbles se réjouiront de plus en plus dans le Seigneur, et les malheureux exulteront en Dieu, le Saint d'Israël." Is 29, 19.

Un disciple raconte.

*Nous avons quitté le beau pays de Sidon, et repris la route vers chez nous, en passant par la Décapole. La Décapole, nous y avions fait un bref séjour, c'était quand le Maître avait expulsé d'un pauvre homme un tas de démons qui l'empêchaient de vivre dignement. Seulement ces démons, une fois sortis, avaient trouvé asile dans un troupeau de porcs et les porcs, sûrement pour leur échapper, s'étaient précipités dans le lac, ce que les gardiens n'avaient pas apprécié; et on nous avait demandé de décamper, ce que nous avons fait. Et nous revoilà dans ce territoire. Je pense qu'on a dû parler de Jésus, car dans un village on lui a amené un homme sourd, qui s'exprimait un peu, pour qu'il pose la main sur lui.*

*C'est beau, cette demande, "poser la main sur lui". Juste poser la main et espérer que le contact permettrait à leur ami de sortir du monde du silence, de sortir de l'enfermement.*

*A notre surprise, il a regardé l'homme, qui bien sûr regardait Jésus avec beaucoup d'étonnement; il n'a pas posé la main sur lui, mais il l'a conduit à l'écart, puisque lui, il n'avait jamais entendu parler de lui, et pour cause. Là, ils se sont assis. Jésus à mon avis, a voulu lui faire comprendre qui il était, un guérisseur. Alors il a mis ses doigts sans les oreilles de l'homme. Et il l'a regardé. Puis il a pris un peu de sa salive, et il a touché la langue de l'homme. Un peu de temps a passé. L'homme semblait attendre.*

*Et Jésus a levé les yeux vers le ciel, comme il l'avait fait le jour où il avait donné à manger à tout le monde, au bord du lac, et il a murmuré, soupiré, effata. Il ne s'adressait pas à l'homme, mais à celui qu'il nomme son Père. Il lui demandait que ses oreilles s'ouvrent, que sa langue de délie pour qu'il puisse ouvrir sa bouche et peut-être chanter les louanges de notre Dieu.*

*Et l'homme s'est mis à parler. Jésus l'a reconduit au village, et tous étaient dans l'admiration; mais il leur a demandé de ne rien dire à personne. Là, c'était lui qui leur liait la parole si je puis dire. Et tous s'extasiaient car oui, il n'est pas un guérisseur comme les autres. Nous sommes partis très vite, comme s'il se sentait appelé à autre chose. Peut-être qu'il veut que ces non-juifs puissent s'ouvrir à la Présence du vrai Dieu, et que le Dieu d'Israël devienne vraiment le Dieu de tous les hommes.*

## Mc 8, 1-10 Deuxième multiplication des pains.2022

Le narrateur présente Jésus qui reste un peu dans la Décapole, cette région à l'Est du Jourdain et composée de dix cités regroupées en ligue. On est donc toujours en territoire à dominante grecque et donc toujours en territoire dit "païen". Comme souvent, je suis émerveillée par l'attention de Jésus aux plus fragiles, ceux qui risquent de se trouver mal s'ils rentrent chez eux le ventre vide. Lors de la première multiplication des pains, il s'agissait du soir même, là c'est au bout de trois jours. Peut-être que les trois jours que Jésus passera en terre, permettent justement que le Salut soit annoncé à tous les hommes, juifs et non juifs.

La première multiplication des pains a lieu en Galilée; on nous dit que Jésus prend le pain, lève les yeux au ciel, le bénit et le rompt. Cela a lieu après que les douze soient revenus de leur première mission et que Jésus ait décidé de prendre un temps de repos avec eux au bord du lac.

Sauf que ce projet n'est pas passé inaperçu et qu'une foule était déjà là quand ils sont arrivés.

 En voyant cette foule, Jésus est pris de compassion, parce qu'il se rend compte qu'ils sont comme des brebis dans berger. Et là, il reprend à son compte les prophéties d'Ézéchiel qui disent que désormais, ce sera le très Haut qui sera le berger de son peuple; et qu'il veillera sur toutes les brebis, quelles qu'elles soient.

Et c'est le jour-même que les disciples, qui n'ont toujours pas eu leur temps avec Jésus, lui demandent de renvoyer la foule. On connait la suite.

Dans l'épisode d'aujourd'hui, Jésus et ses disciples, qui reviennent vers la Galilée, se trouvent en territoire païen. Et des foules le suivent et l'écoutent, et l'écoutent. Jésus, qui va continuer son chemin, veut renvoyer les foules. Il se rend compte que cela fait trois jours que ces hommes et ces femmes, venus d'un peu partout, sont là. Et c'est lui qui s'inquiète pour eux, qui a peur que certains ne défaillent sur le chemin du retour; et c'est lui qui refuse de les renvoyer le ventre vide et qui demande à ses disciples de faire quelque chose, à savoir de leur trouver à manger. Là aussi, on connait la suite, puisque c'est la même chose: bénir et rompre.

Mais ce qui me frappe, c'est la compassion de Jésus, son attention aux plus faibles (certains pourraient défaillir en chemin), et aussi son désir d'associer les disciples à cet acte, et de leur montrer qu'avec Lui, rien n'est impossible.

On sait qu'ensuite ils rentreront en Galilée, et que l'accueil des pharisiens sera plutôt glacial: on le sommera, pour le mettre à l'épreuve, de donner un signe venant du ciel, alors qu'il vient de nourrir quatre mille personnes; mais cela semble ne pas compter.

C'est un disciple qui raconte.

*Nous étions dans le territoire de la Décapole, le pays du roi Philippe, le frère d'Hérode qui lui avait pris sa femme et avait fait décapiter le pauvre Jean qui le lui reprochait. Jésus avait guéri une petite fille sans même la toucher, puis un homme qui était sourd et muet. Et quand cela s'était su, des foules étaient venues auprès de lui, et il avait guéri à tour de bras, et enseigné aussi. Seulement il fallait bien rentrer, et au bout de trois jours, il a voulu les renvoyer chez eux. Mais certains étaient là depuis trois jours et venaient de loin; et il ne voulait pas qu'ils rentrent chez eux le ventre vide.*

*Il nous a demandé de trouver quelque chose pour eux, mais là, une fois de plus, on a pensé qu'il était un peu fou. Où trouver à manger pour une pareille foule. Il avait déjà fait le coup il n'y a pas si longtemps, mais bon, où trouver du pain. Il nous a demandé ce que nous avions. Et cette fois-ci nous avions quand même de quoi manger pour nous. Nous avions sept pains. Nous les lui avons donnés. Je ne sais pas si ça nous plaisait tellement de donner ce que nous avions, pour des païens. Avec lui on ne peut pas dire non, mais quand même.*

*Alors il a pris nos pains, il a prononcé la bénédiction, et là, il n'y avait plus sept pains, mais des pains en quantité, qu'il a rompu. Nous les avons distribués, et les gens étaient heureux. Quelqu'un nous a donné quelques petits poissons grillés, et il a fait de même, et il y a eu des poissons pour tous. On a ramassé ce qui restait: sept corbeilles pleines.*

*Alors il nous a dit de rentrer, de reprendre la barque. On a débarqué à Dalmanoutha. Et presqu'aussitôt, des pharisiens lui ont littéralement sauté dessus, pour lui demander un signe venant du ciel, pour prouver qu'il était bien un envoyé du Très Haut. Ils me font rire, eux, comme si le signe ils ne l'avaient pas. Les pauvres ont mangé et ils ont été rassasiés. Les sourds entendent, les paralysés marchent...*

*Des fois, je me demande ce qu'ils ont dans les yeux pour refuser de comprendre que Dieu est venu visiter son peuple; et que le salut est là.*

*Et nous, nous les disciples, nous ne comprenons pas toujours ce qu'il dit ou ce qu'il fait, loin de là; mais au moins nous sommes avec lui et nous nous nourrissons de sa présence; et nous avons confiance en lui..*

## Mc 8, 14-21: ils avaient oublié de prendre de pain 2022

S'il n'y avait pas eu la fête de Cyrille et Méthode, nous aurions entendu hier ce qui se passe après la multiplication des pains en territoire païen. On aurait entendu que Jésus - mais on ne sait pas très bien où il est - aurait été trouvé par les pharisiens qui sortent (mais d'où sortent-ils?), et qui lui demandent, d'une manière certainement très autoritaire, de prouver son identité, en faisant "un signe venant du ciel". A croire qu'ils attendent une éclipse de lune ou de soleil ou un arrêt du soleil comme le fit jadis Josué. Le fait que les prophéties d'Isaïe se réalisent en Jésus ne leur suffit pas.

Mais là, Jésus semble excédé. On connaît la traduction de la Bible Bayard, qui fait dire à Jésus: "Plutôt crever!". Pour ma part, je préfèrerais "allez -vous faire voir", avec un refus formel de donner le moindre signe venant du ciel. On sait que dans d'autres évangiles il parlera du signe de Jonas. Il s'en va, et reprend la barque avec ses disciples, et c'est l'épisode de ce jour.

Il me semble que très souvent Jésus, comme tout enseignant, utilise quelque chose qui vient de se passer, pour partir du concret et aider ses disciples à aller plus loin. Et là, il parle donc des pharisiens, avec leurs beaux discours sur la loi, mais qui ne sont pas capables d'ouvrir les yeux; qui peuvent séduire les foules. Et aussi d'Hérode, ou des partisans d'Hérode, qui doivent faire plein de promesses (on dirait des promesses électorales) pour attirer à eux des adhérents. Jésus lui, n'est pas ça, et ses disciples se devront d'être différents.

Seulement les disciples, eux, qui ont peut-être embarqué à la hâte, se rendent compte qu'ils n'ont pas de pain, et cela les préoccupe tellement qu'ils en oublient ce que Jésus a fait par deux fois en donnant à manger aux foules avec très peu de denrées; et ce que dit Jésus, qui parle de levain donc de pain, leur passe complètement au-dessus de la tête.

Peut-être faut-il reconnaître que lorsque nous sommes pris par la peur du manque, faire confiance, écouter la parole, et s'en nourrir est loin d'être facile.


Un disciple raconte.

*Jésus venait, si je puis dire, de s'en prendre plein la tête avec les pharisiens. On avait à peine débarqué, mis le pied à terre, qu'ils lui ont sauté dessus en lui demandant un signe venant du ciel. Comme si lui n'était pas le signe venant du ciel. Mais non, ils sont tellement dans leurs écritures qu'ils sont incapables de voir autour d'eux. Et là Jésus a haussé le ton pour leur dire (enfin il ne l'a pas dit comme ça) qu'ils pouvaient aller se faire voir, que de signe il n'y en aurait pas. Et il nous demandé, à nous qui espérions pouvoir nous poser, de reprendre la barque et d'aller ailleurs.*

*Tout ça c'est bien gentil, seulement une fois embarqués on s'est rendu compte qu'on n'avait qu'un seul pain; et comme avec lui on ne sait jamais si on pourra trouver un endroit pour manger, on était très inquiets. Et en plus, comme normalement l'un d'entre nous doit s'arranger pour que l'on ait toujours un minimum pour manger, et qu'il ne l'avait pas fait, on était en colère contre lui.*

*Et voilà que Jésus se met à nous parler de levain. Oui, il faut du levain pour faire du pain, et du pain on n'en n'avait pas. Il nous dit de nous méfier du levain des pharisiens et du levain d'Hérode. Pour les pharisiens, on connait tous leurs belles paroles et on voit bien qu'elles sont souvent vides, pour Hérode ou ses partisans, lequel d'entre nous écouterait ses discours où il promet monts et merveilles à ceux qui veulent l'indépendance du pays, la restauration d'Israël et le départ des Romains. Cela nous passe au-dessus des oreilles, et en plus, là, nous avons faim et du pain nous n'en n'avons guère.*

*Il a bien vu que nous ne l'écoutions pas, et là, il nous a vraiment engueulés. Il nous a reproché de nous préoccuper du pain qui allait manquer. Il nous a dit qu'on était bouchés, qu'on avait des yeux pour ne pas voir et des oreilles pour ne pas entendre; et c'est vrai que là, on n'avait pas envie de l'entendre et de discuter avec lui comme les disciples le font avec leur Maître. Alors, comme souvent, nous avons regardé nos pieds, et là il nous a rappelés ce qu'il avait fait avec cinq pains et deux poissons, et avec sept pains et quelques poissons. Et c'est vrai qu'il y avait eu une surabondance. Je crois qu'il voulait nous dire que tant qu'il est avec nous, nous serons toujours dans l'abondance, et qu'il fera ce qui est nécessaire pour cela. Mais bon, c'est vrai que mes yeux sont bouchés et que j'ai du mal à croire, à voir en lui une machine à distribuer. Mais je reconnais aussi que nous ne lui avons pas demandé de faire quelque chose.*

*Heureusement nous avons accosté, et du pain nous en avons trouvé. Mais qu'est-ce que je n'aime pas quand il est déçu par nous.*

# Mc 8, 22-26. L'aveugle de Bethsaïde 2021

Après avoir eu cette prise de bec avec les pharisiens (Mc 8, 11-13), Jésus accoste à Bethsaïde, le village d'origine de Pierre et d'André. Dans l'évangile de Matthieu ce village est déclaré malheureux, car il ne s'est pas repenti (changé de conduite, converti) devant les miracles qui ont été faits là. Et la punition sera lourde (Mt 11,21). S'agit-il de cette guérison, ou de bien d'autres guérisons, nous ne le savons pas. De même que nous ne savons pas où habitait cet infirme, puisque Jésus lui dira de rentrer dans sa maison sans passer par le village.

En essayent de visualiser ce texte, je me suis rendue compte que lorsqu'il est dit que Jésus met de la salive sur les yeux de l'infirme (et c'est aussi ce qui se passe avec l'aveugle-né de Jérusalem Jn 9), j'avais toujours imaginé qu'il s'agissait des paupières. Mais un aveugle a les yeux grands ouverts, il ne vit pas les yeux fermés, il vit avec des yeux morts, qui ne sentent plus rien, qui ne voient plus. Et c'est sur la cornée (pour parler en termes un peu techniques) que Jésus va déposer sa salive, et j'ai eu l'impression que pour cet homme, cela ne faisait ni chaud, ni froid, car il n'y croyait plus. C'était un geste sans importance.

Et la question de Jésus l'a comme réveillé. **Il a levé les yeux,** "levant les yeux" dit le texte de la traduction liturgique, il se sert enfin de ses yeux comme d'un organe vivant, et là, c'est cette première perception de pouvoir enfin distinguer, mais de manière floue.

Et là, au fond de moi, je pense qu'il devient alors capable de mettre sa foi dans cet homme qu'il ne distingue peut-être pas encore très bien, puisqu'il est dans le flou, mais qui peut le guérir complètement de sa cécité. Et c'est ce qui nous est rapporté.

Je pense que le "nettement" fait un peu pendant au sourd-muet qui parle "correctement". Il y a quelque chose de totalement restauré, de "bon", pourrait-on dire pour évoquer la Genèse.

Et cela me fait penser à Paul qui écrit: 1Cor 13, 12 "Aujourd'hui, nous voyons comme dans un miroir, en énigmes, mais alors je verrai face à face. À présent je connais de manière partielle, mais alors je connaîtrai comme je suis connu".

Des organes morts, je pense que nous en avons tous, et peut-être que l'on finit par s'y habituer. Ma prière de ce matin est que mon Seigneur redonne vie à ces organes, que j'accepte qu'il les touche pour que Sa vie soit manifestée en moi.

L'homme aveugle raconte.

*J'ai perdu la vue petit à petit, et maintenant mes yeux sont morts. Ils sont ouverts, mais je ne vois rien. Des guérisseurs j'en ai vu, enfin si je puis dire, mais je n'ai pas retrouvé la vue.*

*Des gens de Bethsaïde sont passés chez moi, pour me conduire à un certain Jésus qui paraît-il a fait beaucoup de miracles. Des pêcheurs de ce lieu ont même quitté leur barque pour le suivre. Mais bon, moi les guérisseurs, je n'y crois guère, j'en ai tellement vu qui promettait monts et merveilles.*

*Nous avons un peu marché, ma maison n'est pas très loin du village. Je me suis rendu compte qu'il y avait beaucoup de monde. On m'a présenté à Jésus et on lui a demandé qu'il me touche.*

*Il n'a pas répondu, mais il m'a pris par la main et il m'a conduit un peu à l'écart, mais pas très loin. Je ne savais pas du tout où j'étais, j'étais un peu perdu. C'est cela être aveugle, il faut toujours faire confiance quand on n'est pas dans un lieu que l'on connait, et c'est difficile pour moi. Mais* j'ai aimé qu'il me prenne par la main, car ce n'était pas de la pitié, mais un vrai désir de m'aider, d'éviter que je ne me prenne les pieds, que je tombe.

Nous nous sommes arrêtés, nous n'étions pas loin de la mer. La mer, que j'aimais la regarder, mais maintenant entendre le bruit des vagues c'est douloureux. J'entends mais je ne vois pas. J'ai alors senti qu'il mettait du mouillé sur mes yeux, je pense que comme tous les guérisseurs, il utilise sa salive. Et il a ensuite touché mes yeux. Mais moi, mes yeux ils sont morts, et ils ne servent plus à rien, et même s'ils étaient ouverts; ils sont baissés si je puis dire, ils sont renfermés sur eux-mêmes. Ce n'est pas facile à expliquer. En fait mes yeux sont endormis, ils ne servent pas.

Il n'a pas employé d'incantation, de formule toute faite comme les autres guérisseurs. Il y a eu un petit temps de silence, juste le bruit des vagues. Il m'a demandé si j'apercevais quelque chose. Alors cela a réveillé mes yeux, et je les ai levés et j'ai vu, mais j'ai vu flou. Je lui ai dit que je voyais des gens, mais que c'était comme des arbres, parce que c'est juste une forme, et qu'ils marchaient.

Là, il a à nouveau posé ses doigts sur mes yeux, mais là je les voyais les doigts, et dès qu'il les enlevés, ma vue était revenue, je distinguais tout avec netteté. Passer du flou au net, c'est un vrai miracle.

Avant que je puisse le remercier, il m'a dit de rentrer chez moi, et là, je n'avais besoin de personne; et de ne pas passer par le village. Bon ça je n'ai pas compris, mais j'ai obéi.

Ce qui est sûr, c'est que ce Jésus, comme guérisseur, il est vraiment extraordinaire et il ne m'a rien demandé. Je suis juste rentré chez moi, et ça a été la fête.

Seulement je ne comprends pas pourquoi il a en quelque sorte disparu de ma vie, après me l'avoir rendue, ma vie.

*Peut-être que son chemin à lui est autre. Peut-être que son chemin c'est de réaliser les prophéties d'Isaïe, de rendre la vue à ceux qui ne voient pas, et ainsi de nous réveiller, nous qui tellement souvent nous habituons à ne pas voir, à vivre dans l'obscurité alors que notre Dieu est le Dieu qui donne la Vie. Un de ces jours, moi aussi je partirai, je le trouverai et je me mettrai à sa suite.*

Jésus raconte.

*Je les avais ramenés à Bethsaïde, pour qu'ils puissent retrouver un lieu un peu familier; j'avais déjà fait beaucoup de guérisons dans ce petit village de pêcheurs, mais personne n'a changé son cœur, et cela me désole.*

*Des gens sont arrivés, ils avaient un aveugle avec eux. Ils m'ont demandé de le toucher, mais lui, il était raide comme un piquet et manifestement , on ne lui avait pas demandé son avis, et il ne croyait pas que le royaume de Dieu s'était approché et que la vie était plus forte que la mort. Ses yeux étaient bien morts eux.*

*Je l'ai pris par la main, parce que je le sentais perdu avec cette foule qui commençait à s'agglutiner, et nous sommes allés un peu plus loin, en dehors du village, là où on entend le bruit des vagues et où on sent l'air que la peau. Je voulais qu'il se sente bien.*

*Pour qu'il comprenne ce que je faisais, j'ai pris un peu de salive et j'ai enduit ses yeux, comme le jeune Tobit avait enduit les yeux de son vieux père, Tobie, pour lui rendre la vue. Et j'ai touché ses yeux. Curieusement, il semblait ailleurs, je ne sais pas où, mais absent. Je lui ai demandé s'il apercevait quelque chose, et là, ça l'a comme réveillé. Il a levé les yeux, j'ai vu le mouvement des yeux, et il a dit qu'il voyait bien quelque chose. Il a dit: des gens mais qui sont comme des arbres et qui bougent. Il y avait bien des arbres auprès de nous, mais il y avait aussi des gens qui arrivaient pour voir. Voir...*

*Alors j'ai à nouveau touché ses yeux, et là, il est devenu présent, totalement présent, car il attendait quelque chose de moi, et ce quelque chose lui était donné, et il a vu avec netteté, il a retrouvé la vue, mais peut-être plus que cela, il est redevenu vivant.*


## Mc 8, 27-33. Sur la route de Césarée de Philippe.2022


Cette profession de foi de Pierre est bien connue, puisque dans l'évangile de Matthieu, elle fait de Pierre le "Chef" de l'Église qui va naître un jour.

Mais dans l'évangile de Marc, c'est beaucoup plus sobre, sauf que Pierre, qui se considère certainement comme le meilleur ami de Jésus, se permet de dire ce qu'il pense de l'annonce faite par Jésus de sa fin peu conforme à celle de l'Oint, se fait traiter de Satan, et peut-être que quand Jésus lui demande de passer derrière lui, c'est un moyen de lui dire de reprendre sa place de disciple, "un parmi d'autre". J'avais évoqué cela dans un billet de
2019: https://giboulee.blogspot.com/2019/02/passe-derriere-moi-satan-mc-8-27-33.html

Le Père Favre, dans le MOOC des Bernardins, que je suis avec beaucoup de plaisir en ce moment "Voyage Biblique" se centre sur le texte de Matthieu (Mt 13, 16-23) et commente le "heureux es-tu Simon fils de Jonas d'une manière qui m'a beaucoup surprise. Je me permets de citer.

"Pourquoi **Simon est fils de Jonas** ?

"En quoi Pierre peut-il ressembler au prophète Jonas ? Jonas est le prophète qui a coulé dans l'eau pour être pris dans un poisson. Pierre a vécu cette expérience de s'enfoncer dans l'eau et c'est, peut-être, parce qu'il a vécu l'expérience de sa propre faiblesse, de son propre doute, que c'est à lui qu'est donnée la grâce de pouvoir dire que Jésus est Fils de Dieu et Christ. Mais cela ne vient pas de lui, c'est une pure grâce. Cela nous oblige aussi à nous interroger sur cette profession de foi Pierre, puisqu'elle ne vient pas de lui.

SI vous allez au chapitre 50 du Siracide, vous verrez qu'on nous parle d'un certain Simon fils d'Onias, un grand prêtre. Est-ce que, à ce moment-là, **Pierre ne serait-pas un grand-père** ? Qu'est-ce qui peut faire dire cela ? Parce que si vous continuez un peu plus loin, au chapitre 17, verset 1, vous vous apercevez que la Transfiguration est six jours après. Or Pierre, on le verra dans la vidéo suivante, propose de mettre **des tentes**.

Mais Pierre n'appartient pas à la tribu de Lévi, ce qui affaiblit le raisonnement…

Donc la Transfiguration se vit au moment de la fête des Tentes.

Et six jours avant la fête des Tentes que nous vivons là, c'est la fête du Yom Kippour, du Grand Pardon, et qu'est-ce qui se passe dans le Temple le jour du Grand Pardon ? Caïphe, le fils d'Hanne, rentre dans le Saint des Saints, c'est la seule fois de l'année où il peut rentrer dans le Saint des Saints, et il va balbutier le nom de Dieu et la tradition juive dit' il le balbutie parce que c'est l'Esprit de Dieu qui le dit en lui'.

Pendant que, à ce moment-là, **Caïphe,** fils d'Hanne, à Jérusalem, va, pour le Yom Kippour, balbutier le nom de Dieu pour obtenir le pardon des péchés, **Képhas**, l'autre nom de Pierre, fils de Yonas, va, ici même, **prononcer le nom de Dieu**, Jésus-Christ, fils de Dieu.

Et ce n'est pas lui qui le prononce, c'est l'Esprit de Dieu qui le prononce en lui et il obtient le pouvoir de pardon des péchés. Ici, Jésus est en train de rendre caduque le sacerdoce de Jérusalem, les grands-pères de Jérusalem, et il est en train de le transférer sur Pierre qui dorénavant a un pouvoir que seuls les grands prêtres de Jérusalem avaient au Yom Kippour, c'est-à-dire, le pouvoir de pardon des péchés ".

Cela me rend un peu perplexe, parce que j'avais toujours pensé que le père de Simon se nommait Jonas mais si on se réfère à Jean 21, c'est bien "Simon, fils de **Jean** m'aimes-tu " et non pas fils de Yonas. Par ailleurs, il me semble que le grand-prêtre ne dit pas du tout le nom du Très Haut. Mais c'est une vision intéressante, sauf qu'il s'agit de l'évangile de Matthieu et que ce jour, nous sommes toujours dans l'évangile de Marc, qui est beaucoup plus sobre.

Si je reprends donc l'évangile de Marc, il y a la double interrogation de Jésus, un peu comme un Rabbi qui interroge pour enseigner, mais ici ce qu'il va enseigner par la suite, à savoir "qu'il fallait que le Fils de l'homme souffre beaucoup, qu'il soit rejeté par les anciens, les grands-prêtres, et les scribes, qu'il soit tué et qu'il ressuscite le troisième jour a de quoi surprendre. Et la réaction de Pierre, on peut la comprendre.

Alors j'ai laissé Pierre raconter.

Pierre raconte.

*Nous étions partis vers le nord du pays, en direction de Césarée de Philippe. Jésus allait dans les synagogues enseignait, guérissait les malades et la vie suivait son cours. Un jour, pendant qu'on marchait, il nous a posé une question qui semblait très importante pour lui. Il voulait savoir ce que les gens disaient de lui.*

*Je pense qu'il devait le savoir, mais il nous a interrogé, un peu comme un Maître, un Rabbi, interroge ses disciples. Nous lui avons répondu que pour beaucoup il était comme Jean le prophète mis à mort par Hérode, ou le nouvel Elie, celui qui doit revenir à la fin des temps, ou encore un prophète. Mais cela revenait à faire de lui comme le double d'un autre. Il n'était pas reconnu pour ce qu'il était. Oui, il est bien de la lignée de prophètes, mais il est tellement plus que cela. On n'a jamais dit pour le prophète Jérémie qu'il était un nouvel Isaïe. Alors dire de Jésus qu'il est comme un prophète du passé, ça ne va pas. Mais c'est ce que disent les gens.*

*On a continué à marcher, et il a repris ses questions. Il voulait savoir ce que nous, nous pensions de lui. Alors là, je n'ai pas eu le temps de réfléchir, la réponse est sortie toute seule et je me sentais le porte-parole des autres.*

*J'ai dit qu'il était le Christ, et pour moi, il est vraiment celui qui a reçu l'onction du Très Haut, il est le Messie, le Roi que nous attendons et qui sa sauver Israël, le nouveau David qui avait vaincu les forces des philistins, qui voulaient nous chasser de notre pays. Et puis il est aussi celui qui a la sagesse, mais une sagesse bien plus grande que celle du roi Salomon. Il nous a regardé et nous a dit de garder cela pour nous, de ne pas le répéter. Bon quand il commande, on obéit, même si on ne comprend pas trop.*

*Nous nous sommes arrêtés et là il s'est mis à dire des choses horribles, qui faisaient froid dans le dos. En même temps, vu ce qui se passe avec les pharisiens, ce n'est pas tellement étonnant.*

*Il a dit qu'il serait rejeté par les scribes et les grands-prêtres, qu'il serait tué et que le troisième jour il ressusciterait. Et il a repris la marche. Alors là, mon sang n'a fait qu'un tour. Ce n'était possible que ça finisse comme cela. Ressusciter, je ne sais même pas ce que ça veut dire pour parler franc. Alors je l'ai rattrapé, et je lui ai fait des reproches. Et là, au lieu de comprendre que je voulais lui dire que je l'aimais, que je ne voulais pas que cela arrive, que je ne voulais pas que ça termine comme ça, cette aventure que j'avais commencé avec lui, il s'est retourné, m'a regardé avec une sorte de colère et m'a dit une phrase horrible, il m'a dit que j'étais Satan, le tentateur, celui qui met des mauvaises pensées dans la tête des hommes, et que je ne comprenais rien que mes pensées n'étaient pas les pensées de Dieu, mais celles de hommes.*

*Je me suis senti humilié, et j'aurais voulu rentrer sous terre, mais ce que j'avais dit je l'avais dit.  J'ai repris la marche avec les autres, et je crois que je n'ai pas compris sa réaction. Peut-être a-t-il peur que je le détourne de sa mission, mais qui peut l'en détourner? Il faut que je me fasse à l'idée que ça finira mal. Mais qu'est -ce que cela me fait peur.*


## Mc 9, 2-13 La transfiguration. 2022


Étant allée en Palestine en 1993, (maintenant on dit en Israël), la montagne de la transfiguration était pour moi le Thabor. Je dois dire que la montée n'était pas très rude, ce qui veut dire que c'était plus une colline qu'une montagne. Le Père Fabre, qui anime sur Internet le MOOC "Voyage biblique", propose l'Hermon comme lieu de la transfiguration . Cette haute montagne, qui peut avoir son sommet enneigé - neige qui renvoie à la blancheur des vêtements de Jésus, m'a paru être un lieu plus approprié que le Thabor.
Jésus prend avec lui, Pierre, Jacques et Jean, les trois qui ont entendu Jésus dire à la fille de Jaïre "Thalita Koum", et qui l'ont vue revenir à la vie. J'ai employé le mot ressuscitation et non pas résurrection car il me semble mieux rendre compte de ce qui s'est passé. La vie reprend pour cette jeune fille, là où elle l'avait laissé, mais un jour la mort fera à nouveau son œuvre.
Pierre étant le plus "actif " des trois je lui ai laissé la parole.

Pierre raconte.


*Ce jour-là, Jésus nous avait pris avec lui, sans trop nous dire où nous allions. Nous étions les trois qui avions assisté à la renaissance de la fille de Jaïre. Je dis renaissance parce que je n'ai pas d'autres mots. Je pourrais peut-être dire "ressuscitation", parce qu'un jour la mort refera son œuvre.*

*Il nous a emmené aux sources du Jourdain, puis nous avons entamé la montée de cette montagne, l'Hermon, et croyez-moi, ça grimpe. L'Hermon, c'est cette montagne que les exilés qui rentraient des terres lointaines voyaient de loin., avec ses neiges éternelles.*

*Je dois reconnaître que nous en avions plein les pattes. Nous marchions avec lui depuis des heures. Finalement il a trouvé un endroit presque plat, et je dois dire que nous nous sommes assoupis.*

*Mais au bout d'un temps, que je ne sais pas évaluer, quelque chose nous a réveillé en sursaut.*

*Jésus, notre Jésus, celui qui pour moi est l'Oint du très Haut, était devenu lumineux. Pas seulement son visage qui irradiait de la lumière, une belle lumière blanche et douce, mais ses vêtements. Et il n'était pas seul. Avec lui, il y avait notre Père Moïse, et le prophète Elie avec son manteau en poils de chameau. J'ai regardé Jacques et Jean, et comme moi, ils avaient les yeux grands ouverts. Mais comme moi, ils étaient couchés sur le sol. J'étais incapable de me mettre debout: ce que je voyais dépassait mon entendement.*

*J'aurais voulu que ce moment dure éternellement. Alors j'ai proposé de leur construire de quoi se protéger du froid, trois tentes, mais c'était inutile, parce que d'eux rayonnait une certaine chaleur, et puis nous étions montés sans rien, mais c'était plus fort que moi. J'aurais voulu que cela dure, dure...*

*J'avais à peine fini de parler qu'une nuée, celle dont nos pères ont parlé, cette nuée qui les accompagnait dans le désert, qui était entrée dans le Temple de Jérusalem et qui un jour l'avait quitté quand le Temple a été détruit, s'est posée sur nous, et qu'une voix s'est fait entendre.*

*Je ne voyais personne et pourtant cette voix était bien là, dans mes oreilles. Cette voix nous disait d'écouter Jésus car il était le Fils Bien-aimé. C'était juste une phrase, mais elle résonne encore dans mes oreilles. "Écoutez-le".*

*Et puis, d'un seul coup, plus rien. Jésus était là, semblable à lui-même, nous regardant avec bienveillance. Ce que nos yeux avaient vu, nous ne pourrions jamais l'oublier. Quel bonheur d'avoir vu cela. Seulement il nous a demandé de ne parler de cela à personne, avant qu'il ne soit ressuscité d'entre les morts. C'est la deuxième fois qu'il emploie ce verbe "ressusciter d'entre les morts", et je dois dire que je ne sais pas trop de qu'il veut dire.*

*Puis nous avons entamé la descente. Je dois dire que le voir avec Moïse et Elie, cela nous avait intrigué. Et puis ne dit-on pas que Elie doit revenir, du moins c'est ce que disent les scribes, ceux qui scrutent les écritures. Pour beaucoup Jean était une sorte de nouvel Elie. Et pourtant Elie était là avec lui.*

*Il nous a dit qu'Elie devait revenir pour tout "remettre à sa place", mais que ça ne serait pas suffisant parce que cela n'empêcherait pas le Fils de l'Homme de souffrir et d'être méprisé. Je crois que là, il pensait à ce qu'a écrit le prophète Isaïe, qui parle d'un serviteur qui sera méprisé et qui souffrira pour le peuple. Il nous a dit aussi que Élie était venu, et là je pense qu'il parlait vraiment de Jean.*

*Arrivés en bas, nous avons trouvé les autres, avec beaucoup de monde et les scribes qui discutaient avec eux. Et la vie a repris son cours.*

## Mc 9, 14-27 La guérison de l'enfant épileptique.2022

Cette guérison est également rapportée par Matthieu, mais elle est absente chez Luc. Je me suis demandée si chez ce dernier la résurrection de la fille de Jaïre, que l'on trouve rapportée par les trois évangélistes, ne remplaçait pas cette guérison, spectaculaire, d'un enfant qui est tout le temps en danger de mort, et qui est sourd ,donc qui n'entend pas les appels, et muet, donc qui ne peut pas poser de questions. Ce que je remarque c'est que dans les deux cas Jésus prend la main de l'enfant, l'aide à se lever et dans les deux cas, l'enfant se met debout et se met à marcher. Et pour moi, c'est une scène de retour à la vie, de renaissance de résurrection.

En 2019, j'avais laissé parler la maman de cet enfant, parce que des mamans d'enfants épileptiques, j'en ai connu, et que je peux imaginer leur drame au quotidien. **https://giboulee.blogspot.com/2019/02/**

Dès 2012, ce texte m'a fait réfléchir, car guérir de cette pathologie, c'est vraiment redonner la vie.
https://giboulee.blogspot.com/search?q=la+guérison+de+l%27enfant+épileptique
https://giboulee.blogspot.com/2012/11/a-propos-des-guerisons.html

Aujourd'hui, j'ai laissé la parole à un des disciples qui a participé à la guérison impossible de cet enfant.

Un disciple raconte.

*Jésus était parti avec Pierre, Jacques et Jean. Pourquoi n'a-t-il pas pris André, le frère de Simon-Pierre, c'est un mystère. Il nous a laissés continuer à annoncer que le royaume était proche. Nous sommes arrivés dans un village et un homme nous a parlé de son fils, qui est possédé par un esprit impur; mais cet esprit impur, il l'empêche de parler, il l'empêche d'écouter, bref il est sourd et muet. Pour moi, il n'est pas très normal cet enfant, et il ne marche pas bien.*

*Cet enfant, il nous l'a amené, et André a ordonné à l'Esprit de sortir, mais il ne s'est rien passé. Parfois les esprits refusent de sortir, alors nous nous mettons en groupe, nous imposons les mains et nous interpellons l'esprit et il part. Mais là, même à plusieurs, rien.*

*Nous étions très tristes pour cet homme et pour cet enfant, qui semblait complètement perdu. Il avait d'ailleurs un drôle de regard, ou plutôt il ne nous regardait pas, il était dans son monde. Il marchait, mais il ne semblait pas savoir où il allait. Quel âge avait-il? Peut-être sept ou huit ans. Je dois dire que vraiment je plaignais ses parents, et je me demandais ce qu'ils avaient fait pour vivre un pareil cauchemar.*

*Seulement les scribes s'en sont mêlés, ils ont commencé à dire que nous n'avions aucun pouvoir, que notre maître ne nous avait rien transmis, que nous n'avions pas le droit de faire cela. Et voilà que Jésus arrive avec les trois autres. Je dois dire que cela m'a soulagé, parce que j'étais énervé et perdu.*

*Il a pris les choses en main, avec autorité comme il sait si bien le faire. Il nous a demandé ce qui se passait, mais avant que nous ayons pu lui expliquer notre échec, le père s'est adressé à lui, en lui disant que son fils était possédé par un esprit impur qui le rendait sourd et muet, et qui le jetait au sol, en le faisant baver; il a dit "écumer", mais je crois que c'est de bave dont il s'agit.*

Alors là, je n'ai pas compris. Jésus a regardé la foule, il nous a regardé et il a dit une phrase que je n'ai pas aimée. Il a dit "génération incroyante, jusqu'à quand serai-je auprès de vous, jusqu'à quand devrai-je vous supporter? Il nous a traités d'incroyants. Et pourtant on voulait vraiment bien faire. C'est comme s'il nous disait que nous n'étions pas sûrs d'être de taille à affronter le démon, et au fond de moi, je reconnais que c'est vrai. Mais pour aujourd'hui, Jésus est là, avec nous et il va prendre les choses en main. Mais le doute, oui, il était bien là.

Puis, il a demandé au père de l'enfant depuis combien de temps c'était comme cela. C'est rare qu'il pose des questions, mais je crois qu'il voulait en savoir un peu plus. Cela faisait presque penser à un médecin qui pose des questions pour se faire décrire la maladie.

Le père lui a dit que c'était depuis sa petite enfance, et surtout que l'enfant était en danger, parce que le démon le faisait tomber là où on faisait des feux, et aussi dans l'eau. Cela il ne nous l'avait pas dit, mais je veux dire qu'avoir un enfant qui risque de se tuer, c'est horrible. Et il a ajouté que si Jésus pouvait quelque chose, il lui demandait de le faire, pour cet enfant et pour lui. Il lui demandait d'avoir de la compassion pour eux deux, de venir à leur secours.

Jésus l'a regardé, il n'a pas semblé avoir été ému par la demande de compassion, et il a eu cette phrase étonnante:  "Pourquoi dis-tu: 'si tu peux'. Tout est possible à celui qui croit"

Je n'ai pas trop compris. Mais ça fait deux fois qu'il parle de foi.  Est-ce que cet homme, au fond de lui, n'est pas sûr que Jésus puisse faire cela? Est-ce qu'il pense que c'est impossible? Que personne ne le peut?

Et là il y a eu un silence. Je ne sais pas ce qui s'est passé, mais nous avons entendu une phrase qui nous a étonnés: car l'homme a répondu, comme s'il avait été touché au plus profond de lui-même: "Je crois, viens en aide à mon manque de foi". Curieusement cette réponse, j'aurais pu la faire moi aussi.

Dans cet homme, quelque chose avait changé, il ne revendiquait plus un miracle pour son fils, il demandait quelque chose pour lui, qui le sortait de lui-même.

Il y avait de plus en plus de monde. Jésus a alors menacé l'esprit qui rend sourd et muet, et lui a dit de sortir de l'enfant; de ne plus jamais y rentrer. Et là, l'enfant est tombé sur le sol, il s'est mis a trembler de tous les membres et à sortir de sons incompréhensibles. Il avait les yeux révulsés; c'était affreux. J'ai cru que le démon était sorti, mais qu'il était tellement furieux qu'il avait tué l'enfant: qui était maintenant tout mou sur le sol. Le père regardait, effaré lui-aussi, mais ne disait rien.

Jésus alors, a pris l'enfant par la main. Le regard était redevenu normal, il regardait autour de lui comme quelqu'un qui se réveille d'un cauchemar.

Jésus l'a aidé à se mettre debout et il l'a rendu à son père, qui l'a pris dans ses bras et qui est rentré chez lui sans rien demander. Mais il avait l'air tellement heureux. Pour moi, mais peut-être que je me trompe, c'est comme si le démon avait tué l'enfant et que Jésus lui a redonné la vie, comme il l'avait fait avec la fille de Jaïre.

J'étais vraiment décontenancé. J'étais heureux pour cet enfant pour sa famille, mais pourquoi est-ce que nous, nous n'avions pas réussi. Car ce démon nous l'avions menacé nous aussi.

Une fois rentrés, nous lui avons demandé pourquoi nous n'y étions pas arrivés. Il a juste répondu que cette sorte de démon se chassait par la prière. Et c'est vrai que nous, nous nous sommes contentés de crier sur lui, mais nous n'avons pas demandé à notre Père qui est dans le ciel de *venir à notre aide, de nous donner sa force pour que le démon laisse cet enfant.*

*Je ne sais comment le dire, mais il y a eu un combat entre lui et nous, parce que nous pensions être les plus forts, alors que la force ce n'est pas la nôtre mais celle qui nous a été donnée par celui qui se nomme lui-même "le Fils de l'Homme".*

## Mc 9, 38-40 L'homme qui expulsait les démons et qui n'est pas un disciple 2022

Bien souvent, quand on raconte les nombreux miracles qui ont lieu dans des églises pentecôtistes, quand on nous parle de guérisons ont lieu dans d'autres lieux que dans nos églises ou dans "nos lieux " de guérison, on se sent peut-être un peu en colère, surtout que durant des décennies l'entente avec eux ces hommes et ces femmes qui ont vécu leur Pentecôte était loin d'être bonne. Et d'autant moins bonne qu'ils nous considéraient comme des idolâtres.

Peut-être que ce petit texte de Marc est là pour nous dire que le jugement n'est pas pour nous, et que nous avons à remercier l'Esprit Saint de se manifester au travers de ces hommes et ces femmes pour que le nom de Jésus soit révélé.

Là il y a quelque chose d'important pour nous aujourd'hui. On ne peut faire un miracle au nom de Jésus, - et on retrouvera cela dans les actes, avec ce magicien qui veut payer pour avoir le droit de faire des miracles au nom de Jésus, mais qui les fait pour sa propre gloire Ac 8, 5-20 - que si le nom de Jésus est bien manifestation de la Présence de Dieu, qui aujourd'hui vient sauver et être là avec son peuple. Alors, nous laisser toucher par ce qui se passe ailleurs, ne pas être jaloux de tous ces miracles qui sont faits par d'autres. Apprenons à les regarder comme des frères, même s'ils sont différents de nous.

Le texte étant très court, le voici dans la traduction liturgique.

*38 En ce temps-là, **Jean,** l'un des Douze, disait à Jésus : « Maître, nous avons vu quelqu'un expulser les démons en ton nom ; nous l'en avons **empêché,** car il **n'est pa**s de ceux qui **nous** suivent. »*
*39 Jésus répondit : « Ne l'en empêchez pas, car celui qui fait un miracle **en mon nom** ne peut pas, aussitôt après, mal parler **de moi** ;*
*40 celui qui n'est pas **contre nous est pour nous.** »*

On peut juste noter que Jésus aurait pu dire: qui n'est pas contre moi est pour moi, mais il y a un "nous", ce qui montre que Jésus fait corps avec ses disciples.

Jean l'apôtre, le fils de Zébédée, raconte.

*Je suis vraiment en colère, mais c'est vrai que j'ai le sang chaud. Ce n'est pas pour rien que Jésus ne nous a appelés, mon frère et moi, fils du tonnerre.*

*Il y a un homme qui n'est pas de "chez nous", que je ne connais pas, et qui se met à expulser des démons en utilisant le nom de Jésus. Mais pour qui il se prend? C'est nous qui avons reçu ce pouvoir, pas lui. Nous avons le pouvoir de chasser les démons, de guérir les malades, et nous annonçons cette bonne nouvelle que Dieu est là parmi nous, qu'il a planté à nouveau sa tente chez nous, et qu'il nous délivre du mal.*
*Seulement le Maître n'a pas du tout réagi comme je le voulais. Il m'a regardé avec son regard qui ne dit rien de bon, mais il me connaît! Et de fait il s'est adressé à nous tous, il nous a dit qu'il ne fallait pas empêcher quelqu'un qui utilise son nom pour faire un miracle, pour faire du bien.*

*Qu'il ne fallait surtout pas l'en empêcher, car celui qui fait cela a compris qui il est Lui notre Rabbi et la Puissance qui est en lui. Il dit que celui-là ne pourra pas dire du mal de nous, contrairement à beaucoup d'autres, qui ne font rien et qui nous critiquent sans cesse, parce qu'ils ont les yeux comme ceux des aveugles et que personne n'arrive à les leur faire ouvrir.*

*Et il a ajouté que celui qui n'est pas contre (et là je pensais à ces scribes et à ces pharisiens, mais aussi aux frères de Jésus) est pour nous.*

*Mais j'ai quand même du mal avec cela. Apprendre à supporter que ceux qui suivent un autre chemin que le nôtre puissent aussi faire des miracles, eh bien ça ne me plaît pas du tout, et ça me met en colère. Nous, nous avons tout quitté pour le suivre, et ceux-là, ils arrivent avec le bec enfariné et ils font des miracles; vraiment ce n'est pas normal!*

## Mc 10, 10-17. L'homme qui voulait avoir la vie éternelle en héritage 2022

Si on suit la chronologie de Marc, après la Transfiguration, au chapitre 9, Jésus est retourné à Capharnaüm, et c'est de là qu'il prend le chemin vers Jérusalem, ce qui fait quand même pas mal de kilomètres.

Quand il arrive en Judée (ou du moins quand il atteint la vallée du Jourdain), les foules s'amassent, comme en Galilée; et comme en Galilée, des pharisiens veulent se faire une idée sur lui, en le mettant à l'épreuve par des joutes oratoires; et c'est la question de la répudiation des femmes par leur mari.

Ensuite des parents conduisent leurs enfants à Jésus, et la réaction négative des disciples. Puis Jésus reprend son chemin. Sauf que quelque chose se passe: la rencontre avec celui que, selon les évangiles, on appelle le jeune homme riche ou l'homme riche - cas de l'évangile de Marc.

Même si l'attitude de cet homme, dont on ne sait rien sauf qu'il est peut-être bien habillé, est très respectueuse, j'ai vraiment l'impression que Jésus a du mal à supporter qu'une fois de plus quelqu'un se mette sur son chemin et le retarde; car il a un rendez-vous à Jérusalem, il doit y être pour la fête de la Pâque. Mais cette rencontre mal commencée va se terminer par quelque chose de précieux pour nous: l'homme ne peut pas se sauver tout seul, ce qui est impossible à l'homme est possible au Très Haut.

J'ai laissé la parole à un disciple.

Un disciple raconte.

*Décidément, entre les pharisiens, les parents, les demandes des uns et des autres qui se précipitent sur Jésus dès qu'il arrive près d'une ville ou d'un village, il y a toujours des inopportuns. Aujourd'hui, c'est un homme très bien habillé qui, juste au moment où nous allions partir, s'est jeté aux pieds de Jésus et l'a interpellé (enfin je dis interpellé, mais ce n'étais pas cela, c'était une demande avec de l'angoisse) en lui disant "Bon maître que dois-je faire pour avoir la vie éternelle en héritage".*

*Je ne sais pas pourquoi, mais Jésus a réagi vigoureusement. Il n'a pas aimé qu'on dise de lui qu'il était un bon maître. C'est vrai, qu'est-ce qu'il en sait cet homme? C'est un peu de la flatterie, pour être sûr d'être écouté. Jésus lui a demandé pourquoi ce qualificatif puisque le seul qui est bon, c'est le Très-Haut. Et puis peut-être que Jésus pensait que c'était encore un truc des pharisiens pour le disqualifier auprès de ses disciples.*

*Et puis, avoir la vie éternelle en héritage, quelle drôle de demande. On voit bien qu'elle vient d'un riche. Peut-on hériter de cela? Qui peut donner la vie éternelle sinon celui que Jésus appelle son Père?*

*Alors il lui a rappelé ce que tout le monde sait, pour "avoir" la vie éternelle; mais Jésus, ce verbe "avoir", il ne l'aime pas du tout, parce que c'est posséder; et même s'il parle du royaume qui est présent, le royaume on ne met pas la main dessus.*
*Donc il lui a rappelé les commandements donnés par notre père Moïse. Il lui a dit de ne pas commettre de meurtre, d'adultère, de vol, de ne pas porter de faux témoignages, d'honorer son père et sa mère; et il a ajouté: de ne faire de tort à personne. Il me semble que cela, c'est sa manière à lui de dire de faire du bien à son prochain. Comme beaucoup d'entre nous, il a dit que cela, il le faisait depuis toujours. Et moi, j'avais l'impression qu'il n'était pas venu pour entendre ce que Jésus venait de dire, qui est ce que les pharisiens aussi disent. Il y a eu un silence, et il m'a semblé que Jésus l'a regardé différemment. Autant son regard était énervé au début, autant là, il était devenu attentif, présent.*

*Il a alors ajouté qu'une chose lui manquait, même si en apparence tout était parfait, et qu'il devait vendre tous ses biens, les donner aux pauvres, ce qui lui donnerait un trésor dans le ciel, et le suivre. Avoir un trésor dans le ciel, c'est bien ce qu'il voulait. Seulement quand on est riche, même si être riche est un gage de bénédiction du Très Haut, cela vous donne des responsabilités, et les lâcher ce n'est pas facile.*

*Il a regardé vers le sol, il n'a plus rien dit, et il est parti, je dirais presque comme un voleur.*

*La seule chose, c'est que Jésus lui aussi était triste.*

*Un peu de temps a passé, enfin un temps très court; et, comme souvent, il s'est servi de ce qui venait de se passer pour nous faire comprendre* quelque chose, enfin pour essayer de nous faire comprendre quelque chose, parce que nous n'avons pas compris.

Il nous a dit que c'était plus difficile pour quelqu'un qui a des richesses d'entrer dans le royaume, que pour un chameau d'entre par le trou d'une aiguille. Quelle drôle d'image. Ça m'a fait même rire, je voyais cet homme se transformer en chameau avec ses deux bosses et se contorsionner pour entrer dans un trou beaucoup trop petit.

Sauf que nous on n'a pas bien compris, parce que pour nous, être riche, c'est signe que Dieu est avec nous; et beaucoup de pharisiens ont des richesses, ce qui leur prouve que Dieu est avec eux.

Mais du coup on se demandait qui pouvait être sauvé. Je veux dire: pourrait entrer dans le royaume. C'est vrai qu'il avait dit, au tout début, "bienheureux les pauvres, car le royaume de Dieux est à eux" (1). Est-ce que nous, nous sommes vraiment des pauvres?

Et là Il nous a dit que ce qui était impossible aux hommes, était possible à Dieu. Alors là j'ai compris que si je me remettais complètement dans les mains de Dieu, je pourrais entrer dans ce royaume dont lui parle, que j'ai tellement de mal à imaginer, mais pour lequel j'ai quand même quitté beaucoup de choses, même si le seul fait d'être avec lui, remplit et comble.

Mais malgré tout, tout vendre, c'est dur.

Une fois l'étape du jour trouvée, le repas partagé, Pierre a posé la question qui nous brûlait les lèvres. Il lui a demandé, quelle serait notre récompense à nous qui avions tout quitté pour le suivre. Il a dit qu'on aurait tout au centuple; mais - parce qu'avec lui il y a des "mais" - on aurait aussi des persécutions dans ce monde, et la vie éternelle dans le monde à venir.

*Alors je me dis que nous ne sommes pas au bout de nos peines. Et maintenant que nous allons vers Jérusalem, je me demande, si nous le perdons lui, ce que nous allons devenir.*

(1)Luc 6, 20.

**LUC**

## Lc 1, 26-38: "et voici que dans sa vieillesse, Élisabeth ta parente a conçu elle aussi."2022

Préliminaires

J'avais commencé à me laisser "bercer" par le texte de l'Annonciation, avec l'idée de laisser une nouvelle fois, Marie raconter ce qui s'était passé pour elle ce jour; ce jour où, par son oui, des cieux nouveaux et une terre nouvelle sont advenus, Ap 21, 1, même si les yeux humains ne pouvaient pas le voir.

En 2009, Je lui avais déjà laissé raconter ce qui s'était passé: https://giboulee.blogspot.com/2009/12/lannonciation.html, et https://giboulee.blogspot.com/2018/12/temps-de-lavent-marie-chante.html. J'avais aussi laissé l'ange Gabriel parler des différentes rencontres qu'il avait faites: https://giboulee.blogspot.com/2018/12/temps-de-lavent-lange-gabriel.html.

Et il m'a brusquement semblé que l'annonce de la grossesse d'Élisabeth avait été le signe dont Marie avait besoin. Je ne peux pas justifier cela, mais les signes sont importants, et ils nécessitent aussi la foi. Alors j'ai su que je bâtirai cette histoire un peu autour de cela. Car quand on y pense, Marie venait d'entendre quelque chose d'impensable, de fou, et ce quelque chose de fou s'est déjà réalisé en cette vieille femme stérile, qui n'ose pas croire vraiment à la vie qui est en elle.

J'ai toujours pensé que c'est la présence de Marie, avec la vie qui est en elle, qui donne vraiment vie à cet enfant qui certes était bien dans le ventre d'Élisabeth mais qui était immobile. Le tressaillement dont parle

Luc, je l'ai toujours ressenti comme si l'enfant se mettait enfin à vivre, à se mouvoir, à devenir vraiment un bébé à naître pour sa mère.

C'est d'ailleurs pour cette raison que j'ai eu envie d'encadrer le texte de l'Annonciation, d'une part par les versets 24 et 25 qui disent qu'Élisabeth garde le secret sur cette naissance - comme si malgré ce qu'elle dit "sur cette honte qui a été lavée" elle n'est pas sûre que cet enfant vivra - et, d'autre part, par les versets 49-50, qui mentionnent l'entrée de Marie chez Élisabeth et qui renvoient à ce qui s'est passé avec l'entrée de l'Ange dans sa propre demeure: la manifestation de l'Esprit Saint.

Travail sur le texte AELF

> **24** Quelque temps plus tard, sa femme Élisabeth conçut un enfant. **Pendant cinq mois**, elle garda le secret. Elle se disait :
> **25** « Voilà ce que le Seigneur a fait pour moi, en ces jours où il a posé son regard pour effacer ce qui était **ma honte devant les hommes**. »

*26 Le sixième mois, l'ange Gabriel fut envoyé par Dieu dans une ville de Galilée appelée Nazareth,*
*27 à une jeune fille vierge, accordée en mariage à un homme de la **maison de David**, appelé Joseph ; et le nom de la jeune fille était Marie.*

Tout est posé là. Un ange, une ville, une jeune fille promise, deux prénoms, trois prénoms: Gabriel, Marie, Joseph et même quatre: David. C'est par Joseph que se fait l'appartenance à la maison de David;

*28 L'ange entra chez elle, et dit : « Je te salue, Comblée-de-grâce, le Seigneur est avec toi. »*
*29 À cette parole, elle fut toute **bouleversé**e, et elle se demandait ce que pouvait signifier cette **salutation**.*

Chaque fois que je lis ce début de verset, je repense à l'Ange du Seigneur qui était venu et s'était assis sous un térébinthe, et qui s'était adressé à **Gédéon,** occupé à battre du blé dans un pressoir pour le soustraire aux Madianites (Jg 6, 11-12): **"Le Seigneur est avec toi vaillant guerrier!"** Et le dialogue qui s'instaure Gédéon et l'Ange, ne montre pas de crainte chez Gédéon - alors qu'il y en a chez Marie - mais un étonnement intense lié au qualificatif: "vaillant guerrier" d'un côté; et "comblée-de grâces" de l'autre... Comment le Très Haut peut-il voir en Gédéon, le petit dernier d'un clan sans notoriété, celui qui sauvera son peuple de Madian? Comment le Très Haut peut-il voir en Marie celle qui portera le sauveur d'Israël?

*30 L'ange lui dit alors : « Sois sans crainte, Marie, **car tu as trouvé grâce auprès de Dieu.***
*31 VOICI que tu vas **concevoir et enfanter** un fils ; tu lui donneras **le nom** de Jésus.*
*32 Il sera grand, il sera appelé Fils du Très-Haut ; le Seigneur Dieu lui donnera le trône de David son père ;*
*33 il régnera pour toujours sur la maison de Jacob, et son règne n'aura pas de fin. »*

Si je me souviens bien, cela correspond point par point au livre de Daniel 7,14: lors de sa vision d'un fils d'homme: "Et il lui fut donné domination, gloire et royauté; tous les peuples, toutes les nations et les gens de toutes langues le servirent". "Sa domination est une domination éternelle, qui ne passera pas, et sa royauté, une royauté qui ne sera pas détruite."

*34 Marie dit à l'ange : « Comment cela va-t-il se faire puisque je ne connais pas d'homme ? »*
*35 L'ange lui répondit : « L'Esprit Saint viendra sur toi, et la puissance du Très-Haut te prendra sous son ombre ; c'est pourquoi celui qui va naître sera saint, il sera appelé Fils de Dieu.*

Le questionnement de Marie, on le comprend. Il ne met pas en doute la parole de l'ange, contrairement à ce qui se passe pour Zacharie; elle demande une sorte de dévoilement. Et la réponse de l'Ange est bien un dévoilement, puisqu'il annonce quelque chose de mystérieux, mais qui est présence de Dieu.

*36 Or **VOICI** que, dans sa vieillesse, Élisabeth, ta parente, a conçu, elle aussi, un fils et en est à son sixième mois, alors qu'on l'appelait la femme stérile.*
**37 Car rien n'est impossible à Dieu. »**

Voilà le Signe, donné à la jeune fille.

*38 Marie dit alors : « **VOICI** la servante du Seigneur ; que tout m'advienne selon ta parole. » Alors l'ange la quitta.*

L'ange la quitte, son travail est accompli, il peut rentrer à la maison.

*39* En ces jours-là, Marie se mit en route et se rendit avec empressement vers la région montagneuse, dans une ville de Judée.
*40 Elle entra dans la maison de Zacharie et salua Élisabeth.*

Marie prend le relais en allant visiter sa cousine et en entrant dans la maison de celle-ci et en la saluant, de même que l'Ange entré chez elle et l'avait saluée. Elle aussi va en quelque sorte permettre la vie, chez l'enfant à naître.

Les trois "VOICI"

Je me suis aussi demandée si les trois "voici" du texte ne pouvaient pas servir de piliers à la lecture, qui permet de voir et de contempler.

Le premier voici, c'est celui de l'ange: **voici** que l'Ange Gabriel, qui en quelque sorte donne sa feuille de route à la jeune fille qui est là, devant lui. Il y a la triade classique: engendrer, enfanter nommer. Marie va être mère, elle va enfanter celui qui sera le Fils du Très Haut; bref celui qui incarne ce qui est dit de lui par Daniel, mais qui est le Messie de Dieu.

Le second c'est ce qui précède le signe donné: **voici** que dans sa vieillesse ta cousine Élisabeth a conçu, qui pour moi renvoie au texte d'Isaïe, Voici que la jeune fille est enceinte. Is 7, 14. Marie est la jeune fille qui est enceinte, et le signe pour elle, c'est Elisabeth.

Le troisième c'est le plus connu: c'est la réponse de Marie, **voici** la servante du Seigneur qu'il me soit fait selon ta parole.

Marie raconte.

*En ce début d'après-midi, j'étais au frais dans la maison. J'avais ramené de l'eau de la fontaine qui est peu éloignée de chez nous et j'étais heureuse. Je pensais à Joseph, cet homme à qui j'ai été accordée en mariage et qui est descendant de David.*
*Les volets étaient fermés, car il faisait déjà chaud. Tout à coup, j'ai ressenti une présence. J'ai levé les yeux, et j'ai vu un être qui me paraissait éclairé de l'intérieur, d'une lumière très douce. Sa voix était à l'image de tout ce qui émanait de lui. Il m'a saluée en m'appelant "comblée de grâces". Jamais personne n'aurait pu me dire cela. C'était presque un nom d'amour. Quand il a ajouté, le Seigneur est avec toi, j'ai pensé à Gédéon le Juge, qui avait été abordé aussi par l'Ange du Seigneur, il y a bien des siècles. A lui, il avait été dit "Salut à toi vaillant guerrier, le Seigneur est avec toi. Était-ce le même ange qui venait me parler? Mais malgré tout, en moi montait une crainte.*

*Il m'a dit de ne pas avoir peur, que j'avais trouvé grâce auprès de Seigneur, que j'allais concevoir et enfanter un fils et que je lui donnerai le* nom de Jésus. Moi, j'aurais un fils, moi le mettrai au monde, moi je lui donnerai son nom, un nom voulu par Très Haut. J'étais abasourdie, j'entendais bien ce qu'il disait.

J'entendais qu'il disait que cet enfant sera grand, qu'il sera appelé Fils du Très Haut, qu'il aura le trône de David son père et qu'il règnera pour les siècles. Mais les mots voletaient un peu autour de moi. J'entendais, mais cela me dépassait.

C'était comme si un plan avait été prévu pour moi, mais comment cela pouvait-il se réaliser puisque j'étais une simple jeune fille de Nazareth promise à un homme. Cela me semblait impossible, impensable.

Seulement, alors que je me sentais perdue, cet être de lumière m'a annoncé quelque chose qui a fait danser mon cœur de joie.
Il m'a dit que ma cousine Élisabeth, cette femme qui est un modèle pour moi, mais qui est stérile, ce qui fut une véritable honte pour elle et pour son mari, le prêtre Zacharie, allait être mère.

Mais il ne s'est pas contenté de dire cela, il a dit "Voici que ta cousine Élisabeth, a conçu un fils dans sa vieillesse" et ce "voici" a fait écho à un autre voici, prononcé par le prophète Isaïe: Voici que la jeune fille est enceinte. Elle enfantera un fils et elle lui donnera le nom d'Emmanuel. Et j'ai su que cette jeune fille, c'était moi! N'est-ce pas le rêve de toutes les jeunes filles en Israël? Être la mère de celui qui sauvera notre peuple. C'était pour moi un signe, mon signe. Je pouvais avoir une confiance totale.

Alors, mon cœur s'est mis à sauter de joie, et quelque chose s'est passé en moi. L'ange avait dit que l'Esprit Saint viendrait sur moi et que le Très Haut me prendrait sous ombre, et c'est ce qui s'est passé. Ce que l'ange avait dit prenait corps en moi. Oui, rien n'est impossible à Dieu.

*Moi qui désirais le plus au monde être la servante du Seigneur, être son esclave, cela se réalisait. Immense était ma joie, immense était mon désir d'aller trouver ma cousine pour partager avec elle ma joie. Et je me suis mise en route.*

Lc 1, 57-80 Zacharie raconte la circoncision de son fils 2021.

24 décembre 2021, veille de Noël, mais au matin c'est encore le temps de l'Avent. Même si ce soir, nous allons célébrer la naissance du fils de Marie, ce qui est proposé par la liturgie de la veille de la nativité, c'est le récit de la circoncision et ce que nous appelons le cantique de Zacharie.

Zacharie raconte.

*"Quand ma femme a ressenti les premières douleurs, heureusement que sa petite cousine Myriam, était encore là. Elle est allée chercher la sage-femme, qui n'en croyait pas ses oreilles, car nous avions gardé cela pour nous.*

*D'ailleurs depuis que l'ange a pris ma voix, m'a rendu muet, tout le village m'évite. Il est certain que je suis coupable de quelque chose. Mais je suis le seul à savoir que ma faute c'est d'avoir douté, de ne pas avoir cru en la parole et pourtant les écritures je les connais. Déjà, à cause de la stérilité de ma femme, nous étions montrés du doigt, mais là c'est pire. Peut-être que certains pensent que je suis possédé. Possédé oui, mais possédé par Le Très Haut.*

*Nous étions sûrs que ce serait un garçon, parce que l'ange me l'avait dit, mais il a fallu qu'il soit là pour que je crois vraiment! Je sais, j'ai la tête* un peu dure. Et puis, j'avais tellement peur qu'il n'arrive quelque chose à la maman. Donner la vie c'est parfois la mort pour la mère.

Alors nous avons vécu ce temps de l'enfantement comme une merveille. Marie nous a quitté; elle nous avait été très utile.

Quand est arrivé le jour de la circoncision, tous les hommes du village étaient là. J'ai l'impression que c'était comme s'ils venaient au spectacle. Pourtant j'aurais pu le circoncire moi-même, après tout Abraham l'a bien fait pour Ismaël et pour Isaac, mais je n'ai plus la main aussi sûre.

J'avais fait comprendre à Élisabeth que le nom de l'enfant serait Johan, un nom nouveau, un nom donné par l'Ange. D'ailleurs Marie, nous avait dit que son enfant à elle se sommerait Jéshua. Dieu sauve. Alors ces deux enfants, à eux deux, peut-être qu'ils sauveront notre peuple qui comprendra enfin que Dieu en visitant son peuple, à nouveau fait grâce.

Je me doutais bien qu'ils seraient surpris quand ma femme leur donnerait le nom choisi par le Seigneur. Je n'ai pas été étonné quand ils se sont tournés vers moi, comme si la parole de ma femme n'était pas fiable. Simplement ils ont imaginé que j'étais sourd et muet, alors ils ont fait des gestes en montrant l'enfant, en me montrant, en montrant aussi Élisabeth. Ils m'ont donné une tablette.

Et j'ai écrit sur une tablette que Johan serait son prénom, pas Zacharie comme eux le voulaient. D'ailleurs pourquoi faire porter à un enfant miraculeux le nom de son père, comme pour d'emblée faire de lui un prêtre comme moi. Le destin de cet enfant n'est surement pas de faire du même, mais du différent et c'est ce qu'a dit l'Ange, et il sera prophète, l'envoyé du Messie, le nouvel Elie.

A peine ont-ils lu le nom de l'enfant, que j'ai senti que ma bouche se déliait, que ma voix m'était rendue, et moi le vieux Zacharie, je me suis *mis à chanter, à chanter d'allégresse, à bénir Le très Haut et à lui rendre grâce.*

*En moi, mes mots coulaient tous seuls. J'ai remercié mon Dieu, qui tient ses promesses, qui n'oublie pas son peuple, qui allait faire surgir la force qui nous sauve du sein de Marie (mais ça je ne pouvais le dire) mais de la race de David son serviteur, celui auquel il avait promis de ne jamais enlever son amitié quoique fasse sa descendance*

*J'ai loué sa fidélité, j'ai loué son amour, et j'ai en quelque sorte béni mon petit, j'ai appelé sur lui la bénédiction du très haut, car un jour il serait celui qui marcherait devant, ou à l'avant du Sauveur, pour préparer ses voies, pour aplanir les sentiers, pour tourner vers lui le cœur de peuple et que tout cela, c'était grâce à la tendresse et à l'amour de notre Dieu, Béni Soit-il.*

*La circoncision s'est faite, tous sont rentrés chez eux, étonnés et émus. Tous comprenaient que Dieu était à l'œuvre dans cet enfant, tous se demandaient quelle serait sa vie, mais tous louaient et bénissaient le Seigneur qui fait des merveilles.*
*A nous maintenant d'élever cet enfant donné et de le laisser suivre son chemin. Mais pour le moment réjouissons-nous.*

## Lc 2 22-39 Présentation de l'enfant Jésus au Temple. 2021

C'est le même évangile que pour la fête de la purification au mois de février. Si on regarde les textes de l'ancien testament, il semble qu'il y ait deux rituels, Celui de la purification est dans le livre du Lévitique, Lev 12. A la fois il faut - pour un garçon attendre - 40 jours puis offrir un sacrifice à la fois d'holocauste et d'expiation, "deux tourterelles ou deux jeunes pigeons, l'un pour l'holocauste, l'autre pour le sacrifice d'expiation. Le prêtre fera l'expiation pour elle et elle sera pure". (Si elle peut, elle offre un mouton, mais c'est nettement plus cher). Quant au rituel du rachat il est demandé dans le livre de l'exode, et il se faire sous forme d'argent (ce qui se fait encore de nos jours). On trouve cela en **Exode 13,13 et dans le livre des Nombres: Nb 18,15-16.**

Mais si on lit attentivement ce texte que nous connaissons bien, il n'est pas si facile que cela à comprendre. On a une introduction: ça se passe à Jérusalem et le couple accomplit ce qui est demandé par la loi. On a une conclusion, le retour à Nazareth: un enfant qui grandit en sagesse et qui, comme sa mère, est rempli de Grâce, et une maman qui garde tout cela dans son cœur.

Entre ces deux temps, on a la rencontre avec un vieux monsieur, qui doit être quand même un officiant dans le Temple de Jérusalem, parce que pour prendre Jésus dans ses bras, il doit quand même avoir une fonction, vieux monsieur qui déclare qu'il peut désormais mourir en paix, car il a vu de ses yeux celui qui apporterait la consolation et le salut au peuple choisi; et une autre vieille personne, une femme, une veuve, Anne, qui elle aussi proclame que cet enfant aura un destin particulier.

Traditionnellement, parce que la péricope de termine sur Marie qui garde toutes ces choses dans son cœur et peut-être parce que c'est l'année dédiée à Joseph, c'est à ce dernier que j'ai laissé la parole.

Joseph raconte

*Il s'en était passé des choses depuis que ma fiancée, Myriam, m'avait annoncé que l'enfant qu'elle portait avait été conçu par l'Esprit du très Haut. Nous avons dû aller à Bethléem, la ville de mon ancêtre le roi David, le fils de Jessé, le petit fils d'Obed engendré à Booz par Ruth la Moabite, pour y être recensés. Chez nous le recensement est interdit et j'espère que cet empereur qui se prend pour Dieu, il ne sera pas béni pour nous avoir imposé un tel déplacement, surtout à ce moment-là. En* même temps, cela a permis que la naissance de notre enfant ait lieu dans la cité de David, et je pense que cela sera important pour lui.

Nous avions espéré être revenus chez nous pour la délivrance, mais ce n'était pas le plan du Très Haut. Une femme qui a les douleurs de l'accouchement ne peut pas rester dans la salle commune de cette grande auberge qui accueille ceux qui viennent se faire recenser. Heureusement on nous a indiqué des grottes pas loin et nous en avons trouvé une qui avait servi il y avait peu de temps pour garder des moutons. Il y avait de la paille fraîche, et même une mangeoire. Mais il ne fallait pas traîner.

L'enfant est venu très vite au monde, et j'ai été aidé par les femmes du village. Marie l'a enveloppé des langes, et posé dans la mangeoire, car si les bêtes revenaient, il ne fallait pas qu'il soit écrasé. En le voyant dans cette mangeoire, je me demandais s'il serait la manne descendue du ciel... Après tout Bethléem c'est la maison du pain.

Durant la nuit de sa naissance, des bergers sont venus. Ils étaient dans la joie quand ils ont vu notre bébé et ils sont allés raconter à toute la ville que notre bébé, c'était le Messie. Mais comme ce sont des bergers on ne les a pas crus. Ils avaient vu des anges et le ciel comme ouvert.

Puis nous avons trouvé une petite maison, et nous y sommes restés jusqu'au moment d'accomplir ce qui est demandé par la loi: la purification de mon épouse, et la présentation de mon fils au temple et son rachat, puisque tout premier-né doit être racheté. Ce rituel, il nous fallait l'accomplir, mais celle qui a porté le fils du Très Haut, peut-elle être impure?

Quand nous sommes arrivés dans le Temple, nous avons cherché des vendeurs pour acheter les deux petites colombes demandées, et nous sommes entrés. Les colombes ont été offertes, puis un vieil homme est arrivé devant nous.

*C'est lui qui devait présenter notre enfant au Très-Haut. Il s'appelait Syméon. Il n'aurait pas dû être là, ce jour-là, mais l'Esprit Saint a soufflé en lui et lui a dit de venir en ce jour, et qu'il verrait celui qui serait la consolation d'Israël. Il l'a pris dans ses bras, et des paroles étonnantes ont coulé de ses lèvres.*

*Il avait l'air à la fois heureux et très ému. Il regardait notre bébé comme s'il le buvait des yeux. Il a béni le Très Haut, il l'a remercié de lui avoir permis de voir en notre enfant le salut pour tous les peuples, la lumière des nations, la gloire de notre peuple. C'était un peu comme si les prophéties d'Isaïe se réalisaient. Je dois dire que nous étions dans l'allégresse.*

*Seulement, juste après, il a eu des paroles qui sont plus des paroles de désolation - que nous n'avons pas comprises. Il a même dit à ma tendre épouse qu'un glaive de douleur traverserait son cœur. Comment peut-on dire cela à une jeune femme qui vient de donner la vie. Je pense qu'il a prophétisé sur notre fils en affirmant qu'il serait comme un signe de contradiction, qu'il provoquerait la chute et le relèvement d'un grand nombre en Israël, qu'il mettrait au grand jour les pensées qui viennent au cœur d'un grand nombre. Ces paroles, je les ai retenues, mais elles m'inquiètent.*

*Puis est arrivée une femme très âgée, qui me faisait un peu penser à la Sarah d'Abraham. Elle nous a dit qu'elle s'appelait Anne qu'elle était veuve et qu'elle attendait elle aussi celui qui serait porteur de la délivrance. Et elle aussi, elle a été remplie d'une grande joie en voyant notre fils et a affirmé qu'il serait la délivrance de Jérusalem. Je dois dire que cela me faisait un peu peur. Mon fils serait-il un nouveau Judas Maccabée? Cela me paraissait impensable.*

*Puis nous avons laissé Jérusalem et son agitation et sommes retournés dans notre ville de Nazareth où mon petit garçon s'est développé comme tous les enfants du monde; cependant il y avait quelque chose de plus en lui, sans que je puisse le définir, comme si l'Esprit du Très Haut était sur lui et lui donnait un autre regard sur le monde.*


## Lc 4, 21-30. Jésus dans la synagogue de Nazareth. 2022


En ce quatrième dimanche du temps ordinaire, l'église propose d'écouter ce qui se passe dans la synagogue de Nazareth après que Jésus ait lu le livre d'Isaïe (chapitre 61) et ait annoncé que ce qui avait été lu par lui était en train de se réaliser aujourd'hui.

Or le moins que l'on puisse dire, c'est que ce qui se passe est quand même inattendu, puisqu'il s'agit d'emblée de faire taire définitivement Jésus en le jetant dans le vide, et ce, avant même que le ministère ait commencé, du moins chez Luc.

Je me suis souvent demandée si cet épisode, celui que nous entendons ce jour, avait vraiment sa place ici, s'il ne s'agissait pas de deux épisodes qui auraient eu lieu à des moments différents, d'autant que dans le texte que nous lisons aujourd'hui, il est question de miracles réalisés à Capharnaüm et cette ville n'apparait que plus loin dans le récit lucanien.

Dans l'évangile de Marc (Mc 6, 1-6), Nazareth est une étape dans le parcours de Jésus en Galilée et beaucoup de miracles ont été rapportés. A Nazareth, compte tenu du manque de foi des habitants, Jésus est comme désarmé et ne peut pas faire grand-chose, mais il n'y a aucune violence.

On retrouve ce texte presque à l'identique chez Matthieu (Mt 13, 54-58), et là, on est chronologiquement déjà très avancé dans le ministère en Galilée, et le texte est très proche de celui de Marc.

Luc montre dans cet épisode, qui de fait est le premier de la vie publique, comment Jésus sera un jour précipité dans la mort; qu'il sera rejeté par les siens. Mais il n'en demeure pas moins que la lecture de ce jour permet de penser que Jésus fait aussi tout ce qu'il faut pour déranger ses auditeurs.

Pour ma part, je pense que la réaction disproportionnée des auditeurs montre avec quelle facilité le Mauvais est capable de s'emparer de l'esprit de certains, de les faire douter, et de provoquer une colère meurtrière. Dès le début de cet évangile, le combat contre le Mal et la violence de ce dernier sont donc mis en évidence. Et ce combat sera permanent durant toute la vie de Jésus.

En 2019, j'avais laissé Marie raconter la scène https://giboulee.blogspot.com/2019/01/jesus-dans-la-synagogue-de-nazareth-luc.html

Ici je propose de laisser la parole à un des anciens de la synagogue, mais dans un premier temps je pense qu'il est nécessaire de revenir au texte de ce jour, et de le commenter par groupes de versets.

*21 En ce temps-là, dans la synagogue de Nazareth, après la lecture du livre d'Isaïe, Jésus déclara : « **Aujourd'hui** s'accomplit ce passage de l'Écriture que vous venez d'entendre. »*

*22 Tous lui rendaient **témoignage** et s'étonnaient des paroles de grâce qui sortaient de sa bouche. **Ils se disaient** : « N'est-ce pas là le **fils de Joseph ?** »*

Par ce texte, Jésus leur faire comprendre qu'il est l'envoyé, celui qui a reçu l'onction, qui va guérir, libérer sauver. On imagine qu'il a commenté, et peut-être qu'il a aussi rapporté ce qui s'est passé ailleurs, qu'il a rendu la vue à certains, exorcisé des possédés, parlé,

Alors dans un premier temps, tout le monde semble séduit, mais ça ne dure pas. Il y a la petite phrase presque assassine: n'est-ce le pas là le fils de Joseph? Un peu comme si Jésus leur racontait des histoires. C'est "pour qui se prend-il celui- là?". Et Jésus répond à ce questionnement, qu'il soit formulé verbalement ou pas.

*23 Mais **il leur dit** : « Sûrement vous allez me citer le dicton "Médecin, guéris-toi toi-même", et **me dire** : "Nous avons appris tout ce qui s'est passé à Capharnaüm ; fais donc de même ici dans ton lieu d'origine!" »*

*24 Puis il ajouta : « Amen, **je vous le dis** : aucun prophète ne trouve un accueil favorable dans son pays.*

Et là, c'est lui qui attaque en quelque sorte. Mais la première phrase: "Médecin guéris-toi toi-même" est assez incompréhensible. Les habitants de Nazareth savent ce qui s'est passé ailleurs (sauf que nous, nous ne le savons pas), et peut-être plutôt qu'un enseignement, ils auraient voulu des guérisons. Simplement ce que Jésus évoque là, c'est une sorte de jalousie: "Pourquoi ne fais-tu pas chez nous ce que tu fais chez les autres?" Puis il dit une phrase qui va devenir un proverbe pour nous: "Nul n'est prophète en son pays".

*25 En vérité, je vous le dis : Au temps du prophète Élie, lorsque pendant trois ans et demi le ciel retint la pluie, et qu'une grande famine se produisit sur toute la terre, il y avait beaucoup de veuves en Israël ;*
*26 pourtant Élie ne fut envoyé vers aucune d'entre elles, mais bien dans la ville de Sarepta, au pays de Sidon, chez une veuve étrangère.*
*27 Au temps du prophète Élisée, il y avait beaucoup de lépreux en Israël ; et aucun d'eux n'a été purifié, mais bien Naaman le Syrien. »*

Jésus se sert toujours de ce qui se passe chez les auditeurs pour les faire réfléchir. Le mot prophète sert d'accroche, et il fait remarquer que deux des plus grands prophètes, Elie et Élisée, ont fait des miracles ou des guérisons pour des gens qui n'étaient pas de chez eux. Mais cette comparaison passe mal. Pour qui se prend-il ce Jésus? Pour qui les prend-il?


*28 À ces mots, dans la synagogue, **tous devinrent furieux**.*
*29 Ils se levèrent, **poussèren**t Jésus hors de la ville, et*
*le **menèrent** jusqu'à un escarpement de la colline où leur ville est*
*construite, pour le **précipiter en bas**.*
*30Mais lui, **passant** au milieu d'eux, **allait** son chemin.*

L'adjectif furieux est très fort. Car il y a des envies de meurtre, et il est possible que cet épisode soit à mettre en parallèle avec le meurtre d'Étienne dans les Actes de Apôtres, où Étienne est aussi poussé en dehors de la ville, suite à un discours qui n'a pas plu. On peut noter tous les verbes d'action; pousser, mener , précipiter.

Par ailleurs - si on se réfère au récit des tentations qui précède (Lc 4,9), le diable emmène Jésus au pinacle du temple et lui suggère de se jeter dans le vide, ce à quoi Jésus répond "tu ne mettras pas à l'épreuve le Seigneur ton Dieu" - ce qui se passe là en est comme la concrétisation puisque Jésus va être précipité dans le vide, et alors que va-t-il se passer? Jésus aurait bien pu sauter de cet escarpement, pour leur prouver qu'il est le Fils de Dieu, mais il se contente de passer son chemin. Personne ne met la main sur lui.

Un ancien de la synagogue de Nazareth raconte la visite de Jésus chez eux. 2022

*Jésus, le fils de Joseph, celui qui était charpentier et qui est mort il y a plusieurs années, est parti de chez nous depuis quelque temps.*
*Pourquoi n'a-t-il pas repris l'atelier de son père, pourquoi a-t-il laissé sa pauvre mère, ça on n'a pas compris, ni aimé d'ailleurs.*

*On nous a raconté qu'il était devenu disciple de Jean le Baptiste, mais qu'il n'était pas resté avec lui, et qu'il s'était mis à enseigner mais aussi à guérir et à chasser des esprits mauvais. Il paraît qu'à Capharnaüm, cette ville portuaire mal famée, il a opéré beaucoup de guérisons. Je me demande pourquoi il n'est pas venu chez nous en premier. Ils ont quoi de plus que nous?*

*Et le voilà de retour. Il est allé bien sûr chez sa mère, et en ce jour de Shabbat il est venu à la Synagogue. Il a eu la place d'honneur. On lui a présenté le rouleau du prophète Isaïe, il a choisi un passage disant que l'Esprit du Seigneur était sur lui, qu'il avait reçu l'onction pour annoncer la bonne nouvelle aux pauvres, pour annoncer aux captifs la délivrance, aux aveugles qu'ils retrouveront la vue, que les opprimés seraient libérés et enfin qu'une année favorable était accordée au peuple. Ensuite il y a eu un silence. Ce qui m'a étonné c'est sa lecture. Il prenait son temps, il nous regardait, comme si cela s'adressait à nous. Il s'est ensuite assis, après avoir rendu le rouleau au servant. Et là, il a tout simplement dit que cela s'accomplissait aujourd'hui.*

*Nous étions un peu partagés; certes il parle bien, il parle avec une assurance qu'il n'avait pas par le passé, mais bon, pour qui se prend-il? Il est le fils de Joseph, alors qu'est-ce qu'il nous raconte. Il serait le Messie? Bon il a peut-être fait des miracles, mais il n'est pas le seul, alors dire cela de lui, c'est nous faire prendre des vessies pour des lanternes.*

*Bien sûr, ça on ne l'a pas dit, mais nous étions un certain nombre à le penser.*

*Il nous a regardés et, de la place qui était la sienne, il nous a interpellés. Il nous a dit quelque chose d'étonnant: que nous allions lui dire "médecin, guéris -toi toi-même"; c'est ce que nous disons aux charlatans qui promettent des guérisons et ne tiennent pas parole. Pourtant lui, d'après ce qu'on dit, il a guéri deux ou trois personnes de notre village, mais pour qui se prend-il? D'accord il a fait beaucoup à Capharnaüm, mais bon c'est comme ça, mais comme je l'ai dit ce n'est pas très juste. Il* a ajouté que nul n'était prophète dans son pays. Se prend-il pour un prophète? Serait-il plus grand qu'eux?

Ensuite il nous a dit qu'Elie et Élisée, les miracles qu'ils avaient accomplis, c'était pour des étrangers, pour des non-juifs. Est-ce qu'il veut nous faire comprendre que les miracles, ce n'est pas pour nous, que nous n'en sommes pas dignes, et que lui, il soulage les autres, pas nous.

Alors, ça, je ne sais pas pourquoi, mais ça a mis le feu aux poudres. Il nous a vraiment énervés. Il se prend pour qui? Il s'imagine être plus fort que le prophète Elie qui a fait tomber le feu du ciel sur le sacrifice offert pour faire tomber la pluie, ou le prophète Élisée, qui certes a guéri Naaman de Syrien, mais qui a aussi nourri 100 personnes avec du pain pour 20? Non vraiment il exagère et il nous prend pour qui.

Alors une fois le service fini, on l'a acculé pour l'emmener en dehors de la ville, là où il y a ce promontoire. On voulait le précipiter dans le vide, on était tous autour de lui, mais il s'est passé quelque chose d'étonnant. On n'a pas réussi à mettre la main sur lui, c'est comme s'il y avait un bouclier autour de lui, et il est parti. Bien sûr, Nazareth il connaît comme sa poche, il y a grandi. Bref il nous a échappé, mais il ne perd rien pour attendre.

Si je réfléchis, je ne comprends quand même pas ce qui nous a pris. D'accord on a peut-être le sang un peu chaud, mais de là à vouloir tuer... C'est comme si un esprit était tombé sur nous et nous poussait à détruire cet homme, comme s'il était un danger public. Encore heureux qu'il soit arrivé à s'en sortir et à nous échapper. Qu'aurions nous dit à sa mère?

# Lc 5, 1-11. La pêche sur le lac de Génésareth. 2022

L'évangéliste Luc, écrit qu'après le baptême et les tentations, Jésus de Nazareth commence sa prédication en parcourant la Galilée et en enseignant dans les synagogues. Or ce qui vient de se passer dans la synagogue de Nazareth (Jésus a failli finir sa vie, précipité d'un promontoire sur lequel est bâti la ville,) peut le dissuader d'enseigner dans un lieu clos et donc de parler dehors, en plein vent, à qui veut bien l'écouter. Et c'est ce qui se passe ce jour-là à Capharnaüm.

Dans cet évangile, on ne sait rien de ceux qui seront les disciples de la première heure: Simon et André, Jacques et Jean. C'est pour cela que je vais suivre la trame de cet écrit, en supposant qu'il s'agit d'une première rencontre, et en racontant ce que Simon a vécu ce jour-là. C'est le seul évangile qui rapporte ce miracle, qui sera repris par Jean, après la résurrection (Jn 21). Et il est bien évident que mettre cela comme le premier miracle de Jésus a une portée qui sera comprise par la suite, puis que le jour de la Pentecôte, Pierre fera une pêche miraculeuse, puisque 3000 hommes demanderont le baptême.

Je compte donc raconter ce que Simon a pu vivre ce matin-là, sans tenir compte de l'apport des autres évangiles, mais en m'appuyant un peu sur la première lecture, l'appel du prophète Isaïe (Is 6, 1-8).

Simon, le pêcheur, raconte comment il a décidé de suivre Jésus.2022

*Toute la nuit sans rien prendre, toute la nuit. Cela arrive mais c'est rare. Et du poisson, j'en ai besoin pour pouvoir faire rentrer de l'argent à la maison. Rien. Nous avons regagné, André et moi, la rive, remplis de fatigue. Nous avons fait les gestes habituels, de remettre les filets dans la barque avant de les laver et de vérifier que les mailles sont en bon état.*

Nous étions vraiment découragés; et la fatigue de cette nuit sans sommeil nous accablait. Pour Zébédée et ses fils, qui sont nos compagnons, ce n'était guère mieux; un peu mieux quand même.

Mais sur le quai il y avait du monde, même beaucoup de monde, ce qui est rare en semaine et à cette heure-là. Il y avait un homme qui parlait, mais sa voix ne portait pas vraiment. Je ne sais pas trop ce qu'il racontait. Peut-être un disciple de Jean, l'homme qui baptise sur le Jourdain et qui nous parle de la venue du Royaume. Ce Jean, je l'aime bien moi. Parfois je pense à le suivre, mais il n'est pas facile à vivre.

Et voilà que cet homme, il me dit qu'il s'appelle Jésus et qu'il vient de Nazareth; il monte dans ma barque et il me demande de nous écarter un peu de la rive, ce que je fais pour lui faire plaisir. Il y a quelque chose dans sa voix, dans son regard, qui fait qu'on ne peut pas résister. Il s'assied, et là il parle, il parle. J'entends, mais je n'écoute pas trop. Je suis tellement fatigué et tellement déçu par la mauvaise pêche de la nuit.

Et puis il y a comme un silence, et il s'adresse à moi. Je pensais qu'il voulait que je le ramène au bord, mais non. Il me dit d'aller au large, en eau profonde et de jeter mes filets. Je l'ai regardé comme s'il était fou, mais il avait l'air de savoir ce qu'il voulait. Et puis, comme je l'ai dit, une autorité émanait de lui.

Alors André et moi, nous avons pris nos rames, nous avons ramé, et nous avons jeté les filets. Ramer quand on est épuisé, c'est dur et en plus, jeter les filets en plein midi, jamais personne ne fait cela.

Seulement quelque chose s'est passé. Il y avait, non pas un banc de poissons, mais des bancs de poissons, de races variées qui entouraient la barque, et ils se prenaient dans nos filets. Jamais nous n'avions vu une chose pareille. Les filets étaient sur le point de se rompre. On a fait signe aux fils de Zébédée pour qu'ils viennent nous aider. Les filets étaient *tellement pleins qu'on avait du mal à les faire passer dans la barque. Et nos barques étaient tellement remplies, qu'elles s'enfonçaient.*

*Quelque chose s'est passé en moi, j'ai ressenti quelque chose de l'ordre de la crainte. Qui était cet homme qui avait pouvoir sur les créatures de la mer? Je me suis senti misérable devant lui, je suis tombé à ses pieds, et je lui ai dit une phrase qui ne m'appartenait pas vraiment, une phrase prononcée autrefois par le prophète Isaïe lors de sa vision du Temple du Tout Puissant et de sa Gloire. Je lui ai demandé de s'écarter de moi, car j'étais un homme rempli de péché, et que lui il était rempli de la Puissance du Très Haut.*

*Il m'a regardé, et je me suis senti aimé. Il m'a aidé à me mettre debout, et il m'a dit de ne pas avoir peur, qu'il ferait de moi un pêcheur d'homme. Je ne sais pas ce que cela veut dire, attirer des hommes dans mes filets, mais manifestement il sait ce qu'il dit. Alors je lui ai fait confiance.*

*Nous avons regagné la terre ferme, les poissons ont été mis avec l'aide de tous dans des paniers, et des amis se sont chargés de la vente, parce que nous, nous les quatre, nous les amis depuis toujours, nous avions compris que nous avions trouvé le Maître que nous attendions, que nous cherchions; et nous l'avons suivi.*

## Lc 5, 17-26. La guérison du paralytique. 2020

Dans le texte d'Isaïe proposé par la liturgie de ce jour, les boiteux marchent, les sourds entendent: c'est le signe que le Seigneur est présent. Et l'évangile nous montre que cela arrive.

Mais pour Jésus, cela ne va pas être simple d'être reconnu par ceux qui "savent": les pharisiens et les scribes, ceux qui viennent de Jérusalem et qui méprisent les galiléens. C'est pour cela que j'ai choisi de faire raconter cette guérison par un scribe, un homme versé dans l'interprétation des écritures, qui est très déconcerté par Jésus.

Un scribe raconte.

*On nous a dit qu'il y a une sorte d'illuminé, un qui se prend pour le messie, mais qui refuse de le dire, qui va de village en village en Galilée; il fait des guérisons, il enseigne, il est même capable de guérir des lépreux et des possédés; et du coup il suscite l'admiration des foules. Je sais juste qu'il est de Nazareth, et que les habitants de ce village ont essayé de le tuer, ce qui montre qu'il n'est pas aimé dans ce coin là; depuis il s'est établi à Capharnaüm.*

*Nous les pharisiens, nous qui connaissons les écritures, qui vivons pour et par la Loi, nous n'aimons pas trop ces hommes qui se prennent pour des envoyés. Ils risquent de nous faire avoir des ennuis avec les Romains, et puis, malgré tout, cet homme, on ne sait pas d'où il sort. S'il était de la tribu de David, ça serait plus simple, mais Nazareth! Alors nous avons décidé d'écouter ce qu'il dit, et plusieurs sont même venus de Jérusalem pour cela.*

*A dire vrai il parle bien, même très bien. Il y a vraiment en lui quelque chose des prophètes. Il est différent de Jean le Baptiste, car il y a de l'amour en lui, et ça je ne peux le nier.*

*Un jour qu'il enseignait dans une maison, il s'est passé un événement étonnant, je dois bien le reconnaître. Un homme porté sur un brancard, un paralysé, est venu pour être guéri. Seulement, ses amis n'ont pas réussi à le déposer aux pieds de ce Jésus, parce que la foule était dense et que personne n'avait envie de se lever et de se bouger pour laisser passer. Je dirais presque que nous étions un peu paralysés, on était bien avec lui, on n'avait pas envie de bouger, ni qu'il arrête de parler.*

*Nous avons pensé qu'ils renonceraient, mais non, car d'un coup, le paralysé s'est trouvé aux pieds de Jésus, en plein milieu, descendu par des amis qui avaient déplacé les branchages de la toiture. Nous avons été plus que stupéfaits par leur obstination. Ils devaient vraiment l'aimer ce paralysé pour faire cela.*

*Donc il y avait Jésus, il y avait cet homme sur son brancard, il y avait nous; il y avait des gens de Capharnaüm et des disciples, puisqu'il a des disciples, des pêcheurs du cru.*

*Et voilà que Jésus prend le temps de regarder ceux qui accompagnaient cet homme, un peu comme s'il les remerciait d'avoir fait tout ça pour leur ami; et donc de leur foi. Puis il s'adresse au paralysé et lui dit: "Homme tes péchés te sont remis".*

*Alors là, mon sang n'a fait qu'un tour. Bien sûr que s'il est paralysé, c'est qu'il est puni; c'est qu'il a fait un ou des péchés contre ses frères, ou qu'il n'a pas respecté la Loi; mais personne ne pardonne les péchés. Le très Haut seul pardonne les péchés. En disant cela il blasphémait. Nous nous sommes regardés, scandalisés les uns et les autres.*

*Et puis, cet homme malade et surtout ceux qui avaient pris la peine de faire le trajet pour venir ici, ce n'est pas ça qu'ils voulaient: ils voulaient une guérison, une vraie si je puis dire.*

*Seulement l'homme lui, qui jusque-là était comme inexistant, terne, semblait avoir changé: ce n'est pas facile à expliquer, mais quelque chose s'était passé par cette simple phrase. Et pendant ce temps si court, nous nous regardions les uns les autres, très très en colère.*

*Jésus nous a regardés, et il semblait triste. Il a eu une phrase étonnante, il nous a dit que pour le Fils de l'homme, c'était la même chose de dire "tes péchés te sont pardonnés" ou bien "Lève-toi". "Le Fils de l'homme", vous vous rendez compte... Pour qui se prend-il? Mais peut-être qu'il est le Fils de l'homme, je ne sais pas.*

*Il s'est adressé au malade qui buvait ses paroles en lui disant de se lever, de prendre son brancard et de rentrer chez lui, et c'est ce qui est arrivé. Il s'est levé, il a attrapé son brancard, et avec ses amis il est sorti pour rentrer dans sa maison. Mais il ne s'est pas contenté d'obéir, il chantait, il exultait, il rendait gloire à Dieu, et toute la foule faisait de même, et tous rendaient gloire à Dieu et s'extasiaient devant ce qui venait d'arriver.*

*Je dois dire que je suis perplexe. Qui est-il celui-là, qui a reçu ce pouvoir? Serait-il comme il le dit "le Fils de l'Homme", celui qui vient sur les nuées pour juger le monde? Je ne sais pas, mais je suis retourné. Dieu aurait-il entendu nos prières et y aurait-il répondu? Le temps le dira, mais aujourd'hui, je rends gloire à Dieu. Pourtant mes amis eux, veulent le mettre à mort, je ne veux plus rester avec eux. Je crois qu'ils n'ont rien compris; peut-être parce qu'il n'y avait rien à comprendre, mais juste à se réjouir de ce qui venait de se passer.*

## Lc 5, 21-17. L'appel de Lévi 2022

En ce samedi après les Cendres, c'est l'appel de Lévi qui est rapporté, dans la version de Luc. Dans mon souvenir c'est la version de Marc qui est la plus fournie, curieusement celle de Matthieu étant la plus courte.

J'ai alors mis en tableau les trois versions, dans la traduction liturgique. C'est quelque chose que j'aime bien faire, qui montre bien ce qui est en commun ou pas, avec des phrases qui souvent semblent les mêmes, mais sont quand même différentes.

| Matthieu 9, 9-13 | Marc 2, 13-17 | Luc 5, 27-32 |
| --- | --- | --- |
| | Jésus sortit de nouveau le long de la mer ; toute la foule venait à lui, et il les enseignait. | |
| **09** Jésus partit de là et vit, en passant, un homme, du nom de **Matthieu**, assis à son bureau de collecteur d'impôts. Il lui dit : « **Suis-moi.** » | **14** En passant, il aperçut **Lévi**, fils d'Alphée, assis au bureau des impôts. Il lui dit : « **Suis-moi.** » | **27** Après cela, Jésus sortit et remarqua un publicain (c'est-à-dire un collecteur d'impôts) du nom de **Lévi** assis au bureau des impôts. Il lui dit : « **Suis-moi.** » |
| L'homme se leva et le suivit. | L'homme se leva et le suivit. | **28** Abandonnant tout, l'homme se leva ; et il le suivait. |
| **10** Comme Jésus était **à table** à la maison, voici que beaucoup de **publicain**s (c'est-à-dire des collecteurs d'impôts) et beaucoup de **pécheurs** vinrent prendre place avec lui et ses disciples. | **15** Comme Jésus était **à table** dans la maison de Lévi, beaucoup de **publicain**s (c'est-à-dire des collecteurs d'impôts) et beaucoup de **pécheur**s vinrent prendre place avec Jésus et ses disciples, car | **29** Lévi donna pour Jésus une **grande réception** dans sa maison ; Il y avait là une foule nombreuse de **publicains** et d'**autres gens** attablés avec eux. |

| | ils étaient nombreux à le suivre. | |
| --- | --- | --- |
| **11** Voyant cela, **les pharisiens**<br><br>disaient à ses **disciples** :<br><br>« Pourquoi votre maître mange-t-il avec les publicains et les pécheurs ? » | **16 Les scribes du groupe des pharisiens**, voyant qu'il mangeait avec les pécheurs et les publicains,<br><br>disaient à ses **disciples** :<br><br>« Comment ! Il mange avec les publicains et les pécheurs ! » | **30  Les pharisiens et les scribes de leur parti** récriminaient en<br><br>disant à **ses disciples** :<br><br>« Pourquoi mangez-vous et buvez-vous avec les publicains et les pécheurs ? » |
| **12** Jésus, qui **avait entendu**, déclara :<br><br>« Ce ne sont pas les gens bien portants qui ont besoin du médecin, mais les malades. | **17** Jésus, qui **avait entendu**, leur **déclara** :<br><br>« Ce ne sont pas les gens bien portants qui ont besoin du médecin, mais les malades. | **31** Jésus leur **répondit :**<br><br>« Ce ne sont pas les gens en bonne santé qui ont besoin du médecin, mais les malades.<br><br>**32** Je ne suis pas venu appeler **des** justes mais **des** pécheurs, pour qu'ils se convertissent. |

J'ai utilisé les textes de la traduction liturgique, car c'est ce qui est proposé dans nos églises, mais cette traduction m'a posé un petit problème pour le verset 32 de Luc.

Il s'agit de la réponse de Jésus aux pharisiens, qui lui en veulent de manger avec des publicains et des pécheurs.

La traduction proposée dit "je ne suis pas venu pour appeler **des** justes, mais **des** pécheurs pour qu'ils se convertissent", ce qui peut se comprendre comme: je ne suis pas venu pour ceux qui s'estiment justes, mais pour ceux qui se reconnaissent pécheurs, alors que la traduction classique est "je ne suis pas venu pour appeler **les** justes, mais pour **les** pécheurs", ce qui est quand même un peu différent.

On peut d'ailleurs se souvenir que plus tard, dans les paraboles de la miséricorde, Lc 15, 7 Jésus dira, "il y a plus de joie au ciel pour un pécheur qui se converti qui pour quatre-vingt-dix-neuf justes qui n'ont pas besoin de conversion".

Il est d'ailleurs intéressant de noter que l'évangile de Matthieu n'a pas ce verset.

Ce qui m'a frappé aussi dans ce récit, c'est la phrase très courte dans cet évangile lucanien: l'homme, abandonnant tout, se leva et le suivi. Pour moi, c'est une résurrection, (avec le verbe "se lever"), qui se passe pour cet homme. Lui ne laisse pas ses filets ou sa barque, mais tout ce qui fait quand même sa profession. Il est bien de la même trempe que les premiers appelés; Simon, André, Jean et Jacques.

On peut aussi remarquer que curieusement l'évangile de Marc, qui commence par "Jésus sortit pour enseigner" fait penser à la parabole du semeur, qui est dans ce même évangile. Et là, Jésus lance sa semence dans ce qui aux yeux de beaucoup n'est pas de la bonne terre, mais qui pourtant rapportera au centuple.

Précédemment j'avais laissé l'évangéliste raconter lui-même, https://giboulee.blogspot.com/2013/07/matthieu-lapotre.html. Aujourd'hui, je laisse un convive raconter.


Un des convives raconte

*Moi, je suis un collègue de Lévi; comme lui je suis collecteur d'impôts. Comme pour lui, les gens bien-pensants, les religieux, changent de côté quand ils me voient passer quand je me rends à mon poste. Parfois j'ai peur qu'ils ne s'attaquent à ma femme, mais les soldats romains leur font peur. Mais les injures, ça elle connait.*

*Ce jour-là, j'étais avec lui à l'octroi. Pas loin de nous, il y avait cet homme de Dieu, celui qui a guéri un lépreux il y a peu, et un paralytique il y a quelques jours, et qui n'est pas en odeur de sainteté parmi ceux que j'appelle les bien-pensants, je veux dire les pharisiens et les scribes. Je crois qu'ils ont peur de lui, peur de ses miracles, peur de tous ces gens qui le cherchent pour se faire guérir et peur de son assurance et de son autorité. Il s'est approché du petit bureau de Matthieu (je sais que tout le monde l'appelle Lévi, "qui accompagne", mais moi je préfère Matthieu, don de Dieu).*

*Et voilà, que Jésus, c'est son nom, Jésus de Nazareth, s'arrête juste devant nous. Il regarde en direction de Lévi, il le regarde. Et il lui dit de le suivre. Alors là, je n'en suis pas revenu. Mon collègue s'est levé, il a tout laissé en plan, l'argent, les reçus, et il l'a suivi. Mais moi ce que j'ai vu, c'est que son visage qui d'habitude était renfrogné, était tout lisse, heureux. Je ne l'avais vu comme ça.*

*Ce qui s'est passé ensuite je ne sais pas, mais je l'enviais un peu. Et puis il est revenu chez lui, et il a offert un repas en l'honneur de Jésus et il nous a tous invités, nous ses collègues, nous ses amis. Et il y a plein d'autres gens qui se sont invités, parce qu'ils voulaient voir Jésus. Et ces autres gens, eh bien ce sont des gens de tous bords, mais pour moi ce sont des gens de bonne volonté qui ont bien du mal à joindre les deux bouts.*

*Jésus était là, avec ceux qui sont toujours avec lui. Et puis, dans la rue, il y avait un petit groupe de scribes et de pharisiens. Je suis sûr qu'ils devaient chercher comment coincer le maître. Ils ont envoyé l'un des leurs demander aux disciples pourquoi leur maître mangeait avec des publicains et des pécheurs. Car c'est sûr que pour eux, voilà ce que nous sommes, un ramassis de gens atteints de la lèpre et qu'il ne faut ni toucher, ni regarder.*

*Et là, c'est lui qui a pris la parole. Il est sorti, il a quitté le repas, il les a bien regardés, et il leur a dit que ce ne sont pas les gens en bonne santé qui ont besoin de médecin, mais les malades. Et moi je me disais en moi-même, bravo Jésus, tu leur as damé le pion. Et c'est bien vrai: un médecin, que ce soit un publicain ou un pharisien qui est malade, il ne se pose pas de questions, il va pour guérir.*

*Sauf qu'eux, jamais ils ne reconnaîtront qu'ils ont besoin d'un médecin. Et il a ajouté qu'il n'était pas venu appeler des justes, mais des pécheurs, pour qu'ils se convertissent. Se convertir, ça c'est le maître mot, et il a fait écho en moi ce mot. Et aujourd'hui je sais que j'ai besoin de changer, besoin de me convertir ou plutôt d'être converti par lui, d'être converti par sa présence, converti par son regard, converti par tout lui. Je vais garder mon métier, je ferai comme Jean le Baptiste l'avait déjà demandé, c'est-à-dire que ne pas demander plus que ce qui est dû. Mais aussi, je regarderai ceux qui viennent payer, non pas comme des machines à payer, mais comme des frères. Je crois que la conversion pour moi, c'est juste cela.*

*Lévi, lui, il a vraiment tout abandonné et il est parti sur les routes. Peut-être qu'un jour il reviendra et nous racontera tout ce qu'il aura vu et entendu.*

# Lc 6, 6-11 La guérison de l'homme à la main "desséchée". 2020

On trouve le même récit chez Marc (Mc 3,1-5) et chez Matthieu (Mt 12,9), mais à des endroits différents. Chez Luc cet épisode, qui se trouve au début de la vie publique, suit celui des épis, non pas "arrachés" mais "froissés", montre clairement le dialogue de sourds qui s'installe entre Jésus et les pharisiens. Cette guérison est ici suivie par la création du collège des apôtres.

Chez Marc, ce texte est aussi suivi de l'appel des Douze, et c'est chez lui que l'on trouve ce commentaire sur le regard que Jésus porte sur ceux qui veulent lui faire du mal: "un regard de colère, navré de l'endurcissement de leur cœur"

J'avais écrit un billet sur ce texte: https://giboulee.blogspot.com/2018/01/etends-ta-main-mc-35.html.

Dans le récit de Matthieu, au chapitre 12, on arrive à ce tournant où les pharisiens discréditent Jésus et parlant d'une alliance avec le Mauvais, ce qui fera réagir Jésus avec beaucoup de vigueur.
Ayant travaillé avec des personnes I.M.C., "infirmes moteurs cérébraux", que ce handicap soit lié à des séquelles de naissance ou à des séquelles d'accidents cardio-vasculaires (AVC), je peux dire que lorsque le membre supérieur est lésé, la main prend une position anormale, légèrement recroquevillée sur elle-même; qu'arriver à détendre est très difficile. C'est une main raide, qui ne se laisse pas faire, une main morte, une main qui a perdu toute vigueur, une main desséchée, un peu comme une feuille morte.

Cette main, bien souvent il faut la cacher, d'autant qu'elle n'est pas ou peu fonctionnelle. Une jeune fille dont je me suis occupée un certain temps disait de cette main, qu'elle refusait de montrer, qu'elle était "pourrite"; cette main, elle la cachait dans la manche de son pull-over, hiver comme été. Et je me suis rendue compte qu'elle-même se voyait comme cette vilaine main, cette main pas belle: bonne à jeter aux ordures!

Alors, quand j'entends lire cette péricope, c'est d'abord à cela que je pense: vivre avec une main toute "pourrite".

Lorsque Jésus demande à cet homme de se lever, d'aller au milieu de l'assemblée, j'ai toujours pensé que Jésus lui demandait quelque chose de difficile - devenir le centre des regards, être regardé - mais aussi qu'il le sortait de son statut d'infirme, statut qui à l'époque était souvent un statut de pécheur. Le verbe utilisé dans la traduction AELF, "il se dressa", montre bien me semble-t-il ce qui se passe pour cet homme, qui n'a peut-être pas demandé à venir là, mais qui est censé servir de piège pour Jésus, donc être un instrument de mort; et qui en se dressant, un peu comme un étendard, se sent vivant.

C'est cela que j'ai voulu mettre en évidence en laissant parler cet homme.

On peut aussi faire un lien avec la vision des ossements desséchés qui reprennent vie (Ez 37), car il en va de même pour cet homme, qui reprend vie, même s'il n'y a pas de paroles de guérison explicitement prononcées. Les mots "Étends ta main", (montre ta main à tous), montre alors la puissance de vie qui est en Jésus. La main devient vivante grâce à la présence de celui est rempli de la force de l'Esprit.


L'homme infirme raconte

*En général, moi je ne vais pas à la synagogue pour le shabbat. Depuis qui j'ai eu cette crise qui a pris ma main, et un peu aussi tout mon côté droit, je n'aime pas me montrer.*

*Ma main, je la cache et moi aussi je me cache, parce que je sais bien ce qu'ils disent de moi, les bien-pensants; que j'ai fait quelque chose de mal et que le Très-Haut m'a puni. Sans ma main droite, je ne peux pas faire grand-chose! Je suis dépendant des uns et des autres. Certains me font l'aumône, alors je n'ai pas pu refuser quand ils m'ont dit de venir pour prier et écouter les textes.*

*Ce qu'ils ne m'avaient pas dit, c'est que Jésus, le nouveau prophète, serait là. Alors j'ai compris qu'ils se servaient de moi pour lui tendre un piège. On n'a pas le droit de travailler ce -jour-là, et pour eux la guérison est un travail. Je pense que cette manière de voir est fausse, mais eux, ils sont comme ça. Du coup je me suis installé tout au fond, comme pour disparaître, ne pas être vu.*

*Et Jésus était là. Il enseignait. Il parlait justement du livre de Daniel, la vision des ossements desséchés. Et il disait que le souffle de l'Esprit était là aujourd'hui, et qu'il pouvait donner vie à ce qui semblait mort. Quand il a eu fini de parler, son regard a balayé l'assemblée, et s'est arrêté sur moi. Il m'a demandé de me lever, et me mettre au milieu. Alors, malgré ma main bien cachée dans la manche de mon manteau, il a dû la voir, ma main desséchée. Et quelque chose en moi s'est mis à espérer.*

*Et moi, qui était tassé sur moi-même, je me suis redressé, je me suis dressé fièrement (et il y avait longtemps que ça ne m'était pas arrivé), et je suis allé auprès de lui au centre.*

*Je me demandais ce qu'il allait dire, me dire, je pensais à quelque chose comme" ta main est guérie".*

*Mais il ne s'est pas adressé à moi, il a demandé aux autres si c'était permis de faire le bien le jour du sabbat, de sauver une vie. Personne n'a répondu; moi j'avais envie de hurler: "Tu as le droit de me guérir, tu as le droit de me sauver, parce que moi je ne vis plus depuis que ma main est morte!"*

*Le silence était pesant. Je sentais bien qu'il était malheureux, qu'il aurait voulu que ceux qui se disent des pratiquants sortent de leur paralysie mentale. Il s'est tourné alors vers moi, et m'a dit de tendre ma main. Mon Dieu, qu'est-ce que j'aimerais la tendre cette main! J'ai déplié mon bras, et ma main a repris sa souplesse, elle est redevenue vivante, elle est devenue légère, elle est devenue chaude, elle était ma main.*

*Il n'a rien ajouté. Il est parti sans se retourner, sans me regarder.*


## Lc 9, 28-36. La transfiguration.2022

J'ai commenté ce texte, ou du moins j'ai laissé Pierre raconter cet épisode à partir de l'évangile de Marc, qui était proposé en lecture continue avant le temps du Carême. https://giboulee.blogspot.com/2022/02/marc-9-2-13-la-transfiguration.html
Ce deuxième dimanche de Carême, c'est l'évangile de Luc qui nous est proposé.

Or au cours de la semaine passée, j'ai passé une journée au Prieuré St Benoît autour de la lectio divina. Et c'était ce texte qu'on nous a proposé pour nous "laisser caresser par lui", mais aussi pour le "mâcher, le remâcher". Il se trouve que j'ai utilisé ma Bible de Jérusalem, et la traduction proposée à pour moi, été beaucoup plus "riche" que la traduction d'AELF.

C'est pour cela, que je propose une comparaison des deux textes, mais l'expérience faite ce jour-là, montre que parfois prendre une autre traduction peut être très riche, voire même permettre de renouveler la prière.

| LUC AELF | LUC B.J. |
| --- | --- |

| | |
|---|---|
| *28b En **ce temps-là**, Jésus prit avec lui Pierre, Jean et Jacques, et il gravit la montagne pour prier* | *28 **"Or il advint**, environ huit jours après ces paroles que, )prenant avec lui Pierre, jean et Jacques, il gravit la montagne pour prier* |
| *29 **Pendant** qu'il priait, l'aspect de son visage devint autre, et son vêtement devint d'une blancheur éblouissante.*<br>*30 Voici que deux hommes s'entretenaient avec lui : c'étaient Moïse et Élie,*<br>*31 apparus dans la gloire. Ils parlaient de **son départ** qui allait s'accomplir à **Jérusalem*** | *29. **Et il advint** comme il priait que l'aspect de son visage devint autre, et son vêtement d'une blancheur fulgurante.*<br>*30 Et voici que deux hommes s'entretenaient avec lui, c'était Moïse et Elie,*<br>*31 qui, apparus **en gloire**, parlaient **de son départ**, qu'il allait accomplir à **Jérusalem*** |
| *32 Pierre et ses compagnons étaient accablés de sommeil ; mais, **restant éveillés**, ils virent la gloire de Jésus, et les deux hommes à ses côtés.* | *32 Pierre et ses compagnons étaient accablés de sommeil. **S'étant bien réveillés**, ils virent sa gloire et les deux hommes qui se tenaient avec lui* |
| *33 Ces derniers **s'éloignaient** de lui,*<br><br>*quand Pierre dit à Jésus : « Maître, **il est bon** que nous soyons ici ! **Faisons** trois tentes : une pour toi, une pour Moïse, et une pour Élie. »*<br><br>*Il ne savait pas ce qu'il disait* | *33 **Et il advint** comme **ils se séparaient de lui**,*<br><br>*que Pierre dit à Jésus: "maître **il est heureux** que nous soyons ici, **faisons** donc trois tentes, une pour toi, une pour Moïse, une pour Elie:*<br><br>*il ne savait ce qu'il disait* |
| *34 Pierre n'avait pas fini de parler, qu'une nuée survint et les couvrit de son ombre ; ils furent saisis **de frayeur lorsqu'ils y pénétrèrent.***<br><br>*35 Et, de la nuée, une voix **se fit entendre** : « Celui-ci est mon Fils, celui que **j'ai choisi** : écoutez-le.* | *34 Et pendant qu'il disait cela, survint une nuée qui les prenait sous son ombre et ils furent saisis **de peur en entrant dans la nuée***<br><br>*35 Et une voix **partit** de la nuée, qui disait, "celui -ci est mon fils, **l'Elu**, écoutez le. "* |
| *36 Et pendant que la voix se **faisait entendre**, il n'y avait plus que Jésus, seul Les disciples gardèrent le **silence** et, en ces jours-là, ils ne rapportèrent à personne rien de ce qu'ils avaient vu.* | *36 Et quand la voix **eut retenti**, Jésus se trouva seul Pour eux ils gardèrent **le silence** et ne rapportèrent rien à personne, ces jours là, de ce qu'ils avaient vu* |

Ce qui a été utile pour moi, c'est d'emblée la scansion du texte: **il advint**. C'est nettement mieux que le "en ce temps là", dont AELF semble friande. Et cela m'a aidée à bien structurer le texte.

J'ai aussi été sensible au verbe **"se séparer"** et non pas s'éloigner, car d'emblée ce verbe, je l'associe à l'ascension de Jésus en Luc 24,51;" il se sépara d'eux et fut emporté vers le ciel". Cela me permet, mais je reconnais que c'est personnel de mieux comprendre la réaction de Pierre, qui voudrait en quelque sorte interrompre ce mouvement des deux hommes Moïse et Elie, pour que cette ouverture ne se referme pas.

Enfin il y a eu "la voix **qui sortit** de la nuée", et non pas une voix qui **se fait entendre**, car cette expression renvoie immédiatement à ce qui se passe au Sinaï au chapitre 19, 9 "Je vais venir à toi dans l'épaisseur de la nuée, pour que le peuple qui m'entendra te parler mette sa foi en toi pour toujours" et là, j'imagine bien une voix qui sort de la nuée, cette voix qui comme le dit le psaume inquiète les biches en travail Ps 29,9.

En prenant le temps de lire et de relire ce texte, je me suis rendue compte que la nomination des trois disciples, en mettant Jean avant Jacques ne correspondait pas à ce que j'ai l'habitude d'entendre, et pourtant c'est de la même manière que ces trois-là sont appelés pour rester avec Jésus lorsqu'il entre dans la maison de Jaïre. Ce sont les mêmes trois, qui n'arriveront pas à veiller avec Jésus au jardin des oliviers.

Cela m'a dans un premier temps conduite à un petit travail d'analyse, des différents tableaux qui nous sont donnés, puis dans un deuxième temps, à laisser Pierre, raconter, mais raconter cet épisode certes partagé avec les fils de Zébédée comme quelque chose qui a dépassé son entendement, car ce sommeil profond, cette torpeur (qui évoque à la fois celle où fut plongé Adam lors de la création de la femme, et celle d'Abram lors de l'alliance), est peut-être un sommeil qui protège d'une vision qui ne serait possible pour l'humain.

Ce que je veux dire, c'est que depuis toujours j'ai du mal à comprendre ce sommeil qui les alourdit et le fait qu'à un moment, ils soient bien éveillés, mais que cet éveil arrive en quelque sorte après que les deux hommes aient fini de parler du départ de Jésus, (et moi j'aimerai dire sa mort), au moment où quelque chose se termine.

Je pense qu'un certain sommeil est "tombé sur eux", car voir la Gloire un être humain ne le peut pas. Mais il fallait quand même qu'ils puissent, eux qui allaient assister à la mort et à résurrection de Jésus, eux qui l'avaient reconnu comme le Messie, le Fils de Dieu, ne pas oublier que malgré les apparences, leur maître est bien le Seigneur et que la Gloire du Père est en Lui et sur Lui, même si les yeux ne peuvent pas la supporter.

Les différents tableaux.

**Premier tableau: Versets 28-29: Centration sur Jésus. "son visage devint autre";**

*28b En ce temps-là, Jésus prit avec lui Pierre, Jean et Jacques, et il gravit la montagne pour prier.*
*29 Pendant qu'il priait, l'aspect de son visage devint autre, et son vêtement devint d'une blancheur éblouissante*

Jésus prend avec lui, Pierre, Jean et Jacques (et non pas Jacques et Jean), il gravit la montagne et pendant qu'il prie, quelque chose se passe. Jésus est comme rempli par la Gloire: son visage change (ce qui évoque celui de Moïse quand il redescend avec les nouvelles tables de Loi, Ex 34, 29: *"Lorsque Moïse descendit de la montagne du Sinaï, ayant en mains les deux tables du Témoignage, il ne savait pas que son visage rayonnait de lumière depuis qu'il avait parlé avec le Seigneur."*

A propos de ce vêtement qui devient d'une blancheur éblouissante ou fulgurante, (qui fait presque mal aux yeux), je me disais en priant ce texte ce dimanche matin, que Jésus me faisait penser à "Peau d'Âne" ou une luciole en plein jour. Je m'explique. Une luciole dans la lumière, c'est tout gris, tout moche. Si on la met dans l'obscurité, elle éclaire. Peau d'Âne, la princesse qui fuit son père, se cache sous cette peau et sous une apparence de crasse, mais la nuit, elle apparaît dans sa beauté. Et Jésus c'est pareil. Il prie, ses disciples semblent endormis, et quand il prie, alors il se montre, 'lui qui Lumière né de la Lumière', tel qu'il est, mais tel que nous, avec nos pauvres yeux nous ne le voyons pas. Et le vêtement lui-même est comme atteint, par la lumière intérieure qui émane de lui, ce vêtement que tout le monde essaye de toucher pour être guéri. Là c'est comme si Jésus pouvait se révéler enfin, mais peut-être que le sommeil profond (la torpeur) est nécessaire. S'ils avaient vu cela d'un coup, ils auraient peut-être été pris de peur. Là c'est un état différent.

**Deuxième tableau: Verset 29-31.Moïse et Elie dans la Gloire parlent avec Jésus.**

*30 Voici que deux hommes s'entretenaient avec lui : c'étaient Moïse et Élie,*
*31 apparus dans la gloire. Ils parlaient de **son départ** qui allait s'accomplir à **Jérusalem.***

Apparaissent Moïse et Elie, apparus en gloire, qui parlent avec lui de son départ qui devait s'accomplir à Jérusalem. Pour le moment on est encore en Galilée, mais on saura par la suite que les disciples, sont accablés de sommeil. Ce qui est rapporté là, c'est l'œuvre du narrateur. Mais il est bien possible que cette vision de la Gloire, n'aurait pas été supportable.

Dire "**qui allait s'accomplir**" ou dire "**qu'il allait accomplir**" ce n'est pas la même chose. On passe du passif à l'actif. Jésus choisit de faire ce départ, de la ville de Jérusalem?

**Troisième tableau: versets 32-33.les disciples voient les deux hommes et Pierre propose de bâtir des tentes.**

*32 Pierre et ses compagnons étaient **accablés** de sommeil ; mais, restant éveillés, ils virent la gloire de Jésus, et les deux hommes à ses côtés.*

Dormaient-ils ou ne dormaient-ils pas? Quand on est accablé de sommeil, comment résister? Plus tard, à Gethsémani, ils ne résisteront et Jésus leur en fera le reproche. Pas facile d'être accablé de sommeil et rester éveillé (AELF), ou de sortir complétement du sommeil (BJ). Mais là je ne peux trancher.

S'ils dorment on peut penser que c'est une vision, comme celle rapportée dans la Genèse, mais dans laquelle, il y a une alternance de sommeil et de veille. Abram ne sacrifie pas en rêve les animaux demandés par le Seigneur, mais c'est dans la torpeur qu'il voit la présence, et qu'il entend la voix du Seigneur.

*33 Ces derniers **s'éloignaient** de lui, quand Pierre dit à Jésus : « Maître, il est bon que nous soyons ici ! Faisons **trois tentes** : une pour toi, une pour Moïse, et une pour Élie. » Il ne savait pas ce qu'il disait.*

Pour eux, c'est quelque chose de fugace s'ils viennent de s'éveiller vraiment, de sortir de leur torpeur, un peu comme Adam quand il voit sa compagne. Et on peut comprendre la réaction de Pierre, que cet instant ne cesse pas, qu'ils demeurent sur cette montagne. Mais cela a quelque chose d'un peu puéril si on veut.

Alors j'ai toujours pensé que ce sommeil, cette torpeur était nécessaire, pour qu'ils ne soient pas trop troublés par ce qu'ils voient. Voir la Gloire ce n'est pas rien. Moïse se voile le visage lors de la rencontre à L'Horeb. Et l'important c'est qu'ils aient la même vision tous les trois.

Et quand ils en sortent de cette torpeur, ils voient les deux hommes qui s'éloignent, ce qui pour moi est très différent de "se séparer, qui évoque ce qui se passera lors de l'Ascension, à Béthanie:  Jésus se sépara d'eux. Lc 24, 51

Ce qu'ils voient, ce qu'ils perçoivent, cette séparation, pousse Pierre à désirer que cet instant soit retardé, que cet instant perdure, alors il propose de faire trois tentes… Tente de la rencontre, tentes de la Présence. Mais la Gloire de Dieu, peut-on la mettre sous tente?

**Quatrième tableau:  versets 34-35. La théophanie: la nuée et la voix: voir et entendre.**

*34 Pierre n'avait pas fini de parler, qu'une nuée survint et les couvrit de son ombre ; ils furent saisis de frayeur lorsqu'ils y pénétrèrent.*

Et là, on passe de la lumière, du hors temps, au nuage sombre qui tombe sur eux et les avale en quelque sorte. Et c'est la voix qui "sort "(je préfère cette traduction) de la nuée, la voix de Dieu sur la montagne du Sinaï.

*35 Et, de la nuée, une **voix se fit entendre** : « Celui-ci est mon Fils, celui que **j'ai choisi** : écoutez-le ! »*

Cette voix qui se fait entendre, cette voix qui sort de la Nuée, et qui doit surprendre les disciples de Jésus, elle affirme que ce dernier est le choisi, l'Élu, et que désormais c'est lui qu'il faut écouter.

Peut-être que cela permet d'aller au-delà Dt 6, 4 "Ecoute Israël le Seigneur notre Dieu est l'Unique". Désormais, c'est par lui que le très haut se fait entendre et s'adresse à son peuple. Et si, comme on le dit, écouter et obéir c'est le même mot (du moins en hébreu), c'est quand un ordre très important qui est donné là.

**Cinquième tableau:** **retour à la normale** Versets 36. Le silence des disciples qui ne sera rompu qu'après la résurrection.

*36 Et pendant que la voix se faisait entendre, il n'y avait plus que Jésus, seul. Les disciples gardèrent le silence et, en **ces jours-là**, ils ne rapportèrent à personne rien de ce qu'ils avaient vu.*

Ce silence on peut le comprendre. Ils ont été confrontés à "l'indiscible". Ce sera bien après la résurrection que Pierre fera mention de cette vision: 2P *17 Car il a reçu de Dieu le Père l'honneur et la gloire quand, depuis la Gloire magnifique, lui parvint une voix qui disait : Celui-ci est mon Fils, mon bien-aimé ; en lui j'ai toute ma joie.*
*18 Cette voix venant du ciel, nous l'avons nous-mêmes entendue quand nous étions avec lui sur la montagne sainte.*

Bien sûr la finale est ici différente de celle de Marc, qui comporte un questionnement sur Elie, mais qui montre aussi qu'on ne pose pas de questions à Jésus sur ce qui vient d'être vu. C'est plus facile de s'accrocher au connu quand on vient de vivre une expérience pour le moins déstabilisante;

Pierre raconte.

*Peut-être que vous ne me croirez pas, mais ce que j'ai vu ce jour, ce que nous avons vu tous les trois, nous l'avons réellement vu. Était-ce une vision? Est-ce que nous dormions? C'est tellement difficile à dire, mais ce que nous avons vu, nous n'avons vu. Et pourtant quand j'ai voulu leur construire des tentes, c'était bien moi qui parlais, bien moi qui étais prêt à agir.*

*Ce jour-là, il nous avait pris avec lui, nous les trois, qui avions vu ce qui s'était passé lors de la mort de la fille de Jaïre, nous, c'est-à-dire, moi, Simon, Jean et Jacques. Jésus a trouvé un , sommes affalés sur le sol pour récupérer et que nous nous sommes endormis. Mais je sais que je sentais le poids de mon corps, mes paupières qui se fermaient, mais je ne dormais pas vraiment. Et tout à coup, j'ai perçu ou mes yeux ont perçu une lumière très vive. Cela émanait de mon maître. Son visage est devenu lumière son vêtement est devenu tellement blanc que j'ai refermé les yeux. Et ce que j'ai vu ensuite, je n'arrivais pas à y croire. Là sur la montagne, il y avait Moïse et Elie, tous les deux nimbés d'une lumière à la fois douce et brûlante, la Gloire du Très Haut, et ils parlaient avec Jésus de son départ qui allait se faire à Jérusalem. Que je n'ai pas aimé entendre cela. Certes il nous en avait parlé de ce qui risquait de lui arriver, mais moi, je ne voulais pas en entendre parler de ce futur terrible.*

*Puis, je me suis rendu compte que les deux êtres qui étaient avec lui, étaient en train de séparer de lui. Je dis se séparer parce qu'à un moment, j'avais l'impression que tous les trois, ils faisaient un. Alors je ne sais ce qui s'est passé en moi, cela m'a tiré vraiment de ma torpeur, de les voir s'élever vers le ciel. J'ai proposé de leur faire trois tentes, nous étions trois, donc ce serait facile de ramasser des branchages, mais je savais bien que ça ne servirait à rien, sauf que moi, j'avais tellement envie que cela dure une éternité.*

*Je n'avais pas fini de parler qu'un énorme nuage, venue de je ne sais où, est tombé sur nous. Moi et mes amis, nous étions terrorisés, nous sentions le poids de cette nuée sur nous, et une voix est sortie de cette nuée, je dirais qu'elle est partie comme une flèche lancée par un archet, et elle nous a parlé. Elle nous a dit: "celui-ci est mon élu, écoutez- le". Nous étions terrorisés, nous aurions voulu entrer sous terre. Là j'ai compris ce qu'avaient pu ressentir nos ancêtres lorsque sur la montagne du Sinaï le très haut s'était adressé à Moïse.*

*Puis ce fut le silence, un grand silence. J'ai ouvert les yeux, parce que malgré moi, je les avais fermés et il n'y avait plus personne, seulement nous trois et Jésus.*

*Nous avons entamé la descente sans dire un mot. Si mes amis n'avaient pas vu la même chose que moi, je crois que j'aurais douté, mais tous les trois nous avions vu la même chose, entendu les mêmes mots. Cela ,nous l'avons gardé en nous, et nous avons rejoints les autres disciples, mais nous étions vraiment secoués. Ressusciter une jeune fille, cela nous avait déjà montré qui il était, mais là, ce que nous avions vu, cette expérience que nous venions de vivre, je crois que c'était comme s'il nous prévenait qu'un jour nous le verrions à nouveau ainsi, mais après qu'il ait été livré aux anciens, mis à mort.*

## Lc 10, 38-42. Jésus est reçu dans la maison de Marthe et Marie. 2021

C'est un texte que nous connaissons presque par cœur, avec l'éternel "Marie a choisi la meilleure part, elle ne lui sera pas enlevée" ce qui n'est pas conforme paraît-il au grec qui ne met pas de comparatif, mais qui dit "la bonne part" et pour moi, le bon renvoie toujours au bon de la Genèse: et Dieu vit que cela était bon (tov). Alors Marie a choisi ce bon, et cela c'est pour elle, et personne ne le lui enlèvera.

Des textes à la première personne sur ce texte, il y en a déjà eu beaucoup. Le premier de mes textes qui reprend cet évangile, est né à la suite d'un partage de la parole sur ce texte, à la chapelle des Vernettes, qui est une chapelle de montagne en Savoie, là où nous passons nos vacances. J'avais ressenti une forte envie de prendre la défense de Marthe, que l'on prend pour une petite ménagère" ronchon". Et je crois que mon envie d'écrire pour donner un autre regard est née cet été -là: https://giboulee.blogspot.com/search?q=Marthe+et+MArie

Mais pour arriver à faire parler un personnage, il y a d'abord le travail sur les versets, c'est ce qui va suivre, et mon désir d'en rester au texte de Luc, sans faire de références à celui de Jean (autre texte proposé par la liturgie) mais où les deux sœurs ont des attitudes très proches de ce qu'on lit dans l'épisode lucanien. Marthe envoie prévenir Jésus que Lazare est malade, elle prend l'initiative, comme elle prend l'initiative de recevoir Jésus, comme il ne vient pas, elle le guette car elle sait bien qu'il va venir, et dès qu'elle le voit apparaître (un peu comme la mère de Tobie qui attend le retour de son fils) elle se précipite vers lui avec la phrase: "si tu avais été là, mon frère ne serait pas mort." Marie, elle est restée entourée d'amis qui partagent sa tristesse dans la maison, elle est assise là et c'est Marthe qui provoquera son mouvement: "le Seigneur te demande". Mais arrêtons là la comparaison pour revenir au texte de Luc.

Travail sur le texte.

Avant tout, j'aime bien regarder ce qui s'est passé avant dans ce chapitre 10. Et ce chapitre c'est l'envoi des disciples, et surtout quelques versets plus haut   Lc 10; 21-22: c'est "Jésus tressaillant de joie soir l'action de l'Esprit qui dit *je te bénis Père, Seigneur du ciel et de la terre, je proclame ta louange, ce que tu as caché aux sages et au savants, tu l'as révélé aux tout-petits; oui Père, car tel est ton bon plaisir. Tout m'a été remis par mon Père. Personne ne connaît le Fils sinon le Père, et personne ne connaît le Père sinon le Fils et celui à qui il veut le révéler'.*

Et peut-être que ce qui se passe entre ces deux femmes, ou pour ces deux femmes, c'est quelque chose de cet ordre.

*38 Chemin faisant, Jésus entra dans un village. Une femme nommée Marthe le reçut.39 Elle avait une sœur appelée Marie qui, s'étant assise aux pieds du Seigneur, écoutait sa parole*

Une femme le reçut, temps au passé simple en Français. Un peu comme si dans ce village, elle est la seule à ouvrir sa porte. Un peu si elle était comme la bien-aimée qui ouvre la porte à son aimé. Marthe le reçoit, mais sans doute, Jésus n'est pas seul . Mais si on se fie à l'envoie des douze, il a fait reposer sa Paix sur cette maison. Donc elle le reçoit, et ensuite Jésus s'installe, et comme il le fait souvent, on peut imaginer qu'il se met à enseigner.

Là, on apprend qu'il y a une sœur, qu'on imagine plus jeune, et qui décide de se mettre avec les autres, avec les disciples, aux pieds du Seigneur, que l'on imagine assise, et qui est captivée. Peut-être est-elle arrivée quand Jésus commençait à parler, et que là, elle s'est arrêtée et a décidée qu'elle voulait écouter, entendre, être remplie par la parole. Et Marthe qui comptait sur sa sœur, se retrouve seule à tout gérer.

*40 Quant à Marthe, elle était accaparée par les multiples occupations du service. Elle intervint et dit : « Seigneur, cela ne te fait rien que ma sœur m'ait laissé faire seule le service ? Dis-lui donc de m'aider. »*

Je pense que quand Jésus parle, ça dure un certain temps, et pendant ce temps-là, Marthe s'active seule, et à un moment elle n'en peut plus, elle explose et au lieu de s'adresser à sa sœur, c'est à Jésus qu'elle parle. Le "cela ne te fait rien" peut faire écho à ce qui se passe lors de la tempête apaisée: Seigneur cela ne te fait rien que nous périssions". Est-ce que Marthe est en train de dire qu'elle a besoin d'aide, qu'il y a trop, qu'elle n'en peut plus? On peut aussi entendre cela, et ne pas la juger. Et le "dis-lui donc de m'aider" c'est pour moi, "dis à mon frère de partager l'héritage avec moi. Sauf que Jésus quand on l'interpelle comme cela, je ne sais pas s'il aime tellement.

*41 Le Seigneur lui répondit : « Marthe, Marthe, tu te donnes du souci et tu t'agites pour bien des choses. 42 Une seule est nécessaire. Marie a choisi la meilleure part, elle ne lui sera pas enlevée. »*

Et c'est la finale. Jésus s'adresse à Marthe; il reconnaît qu'elle se donne du souci pour que tout soit bien, qu'elle part un peu dans tous les sens, et qu'elle s'est laissée un peu dépassé par les évènements, par beaucoup de choses comme il dit. Et ce qu'il dit, c'est qu'à certains moments il faut faire le tri. Si comme le dit le Père Quesnel, il n'y a pas de comparaison, que Jésus dit; Marie a choisi la bonne part, et qu'elle peut à ce moment-là, continuer à écouter, et donc Marthe à œuvrer.

Un approfondissement.

Marthe a ouvert sa porte, elle a donné le meilleur d'elle-même, et il y a parfois un autre meilleur, apprendre à discerner aussi quand il faut s'arrêter.

Bien que ce 29 Juillet soit la triple fête de 'Lazare, Marthe et Marie', je voudrais rester au texte tel qu'il est donné par Luc, un village, un simple village, qui n'est pas situé, même si nous pensons que c'est à Béthanie, ce village proche de Jérusalem, et ces deux femmes. Je dois dire que si on rajoute Lazare, cela fait quand même, surtout à cette époque-là, une famille étonnante, trois adultes célibataires, sans descendance. C'est un peu étrange. Alors je pense que rester au texte de Luc, tel qu'il est donné, est peut-être plus facile pour ne pas partir dans des délires psychanalytiques.

Il y a donc Jésus qui arrive dans un village, et peut-être que les disciples ont préparé sa venue. Si c'est le cas, il y a donc Jésus qui arrive, et cette femme, Marthe qui a entendu parler de lui, et qui le reçoit. Recevoir cet homme, ouvrir sa porte, ouvrir la maison. Elle le reçoit. Il entre, seul ou pas, je peux imaginer qu'il donne la Paix à cette maison, et quelle Paix, puisque c'est la sienne, et cette Paix s'en vient reposer sur cette maison et sur ceux qui y vivent.

Et dans cette maison, Jésus se sent bien, et il fait peut-être comme chez lui (phrase banale: faites comme chez vous),  et il s'installe et se met à enseigner, car enseigner, c'est ce qu'il aime, témoigner de l'amour de son Père.

Et c'est là que Marie, entre en scène. Peut-être que lorsque Jésus est entré, elle pensait aider sa sœur à préparer le repas, mais là, quand elle le voit, quand elle l'entend, et peut-être qu'il lève la tête pour regarder qui arrive, et que ce regard-là, l'atteint en profondeur, alors elle prend place avec les autres, parce qu'il y a des autres, elle s'assied, elle écoute, elle écoute, et le temps passe sans qu'elle s'en rende compte.

Seulement pendant ce temps, Marthe qui comptait sur sa sœur, se trouve à ne plus trop savoir où donner de la tête; le souci de la perfection c'est terrible. Et une colère monte en elle, et la paix reçue quelque temps avant s'en va.

Elle décide alors de chercher sa sœur, (je me suis toujours demandée s'il n'y avait pas des serviteurs dans cette maison qui auraient pu faire, mais là encore la perfection c'est terrible, ne pas faire confiance. Et ce n'est pas sa sœur qu'elle interpelle, mais Jésus, et elle fait appel à son bon cœur (enfin tout est relatif). Il faut dire que la phrase est curieuse: "cela ne te fait donc rien (toi qui es si bon, qui guéris tout le monde) de me laisser faire tout le travail? Dis-lui donc de m'aider".

Or cette injonction évoque quelque chose qui se passe plus tard (Lc 12, 13-20), cet homme qui interpelle Jésus en lui disant: 'Maître, dis à mon frère de partager avec moi l'héritage que notre Père nous a laissé' à quoi Jésus répond, qui suis-je pour m'ériger en juge. Et il me semble que lorsqu'on demande à Jésus de donner un ordre à la place d'une autre personne, il ne le fait pas, et il refuse catégoriquement.

Et là c'est ce qui se passe. Il renvoie Marthe non pas dans ses fourneaux, mais à regarder ce qui se passe vraiment en elle. Et pour cela, il est très fort Jésus, je dirai même le plus fort!

Oui, elle a du souci, comme toute maîtresse femme et elle s'agite pour bien de choses (et là peut-être y a-t-il un reproche sur le trop, sur tu te crées de obligations qui n'ont pas de sens, tu veux trop bien faire, tu es sans mesure et du coup, comme on dit le mieux est l'ennemi du bien, et tu te noies dans ce que tu fais, dans ces choses qui tu as choisies de faire, mais qui ne sont pas utiles. Et c'est la tempête en toi, mais cette tempête tu l'as créée.

Et surtout il ne demande pas à Marie, d'aider sa sœur, elle est là, elle écoute, elle se nourrit, et c'est bon et un jour elle nourrira les autres; sa part est bonne (et non pas la meilleure) et c'est sa part en ce jour -à.

Alors j'ai laissé Marie raconter, mais je ne l'appelle pas Marie de Béthanie, parce que ce n'est pas dit dans le texte, puisque Luc ne dit pas où ça se passe. Elle est juste la sœur de Marthe.



*Cela fait plusieurs semaines que des amis nous parlent de ce Jésus de Nazareth, ce prophète, détesté par les pharisiens, aimé par les petits, par les pauvres, par les pécheurs, par ceux qui sont si souvent méprisés et nous avons très très envie de le voir, de le recevoir chez nous, de l'écouter. Et voilà que le petit Moshelé toque à la porte pour nous dire que Jésus arrive avec quelques hommes. Aussitôt, ma sœur va à sa rencontre, pour le recevoir chez nous, un peu comme si elle voulait être la première pour l'accueillir, mais en même temps, elle me fait un peu penser à la femme du cantique des cantiques qui cherche son bien-aimé. Ne me demander pas pourquoi, mais je crois que ma sœur, sans le connaître, elle l'aime déjà.*

*Et il est entré dans la maison. Il a donné la Paix à notre maison, et cette paix, je l'ai sentie comme un doux oiseau qui se posait sur nous. Naturellement après lui avoir donné de l'eau pour qu'il puisse se rafraichir, il s'est assis pour enseigner; et plein de personnes sont arrivées pour l'écouter; la maison était pleine. Bien sûr, moi j'avais pensé aider ma sœur; seulement après avoir entendu quelques mots, je n'ai eu qu'un désir, rester là en silence, l'écouter, me gorger de sa voix, de sa parole, de tout lui. Et j'ai perdu la notion du temps.*

*Mais d'un coup Marthe est arrivée dans la salle avec son air des mauvais jours. Je pensais qu'elle allait me sermonner devant tout le monde, mais ça a été pire. Elle s'est adressée directement à Jésus, un peu comme s'ils se connaissaient depuis toujours en lui demandant s'il trouvait normal que je ne fasse rien et qu'il devait lui dire de l'aider.*

*Seulement, il m'a regardée et je me suis sentie fondre, comme s'il me disait de ne pas m'inquiéter, que tout allait s'arranger, et il a dit à ma sœur qu'elle s'en faisait du soucis (et ça c'est bien vrai) et qu'elle en faisait des choses, et ça, c'est quand même son problème à ma sœur de vouloir en faire trop pour être la femme parfaite du livre des proverbes. Il a dit que pour cette fois, j'avais choisi la bonne place et que je ne devais pas la perdre, que je pouvais rester là, et que peut-être (mais ça il ne l'a pas dit) qu'elle pouvait en faire moins, parce que lui, ça lui était égal, qu'il n'était pas exigeant et que ce que pouvaient penser les voisins, ce n'était pas son problème.*

*Marthe est ressortie, un peu mortifiée je crois, sans me regarder, mais certains de ceux qui étaient là se sont levés pour l'aider et moi je suis restée à l'écouter parler et j'aurais tant voulu que ce moment soit éternel.*

*Le repas a eu lieu, maintenant il est reparti celui que mon cœur aime. Quand le reverrons-nous?*


## Lc 13, 10-17 La femme courbée. 2021

C'est un texte que j'aime beaucoup, parce que des enfants courbés et redressés par la chirurgie, j'en ai vu. J'en ai vu des complètement tordus. Seulement cela ne se répare pas comme ça, avec une parole et un geste.

Voilà dans cet évangile une autre femme. On a eu la femme qui perdait du sang, la femme pécheresse, et là on a la femme courbée. C'est la femme qui contemple ses pieds, les pieds de ceux qui sont à côté d'elle, mais non leur visage... C'est aussi une femme qui souffre: elle souffre de son handicap mais aussi du regard des autres. Elle est possédée par un esprit mauvais.

Dix-huit ans... La femme qui a des pertes de sang, c'est 12 ans, on peut dire deux fois six et là, trois fois six. Je suppose que le six peut évoquer les jours de la semaine, puisqu'il va en être question dans le texte: six jours pour se faire guérir. Et c'est le septième que la guérison se fait, avec le scandale pour ceux qui croient que le septième jour est consacré au repos, et qui en se focalisant sur cette fausse transgression ne voient pas le "bon" de ce septième jour.

Dans un premier temps, j'ai juste "travaillé" ou laissé travailler ces versets, comme je le fais quotidiennement, puis j'ai eu envie de laisser raconter. Laisser parler la femme, laisser parler Jésus, laisser parler le chef de la synagogue, laisser parler quelqu'un de la foule.

Le texte: Lc 13, 10-17

*10 En ce temps-là, Jésus était en train d'**enseigner** dans une **synagogue**, le jour du **sabbat.***

On a le cadre: une synagogue; ce que fait Jésus: il enseigne; et le jour choisi, celui du sabbat. Ce qui semble tout à fait normal.

*11 Voici qu'il y **avait là** une femme, possédée par un **esprit** qui la rendait infirme depuis **dix-huit ans**; elle était toute courbée et **absolument incapable** de se redresser.*

Dans l'assistance, et cela m'étonne un peu, il y a une femme. A-t-elle été prévenue que Jésus serait là, ce jour là? Espère-t-elle, comme la femme qui perd du sang, un miracle? On ne sait pas. Mais ce qu'on sait, c'est que cela dure depuis dix-huit ans. Quel est le symbolisme de ce nombre? Je pensais à 3 fois 6, avec les six jours de la création. Quelque chose aussi qui dure. Pour la femme qui perdait du sang c'était 12 ans. Trois fois 4, ou deux fois six. Ici, trois fois six. Encore plus long, presque toute une vie. Et Jésus ne fait pas comme s'il ne la voyait pas. Non: il la regarde; et elle ne peut pas le savoir, puisqu'elle ne peut pas se redresser.

*12 Quand Jésus la vit, **il l'interpella** et lui dit : « Femme, te voici délivrée de ton infirmité. »*
*13 Et il lui imposa les mains. À l'instant même elle redevint droite et **rendait gloire à Dieu.***

Et c'est une affirmation... "Femme te voilà délivrée", et le geste, qui évoque aussi la belle-mère de Pierre. Elle ne le sert pas, mais elle rend gloire à Dieu. Elle redevient capable de cela, elle qui avait surement dû être considérée comme une maudite. Il y a le "à l'instant même" qui évoque Marc. Interpeller est un verbe fort: Jésus interpelle la mer... On peut donc penser que c'est un combat entre Jésus et ce qui rend cette femme infirme. Est-ce l'imposition des mains qui est considérée comme un travail? Le "rendre gloire à Dieu" est je crois assez fréquent, voir la guérison du paralytique chez Luc.

*14 Alors le chef de la synagogue, **indigné** de voir Jésus faire une guérison le jour du sabbat, prit la parole et dit à la foule : « Il y a six jours pour travailler; venez donc vous faire guérir **ces jours-là**, et non pas **le jour du sabbat.** »*

Ce qui m'étonne, c'est que le chef est indigné et qu'il ne s'en prend pas à Jésus mais à la foule... Et c'est la foule qui prend la colère. Allez-vous faire guérir (mais par qui?) pendant la semaine, pas le jour du sabbat.

Qui porte la faute? Jésus qui guérit, ou ceux qui viennent non pour l'office, mais pour obtenir une guérison?

*15 Le **Seigneur** lui répliqua : « Hypocrites ! Chacun de vous, le jour du sabbat, ne détache-t-il pas de la mangeoire son bœuf ou son âne pour le mener boire ?*
*16 Alors cette femme, une fille d'Abraham, que **Satan** avait liée voici dix-huit ans, ne fallait-il pas la délivrer de ce **lien** le jour du sabbat ? »*

Sauf que Jésus, comme il le fait toujours, prend la défense de la foule. Il rappelle que le jour du sabbat, on s'occupe de son bétail. Et cette femme, est bien plus qu'une pièce de bétail. Elle appartient à la nation choisie, elle est descendante d'Abraham, alors il fallait la délier (puisque l'alliance c'est aussi cela).

*17 À ces paroles de Jésus, tous ses **adversaires** furent remplis de **honte**, et toute **la foule** était dans **la joie** à cause de toutes les **actions** éclatantes qu'il faisait.*

Et là, on se rend compte du conflit qui se joue autour de Jésus. La foule est dans la joie, non parce qu'il a fermé le bec du chef de cette synagogue (et si on se réfère à l'évangile de Jean, aux pharisiens qui ne regardent pas le signe, mais qui s'attachent au moment du signe - cf. le paralytique de la piscine ou l'aveugle né), mais bien parce qu'un signe a été donné.

On peut voir cette scène avec les yeux de la femme courbée, avec les yeux de Jésus, avec les yeux du maître de la synagogue, et avec les yeux de quelqu'un de la foule.

La femme courbée raconte

*Cela fait dix-huit ans que je ne peux plus lever la tête, regarder le ciel, regarder ceux qui me parlent. Je suis tellement courbée, tellement cassée en deux, que je ne peux que regarder le sol, que mes pauvres pieds.*

*C'est vrai que ça m'est arrivé d'un coup, comme si quelque chose se bloquait dans mon dos. J'en ai vu des médecins, j'en ai suivi des traitements, mais je reste comme ça, et je souffre. Et je souffre parce que je sens bien qu'on me regarde soit comme une pécheresse, soit comme une possédée; et qu'on a peur de moi, comme si j'étais une sorcière. Ce que je sais, c'est que je suis liée par quelque chose qui est bloqué dans mon corps, qui m'emprisonne, qui m'oblige à regarder le sol, moi qui aimais tellement regarder le ciel, les nuages, les étoiles, les oiseaux... Je ne sais pas ce que c'est, mais c'est quelque chose de mauvais.*

*Il y a bien ce nouveau Rabbi, que l'on appelle Jésus, qui vient de Galilée et qui a fait beaucoup de guérisons. J'ai entendu dire qu'il avait guéri une femme qui était malade depuis douze ans. Moi, cela fait dix-huit ans que je suis infirme. Il paraît qu'il va souvent enseigner dans les synagogues le jour du Sabbat. S'il vient dans ma synagogue j'irai l'écouter et ensuite je lui demanderai de me guérir. Je me mettrai tout au fond, peut-être qu'il me remarquera. Peut-être...*

*Lui et ses disciples sont arrivés dans notre ville, et comme je l'ai pensé, je vais aller le trouver quand ça sera possible. Peut-être que la force qui sort de lui viendra sur moi, et me guérira.*

*Il y en avait du monde ce jour-là à la synagogue. Je me suis faite encore plus petite que d'habitude, parce que beaucoup pensent aussi que je suis une malédiction, et que je peux provoquer du malheur. Et le chef de la synagogue ne m'aime pas. J'ai commencé à écouter ce que ce Jésus disait. Je l'ai écouté, écouté, écouté. Ce qu'il disait coulait en moi, coulait sur moi, me restaurait. Ses paroles étaient comme du miel.*

*Et il s'est d'un coup adressé à moi. Il m'a dit sur un ton très autoritaire, très ferme: "Femme te voilà délivrée de ton infirmité". Et je me sentais comme un petit oiseau qui ouvre ses ailes pour la première fois. Quelque chose s'est comme décoincé en moi, et je me suis dépliée, déplissée, je me suis redressée, j'étais droite. Et j'ai pu le regarder lui. Qu'il était beau... Il a posé son regard sur moi, il a posé sa main sur ma tête, puis aussi sur mes épaules. Et j'étais sur mes deux jambes, bien droite, et tellement heureuse. Et tous ceux qui étaient là étaient dans l'admiration.*

*Seulement, du coup, ça a fait du bruit dans la synagogue, et le chef n'a pas été content. Il ne s'est pas adressé à Jésus, il n'a peut-être pas osé, mais il a crié sur nous, en disant que le jour du Sabbat, ce n'était pas un jour pour se faire guérir. Je crois qu'il n'a rien compris, et c'est ce que le Maître lui a bien fait comprendre.*

*Car Jésus lui a rappelé, en s'appuyant sur la Parole, que le jour du Sabbat, on doit nourrir son âne ou son bœuf, et lui donner à boire. Et que moi, qui étais de la race d'Abraham, donc bien plus qu'un animal de trait, c'était bien normal que je sois déliée de cette maladie qui m'avait paralysée depuis tant d'années.*

*Et tous nous avons chanté sans nous concerter un cantique à la louange de notre Dieu qui nous avait envoyé un tel homme.*

*Je sais que cet homme, je vais l'accueillir chez moi, que je vais pouvoir enfin faire à manger sans demander de l'aide et que je vais le recevoir comme le roi qu'il est.*

Jésus raconte

*Avec mes disciples nous étions, comme souvent le jour du sabbat, entrés dans la synagogue d'une petite ville. Je les avais d'ailleurs envoyés au-devant, pour préparer mon arrivée.*

*Pendant que je parlais, j'ai senti cette force qui est en moi se réveiller. Alors j'ai regardé: et j'ai vu une pauvre femme, pas si vieille que ça d'ailleurs, toute courbée, toute cassée, incapable de lever la tête. J'ai vu sa souffrance, j'ai vu sa douleur. J'ai vu qu'il y avait du Mal en elle, et que ce mal, qui la tenait en fausse position d'humilité et qui l'humiliait, je devais le chasser. Ce mal c'était un peu comme ce jour où les vagues se sont déchaînées contre la barque qui me conduisait en terre de Géradsa. Je veux dire que c'était violent, c'était brutal, c'était destructeur. Et ce mal, je me devais de le chasser, de le réduire au silence, de délier cette femme. Et même si je ne voyais pas son regard, j'entendais sa demande de guérison.  Et c'est ce qui est arrivé.*

*Je l'ai déliée comme on délie un âne ou un bœuf le jour du sabbat pour lui donner à boire et à manger.*

*Quand elle s'est redressée, il y avait en elle une telle joie, mais aussi une telle foi, que c'était pour moi un véritable ravissement, et je louais mon Père.*

*Seulement le maître de la synagogue - et en cela il est bien comme les pharisiens de Jérusalem, au lieu de se réjouir, s'est mis en colère. Il aurait dû me crier dessus, mais il n'a pas osé. Il a invectivé la foule, en leur disant qu'il y avait six jours dans la semaine pour se faire guérir. Que le jour du sabbat ce n'était pas correct. Mais qu'est ce qui est correct?*

*Je n'ai pas pu m'empêcher de lui rappeler les écritures, qui disent que; même le jour consacré à mon Père, on doit quand même s'occuper de ses animaux, de leur donner le nécessaire. Et moi, j'avais restauré cette femme. Alors il est sorti, tellement il était en rage; et tous mes amis se sont mis à louer mon Père pour cette guérison, mais aussi parce qu'il visitait son peuple.*



Le chef de la synagogue raconte

*Mais pour qui il se prend celui-là? D'accord il parle bien; d'accord, il sait manier l'écriture alors qu'il n'a pas fait d'études; mais faire une guérison le jour consacré à notre Dieu, non il n'avait pas le droit de le faire.*

*Le sabbat c'est sacré, il devrait bien le savoir, même si paraît-il il aurait répondu à des personnes que je connais que "le Fils de l'homme était le maître du sabbat" et que le sabbat a été fait pour l'homme et non l'homme pour le sabbat.*

*Je vais lui montrer moi, ce qu'il en coûte de se prendre pour le messie. Seulement, après cette guérison, je ne peux pas m'en prendre à lui, alors je vais dire à tous ceux qui sont là, qu'ils n'ont pas le droit de se faire guérir ce septième jour et qu'ils sont tous des pécheurs, et que ce Jésus, somme toute, il est encore plus pécheur qu'eux. Vivement qu'il s'en aille... Quant à cette femme, plus jamais elle ne mettra les pieds dans ma synagogue.*

Quelqu'un dans la foule raconte

*On savait que le prophète de Galilée devait venir chez nous, et qu'il enseignerait dans la synagogue; et c'est ce qu'il a fait.*

*Mais ce que moi, je n'avais pas vu, c'est qu'il y avait une femme toute courbée, bien plus courbée que les vieux, bien plus courbée que ceux qui ont une bosse dans le dos, qui ne pouvait regarder que la terre. Je me suis demandé ce qu'elle avait fait de mal pour être ainsi punie. On m'a dit que cela faisait dix-huit ans qu'elle vivait cet enfer.*

*Et brusquement j'ai entendu Jésus qui, d'une voix forte, disait: "Femme te voilà délivrée de ton infirmité!". Ces mots, il les a criés, et la femme s'est redressée. Et j'ai vu son regard, j'ai vu sa joie! En moi ça s'est mis aussi à chanter, chanter devant ce qui venait de se passer, chanter devant cet homme bon, chanter la gloire de notre Dieu.*

*Seulement le chef de la synagogue n'a pas aimé du tout ce qui venait d'arriver. Il nous a dit d'aller voir ailleurs, enfin je veux dire qu'il a dit que le jour du sabbat c'était interdit de faire des guérisons et que les malades devaient rester chez eux. Et Jésus n'a pas aimé: il l'a traité d'hypocrite, et lui a rappelé que le jour du sabbat on a le droit et même le devoir de nourrir son bœuf ou son âne, et que cette femme, elle valait bien plus qu'un bœuf ou qu'un âne; qu'elle avait soif de guérison, et que lui, il se devait de faire cela.*

*Du coup, ça a fait un grand silence. Les partisans du chef sont sortis et nous, nous sommes restés et nous étions vraiment dans la Joie. Un grand prophète s'est levé parmi nous, peut-être est-il le Messie envoyé pour nous libérer.*

## Lc 15,11-32 Les deux fils. 2020

Pas facile, ces textes un peu trop connus. Le célébrant - mais la sono était déplorable - a centré son homélie sur l'héritage, sur la nécessité d'en parler, de prévoir. C'est vrai que dans ce texte, cet héritage donné alors que le père est vivant, c'est curieux. Si le "jeune" a pris ce qui lui revenait, qu'en est-il de l'aîné? À lire le texte, on a l'impression que lui, il n'en n'a pas vu la couleur: qu'il continue à faire fructifier ce qui appartient en propre à son père, qu'il se considère comme un bon ouvrier. Alors, quand il rentre du travail, on peut comprendre que ça le mette en colère, et c'est cela ce que j'ai voulu montrer en laissant parler ce fils aîné, qui dans la parabole est la figure des scribes et des pharisiens (ceux qui pensent être au service), qui récriminent contre Jésus qui prend le temps de festoyer avec ceux qui vivent mal.

Samuel, le fils aîné, raconte.

*Là, c'est vraiment le comble. Je rentre des champs où je me suis crevé le cul à travailler comme une bête pour faire fructifier les champs de mon père. Et de la pierraille il y en a. Plusieurs fois j'ai dû redresser le soc de la charrue, plusieurs fois, j'ai dû m'occuper des bœufs, et cela à la longue c'est usant, d'autant que le père, il ne dit même pas merci. Je sais bien que c'est mon héritage, mais quand même. Des fois j'en ai vraiment assez de cette vie, moi aussi je voudrais me barrer...Mais bon, ça je ne le dis pas.*

*Bref, j'arrive à la maison et j'entends de la musique. De la musique, mais chez nous, il n'y en a jamais. Et ça sent la viande grillée. Il n'a quand même pas tué le veau gras le Vieux? Est-ce que quelqu'un serait arrivé chez nous? Quelqu'un de très important, comme les visiteurs de notre Père Abraham? Mais ça, c'est le passé... Qui ça peut bien être?*

*Je demande à un serviteur, et là, les bras m'en tombent. Il m'annonce que mon frère, ce petit con qui a réclamé son héritage et qui (ça je le sais parce que j'ai des amis un peu partout) a tout claqué en faisant la fête, et en couchant à droite et à gauche, mais aussi en faisant des placements qui l'ont ruiné, parce qu'il se fait avoir par n'importe qui, il est revenu. Revenu.*

*Mais c'est fou ça. Il ne pouvait pas rester où il était? Le serviteur a ajouté que c'était parce qu'il était en bonne santé qu'on faisait la fête. Il est vraiment bizarre mon père. C'est un adulte mon frère, ce n'est plus un bébé dont il faut s'occuper et se réjouir parce qu'il n'est pas malade. Mais mon père, il a toujours, quoique j'en dise, été attentif à cela: que nous soyons en bonne santé. Un peu comme une mère, mais c'est* normal parce que notre mère elle est morte quand nous étions très jeunes et le père a dû s'occuper de nous.

J'ai jeté un coup d'œil et j'ai vu que mon frère, il était habillé de neuf des pieds à la tête; sa barbe était bien taillée et ses cheveux aussi, et mon père avait l'air très heureux. Moi, si j'avais été lui, je ne l'aurais pas laissé rentrer, je l'aurais envoyé loger avec les ouvriers; et en plus, je l'aurais eu sous mes ordres - et je lui en aurais fait baver. Et je dois dire que la colère montait en moi, et j'avais l'impression que ça allait exploser.

Là-dessus mon père est venu vers moi. Ce qui m'a frappé, c'est qu'il avait rajeuni, comme si des années l'avaient quitté. Je lui ai dit que je ne comprenais pas qu'il fasse la fête pour mon frère, qui s'était quand même très mal comporté, qui est la honte de la famille; alors qu'à moi, il ne m'a jamais proposé de faire la fête avec mes amis. Et ma colère était là. Et moi, pas question de festoyer avec eux, de faire la fête.
 Et à ce moment-là, quand ma colère était à son comble, quand j'avais - de fait - envie de rentrer pour foutre mon frère dehors, il a eu une phrase qui m'a retourné et qui a fait tomber ma colère.

Il m'a dit "mon enfant". Et cela ça fait des années qu'il ne m'appelle plus comme cela.

Et il y a eu un silence après ce "mon enfant". Puis il a ajouté: "Tu es toujours avec moi, et tout ce qui est à moi est à toi". Ces mots-là, ils ont résonné en moi. Tout ce qui est à lui est à moi. Sauf que je ne le savais pas, parce qu'il ne me l'avait jamais dit. Cela veut dire aussi que je n'ai peut-être pas à travailler comme une bête, mais que je peux trouver mon bonheur autrement. Servir oui, mais pas comme un esclave, parce que ce n'est pas ce qu'il demande. J'avais imaginé des choses sur ce qu'il attendait de moi, et du coup, je vivais avec une colère permanente en moi. Et là, la colère est partie.

*Alors quand il a ajouté qu'il fallait se réjouir et festoyer parce que mon frère qui était mort était revenu à la vie, je crois que j'ai compris ce qu'il voulait dire. En partant, la colère qui était en moi, elle m'a fait revenir à la vie.*

*Pour mon petit frère, je ne sais pas, mais si mon père dit qu'il est revenu à la vie, c'est qu'il sait ce qu'il dit et que du coup je pourrai faire la paix avec lui, le petit, et aussi avec moi et avec ma rancœur.*

## Lc 15 11-32 La parabole des deux fils. 2021

J'ai raconté, dans un commentaire sur le chapitre 15 de Luc, les paraboles de la miséricorde, https://giboulee.blogspot.com/2016/09/les-paraboles-de-la-misericorde-luc-15.html , ce que le père de la parabole a pu ressentir.

Le père raconte:

*« Moi, j'ai, enfin j'avais deux fils. L'aîné me ressemble, le second c'est le portrait de sa mère et sa mère, elle est morte en le mettant au monde. J'aurais pu prendre une autre femme, je ne l'ai pas fait. Et à mon second, je ne sais rien refuser. Alors le jour où il a demandé sa part d'héritage, j'aurais dû dire non, parce que ce n'était pas juste par rapport à son aîné, mais j'ai cédé et mon fils je l'ai perdu. Il est parti mener grande vie m'a-t-on dit, et puis je n'ai plus eu de nouvelles, et j'attends. Je suis bien sûr qu'il a dû tout dépenser, et j'espère que cela le poussera à revenir vers moi, mais quand...Je suis un peu comme la mère de Tobit qui attendait tous les jours le retour de son fils. Le mien me manque, mais c'est de ma faute. Mais qu'est-ce que je voudrais qu'il revienne, qu'il me revienne. L'autre mon aîné, il travaille à faire fructifier le sol, mais il ne me parle pas. Il m'en veut d'avoir cédé, mais comment lui expliquer que sa mère me manque tant et que maintenant son frère me manque. Lui, il*

travaille, il ne me demande rien, il vit sa vie et nous sommes l'un à côté de l'autre.

Aujourd'hui, je suis là, et j'attends. Et il me semble bien que mes yeux voient quelqu'un qui arrive vers ma propriété. Peut-être que c'est un journalier qui cherche du travail, peut –être que c'est un démarcheur qui veut me vendre quelque chose, mais là c'est à mon fils de se débrouiller avec. On dirait qu'il a du mal à marcher, il est tout courbé, et pourtant quand je le vois marcher, je reconnais la démarche de mon fils. Alors je cours vers cet homme qui est peut-être un étranger, mais tant pis si je me trompe. Et c'est lui, mais dans quel état. Il n'a que la peau sur les os, il est sale, il est pieds nus. Mais c'est mon fils et il me repousse presque en me disant qu'il a péché contre le ciel et contre moi (comme si je ne le savais pas) qu'il n'est plus digne d'être appelé mon fils (je comprends qu'il soit honteux), et qu'il veut être traité comme un de mes ouvriers (alors là, ça me fait mal, il est mon fils.

Je comprends qu'il puisse dire cela, mais moi je ne peux pas l'accepter. Plus tard il me dira qu'il y a eu une famine dans la contrée où il était, qu'il en était réduit à garder les porcs d'un de ceux qui l'avait déplumé au jeu, et qu'il s'était dit que tout compte fait, il serait mieux pour lui de revenir, de reconnaître qu'il avait tout loupé, qu'il ne se considérait plus comme mon fils, mais qu'il me demanderait de l'accueillir comme un serviteur. Alors je l'embrasse, je le prends dans mes bras malgré sa crasse, malgré cette odeur qui fait penser à une odeur de porcs qui l'imprègne et dès que nous arrivons à la maison, je demande à mes serviteurs d'en faire " un homme" si je puis dire.

Je veux qu'il revête une belle tunique, un beau manteau, que ses pieds soient chaussés et même qu'il porte une de mes bagues, car il est mon fils. Et je leur demande de préparer un festin, d'inviter tous nos amis car je suis dans la joie. Il est revenu celui qui était comme perdu.

*Et nous avons fait une fête, une vraie fête, et il y avait de la musique, et des amis et de la joie. Et voilà que l'un de mes serviteurs vient me tirer par la manche pour me dire que mon aîné est dehors, qu'il est très en colère, qu'il veut me parler. Et oui, il est très en colère ; il me reproche de dépenser des sous pour son vaurien de frère, alors que lui il n'a jamais fait la fête avec ses amis. Et là, je n'ai pas compris que lui soit resté comme un petit garçon, qu'il n'ait pas compris que ce qui était à moi était à lui. Je crois que c'est parce que je me suis trop enfermé dans mon chagrin pour m'occuper de lui, pour être avec lui. Il a été comme un intendant, il a fait tout fructifier et moi je ne lui ai jamais dit merci. Seulement aujourd'hui, je ne veux pas qu'il me vole la joie des retrouvailles. Mais je me lèverai moi aussi et j'irai vers ce fils et je lui dirai " prends tout, et sois dans la joie". Mais lui seul trouvera le moment.*

Et voici maintenant le récit de celui que nous appelons le fils prodigue.

Matthias, le benjamin, celui qui est sûrement considéré comme un impie, raconte

*Je dois dire que cette famille où l'on n'a aucun droit sauf celui de travailler, d'aller à la synagogue, de respecter la Loi, elle me gonfle. Impossible de vivre sa vie, de faire ce que l'on veut. Alors on pensera de moi ce qu'on pensera, et je suis sûr que mon frère aîné va hurler, mais je me tire. Celui-là ce Samuel, qu'est- ce qu'il est pénible! Quand on était petit c'était bien, il me défendait, mais maintenant il se prend pour mon père, il critique tout, tout le temps, et il a une vie dont je ne veux sous aucun prétexte. Moi je m'appelle Matthias, mais je ne crois pas que je sois un cadeau! Moi, je veux vivre comme je l'entends, avec mes règles à moi.*

J'ai un peu parlé avec des amis, qui comme moi ne supportent plus leur famille; et ils m'ont dit que j'avais le droit de réclamer ma part d'héritage. Faire comme si mon père était mort, c'est étonnant, mais c'est permis, alors je l'ai fait. Je ne veux pas attendre, je veux ce qui me revient: je veux dire l'héritage de mon père, gonflé par celui de ma mère. Et ce qui m'a étonné, c'est que ça s'est fait facilement, comme si mon père s'y attendait.

Alors à moi la belle vie! Parce que les champs, les moutons, les bœufs, ça ne m'intéresse pas. Ce que moi, je veux, c'est des sous pour vivre comme je l'entends, me faire des amis, avoir des filles, me saouler, et même si je dois comme on dit brûler la chandelle par les deux bouts, c'est ce que je veux; et aussi me casser très loin d'eux.

Et les sous je les ai eus! Et je suis parti, là où les filles sont plus belles, là où les filles sont jolies, là où on peut vivre, là où on peut boire jusqu'à plus soif.

Là où je suis allé, je me suis fait plein d'amis, qui venaient à mes fêtes. J'avais de l'argent plein les poches, alors ils étaient là. Seulement, les meilleures choses ont une fin. Une famine est arrivée, et tous les prix se sont mis à flamber. Ceux que je croyais être des amis ont disparu, et je me suis retrouvé seul, sans rien; et j'ai eu faim, tellement faim, faim de nourriture, mais aussi faim liée à la solitude.

Et j'ai fini par trouver un marchand de porcs qui a bien voulu m'embaucher pour que je garde ses bêtes. Eux ils avaient des glands à satiété, et moi je les regardais et mon estomac se tordait en moi et à force de les regarder, j'avais l'impression de devenir comme eux: sale, laid, ne pensant plus qu'à manger, et cela ça ne me plaisait pas.

Et je ne suis mis à penser, surtout que je n'avais que ça à faire... Peut-être qu'il était temps de rentrer un peu en moi-même, de réfléchir à comment j'en étais arrivé là. Peut-être que j'aurais dû employer mon argent autrement, penser à faire des réserves. Mais je ne l'ai pas fait.

Par contre ce que je sais, c'est que dans la maison de mon père, il y a des ouvriers qui sont mieux payés que je ne le suis, et surtout qui ont de quoi manger.

Alors mon orgueil, je vais faire une croix dessus, et je vais me lever. Je ne veux plus rester vautré à garder des cochons, et j'irai chez moi, enfin chez lui, mon père. Et quand je le verrai, je lui dirai que j'ai péché contre le ciel et contre lui (c'est une phrase qui lui plaira sûrement), que je ne suis plus digne d'être appelé son fils (et peut-être qu'il ne me reconnaît plus comme son fils, qu'il m'a renié, un peu comme moi je l'ai renié); et je lui demanderai qu'il me traite comme un de ses ouvriers. Au moins j'aurai à manger, même si c'est la honte. Il faut bien que je me sorte de là.

Et je suis parti. J'ai mendié sur la route, et je n'étais vraiment pas fier de moi, surtout que certains m'ont reconnu et ont vu ma crasse et ma misère. Quand je suis arrivé au domaine, à ma surprise j'ai vu mon père qui déboulait littéralement vers moi, comme s'il m'avait attendu. Moi qui pensais qu'il m'avait renié, je n'en croyais pas mes yeux. Et j'ai eu du mal à lui dire ma jolie petite phrase que j'avais si bien préparée, cette phrase qui reconnaissait que j'avais péché contre le ciel et contre lui, que je n'étais plus digne d'être appelé son fils...

Sauf que ma phrase je ne l'ai pas terminée. Il m'a pris dans ses bras, il m'a regardé avec un tel regard, que je me suis senti fondre. Je suis redevenu son fils, son petit, son benjamin, son aimé.

Il a appelé ses serviteurs, il leur a ordonné de me vêtir, de me mettre des sandales, de passer un anneau à mon doigt et de préparer un festin. Bien sûr, je suis entré dans la maison et j'ai eu droit à un bain... Et ça a été la fête, et quelle fête! Je me sentais presque le roi, sauf qu'à dire vrai, *je n'avais pas très faim... Mon père avait un sourire comme je ne lui en avais jamais vu.*

*Là où il y a eu un problème, c'est quand mon frère est arrivé. Comment pouvait-il comprendre? Il était comme enragé contre mon père. Moi je me faisais tout petit mais en même temps, j'étais à l'abri de cette colère dirigée comme mon père.*

*Il ne voulait pas entrer; il était fou furieux. Il a dit qu'il ne comprenait pas pourquoi on avait tué le veau gras pour moi, un moins que rien, alors que lui, on ne lui donnait même pas un agneau pour faire la fête.*

*Et là mon père lui a dit que tout ce qui était à lui lui appartenait, et surtout qu'il fallait faire la fête parce que pour lui, j'étais revenu à la vie.*

*Oui, je suis revenu à la vie. Il a juste fallu que je me lève que je quitte cette fange qui essayait de m'aspirer; et les bras de mon papa se sont ouverts, et j'ai retrouvé ma place. Peut-être que si je n'avais pas vécu comme cela, je n'aurais jamais pu comprendre qui était mon père. Car le père qui est le mien, il n'est pas comme les autres.*

**Lc 17,11-20   guérison des 10 lépreux. 2020**

Un texte bien connu. Jésus n'est plus très loin de Jérusalem. Un groupe de lépreux crient leur détresse et Jésus répond, mais d'une manière assez déconcertante. Il ne "guérit" pas - et cela fait un peu penser à la guérison de l'esclave du centurion, il donne un ordre: "Allez-vous montrer aux prêtres". C'est tout, c'est simple; mais pas tant que cela quand on y pense.

En même temps, quand on est devenu un impur, un rejeté, on n'a plus rien à perdre. Et ils partent. Luc nous dit qu'ils sont tous guéris, tous les dix, mais que les juifs, ceux qui sont les "frères", ceux-là restent dans l'obéissance à l'ordre initial. Le seul qui revient sur ses pas, c'est un Samaritain, un étranger, un "pas frère". Sauf que du coup, frère, il le devient.

Le samaritain raconte


*Je ne sais pas trop comment je me suis retrouvé dans ce village, au milieu de Juifs alors que je suis Samaritain, mais ma peau s'était couverte d'abcès, je suis allé voir un prêtre et il m'a obligé à rester là où j'étais, donc dans ce village qui recevait (enfin recevoir n'est pas vraiment adapté) des lépreux comme moi.*

*Et depuis que je suis là, je survis. J'ai faim, je suis seul, je ne peux pas prier avec les autres, et mes vêtements tombent en loque. Nous sommes dix avec cette maladie, dix avec cette pourriture en nous, dix à attendre, mais à attendre quoi, je ne sais même pas. Bien entendu je n'ai pas de nouvelles des miens.*
*Aujourd'hui, il y a eu comme une rumeur dans le village, ça bougeait dans tous les sens.*

*Il y avait un grand groupe qui prenait la route de Jérusalem. Nous avons fini par comprendre que c'était Jésus de Nazareth qui était là, celui qui est capable de donner à manger à des foules, de guérir des malades, de tenir tête aux pharisiens.*

*Alors nous, les exclus, les dix, nous nous sommes postés sur la route, en gardant la distance prescrite; et tous ensemble nous avons crié, crié pour qu'il nous prenne en pitié, lui qui est un Maître. Prendre en pitié, c'est ce que disent les mendiants et nous sommes des mendiants, mendiants de pain, car nous avons faim, mendiants de vêtements car les nôtres sont* tellement sales, mendiants de guérison, mais ça, nous avons du mal à y croire. Avoir pitié, c'est aussi ce que demandent les pécheurs, et si nous avons cette maladie, c'est bien que nous avons péché, et que c'est notre punition, mais quelle punition... Alors oui, nous avons crié à Jésus, qu'il nous prenne en pitié.

Il n'a pas continué son chemin, il s'est arrêté. Il nous a tous regardés, les uns après les autres. Il n'a pas donné de pain, il n'a pas donné de piécettes, il nous a dit d'aller nous montrer aux prêtres.

Nous montrer aux prêtres! C'est ce que l'on doit faire quand on est guéri. Je dis bien guéri. Nous avons baissé la tête, et nous sommes partis, mais en nous demandant s'il ne se moquait pas de nous. Pourtant, ça ne lui ressemble pas, d'après ce que j'ai entendu dire de lui. Nous avons marché, et tout à coup, il m'a semblé que ma main n'avait plus mal. Alors je l'ai regardée ma main, et elle était redevenue nette comme la peau d'un bébé. J'ai regardé mon autre main, j'ai regardé mes jambes et partout c'était pareil. J'étais redevenu pur. Et pour les autres, c'était pareil. Oui, nous pouvions nous montrer aux prêtres, offrir le sacrifice et redevenir des vivants.

Alors, les autres, ils se sont encore plus hâtés pour faire constater leur guérison. Mais moi, il me semblait que ce n'était pas juste, pas bien. Il nous avait regardé avec amour, il nous avait parlé et maintenant nous étions guéris.

Ce qui était bien c'était de rendre grâce au Très Haut qui avait mis un tel homme sur notre chemin; ce qui me semblait bien, c'était de crier ma reconnaissance et de lui dire merci pour ce qu'il avait fait.

Alors j'ai fait demi-tour. Et moi qui suis un Samaritain, j'ai entonné des psaumes d'allégresse qui bénissent le Très Haut. Et dès que j'ai aperçu Jésus, j'ai couru vers lui. Je n'ai rien dit, parce que je n'avais pas les mots, mais je me suis prosterné devant lui, et je serais bien resté comme ça, *pendant des heures. Je me savais béni, aimé, sauvé. J'étais un homme nouveau.*

*Lui, il a parlé des autres, qui avaient poursuivi leur chemin, pressés qu'ils étaient d'avoir leur certificat de guérison, et qui n'avaient pas jugé bon de prendre un peu de temps pour lui dire merci; car ce qu'il nous a donné là, c'était la vie. Et cela le rendait triste, et j'aurais voulu le consoler. Et je l'ai regardé à ce moment-là.*

*Lui aussi m'a regardé, il m'a dit de me relever et que ma foi m'avait sauvé. Et je sais bien que ce qu'il m'a donné va bien au-delà de la guérison de ma peau. Il a mis sa vie en moi, et je voudrais passer ma vie à le chanter. Peut-être que je vais devenir un musicien.*

*Mais je vais rentrer dans mon village, je leur parlerai de Jésus et je leur demanderai de bien l'accueillir si jamais il passe chez nous. Et moi, je le logerai dans ma maison. Il viendra chez moi, et ce n'est pas lui seul que je recevrai, mais aussi celui qui habite en lui, le Dieu de nos pères.*

## Lc 20, 1-10. "Il était un petit homme qui s'appelait Zachée(1) 2020

La coupure des chapitres, dans l'évangile de Luc, fait que la guérison de l'aveugle se fait à la fin du chapitre 17 et que ce qu'on peut appeler la guérison de Zachée se fait au début du chapitre 18. Jésus passe par la ville de Jéricho et est donc proche de Jérusalem (une trentaine de kilomètres), mais la route grimpe fort, puisqu'on passe de -400 à 800m, soit quand même 1200 m de dénivelée. Une rude montée. Peut-être que cela vaut la peine de reprendre des forces dans la maison de cet homme détesté par tous et d'ouvrir en lui quelque chose de nouveau.

J'ai eu envie de m'attacher, non pas au fait que Zachée soit un publicain, un Chef, mais qu'il est de petite taille, parce qu'être petit, c'est quand même une infirmité. Et si Zachée peut se mettre debout je pense qu'il a enfin retrouvé la stature d'homme qui lui faisait défaut, malgré sa richesse. La guérison, c'est peut-être cela aussi pour lui.

Zachée raconte.

*Être petit, quelle malédiction. Oui je suis petit, il faut que me hisse sur la pointe des pieds pour voir, et parfois pour être vu. Dans une foule, je passe inaperçu et j'ai même peur d'être renversé, piétiné. Alors pour lutter contre ça, je suis devenu riche, très riche. Ma petitesse, je la compense par mon intelligence, et j'ai su me faire bien voir des occupants. Je suis devenu le chef des publicains de ma province et de cela je ne suis pas peu fier. On me déteste certes, mais on ne peut pas m'ignorer, faire comme si je n'existais pas, comme si on ne me voyait pas.*

*J'ai appris qu'un de mes anciens collègues de Galilée avait laissé en plan son poste pour suivre un certain Jésus. Je me demande ce qui a bien pu le prendre. Enfin, chacun fait ce qu'il veut. Ce que je sais aussi c'est que les pharisiens ne l'aiment pas beaucoup ce Jésus... Moi non plus ils ne m'aiment pas d'ailleurs. Ils me méprisent et me haïssent.*

*Et aujourd'hui, un de mes serviteurs est venu me dire que Jésus, qui veut aller à Jérusalem, était dans ma ville, la ville de Jéricho, cette ville qui est aussi la ville des roses. Il paraît même qu'un aveugle a été guéri par lui. Un homme qui ne voyait plus a retrouvé la vue. Alors j'ai bien envie de le voir, seulement moi dans la foule je ne verrai rien du tout. Et cela m'ennuie beaucoup, je voudrais bien voir la tête de cet homme qui a détourné un publicain de sa table...*

*Ma ville, je l'aime et je la connais bien. Il n'y a qu'une rue qui traverse Jéricho, et elle est bordée de sycomores. Les sycomores, ce sont vraiment* des arbres bénis pour moi. Les branches sont basses et je vais pouvoir m'en servir pour être suffisamment en hauteur pour le voir passer. Ensuite je rentrerai chez moi mais je l'aurai vu. Et c'est ce que j'ai fait, j'ai trouvé un arbre, et je suis monté. Il m'a fallu un certain temps pour trouver le meilleur angle, mais là je dominais tout, je voyais tout.

Seulement les choses ne se sont passées comme je l'avais imaginé. Quand Jésus est arrivé à la hauteur de l'arbre où je me cachais (un peu comme Adam qui se cache quand le très Haut lui demande où il est, et qui a peur), il m'a interpellé. Il m'a appelé par mon nom. Vous vous rendez compte, il m'a appelé par mon nom, ce que personne ne fait jamais. J'ai un titre, mais je n'ai pas de nom, je n'ai plus de nom.

Il m'a dit de descendre en vitesse, parce qu'il voulait demeurer dans ma maison. Il a même dit "il faut", comme si c'était une nécessité. Et je suis descendu de mon arbre, et je me suis hâté. Mais je dois dire qu'en moi quelque chose s'était passé. Oui j'étais petit, oui, je n'étais pas beau, mais son regard et sa voix avaient fait un miracle: Je ne m'aimais plus parce que j'étais le plus malin, mais parce que tel que j'étais il m'avait regardé, parlé et demandé quelque chose. On ne me demande jamais rien sauf de remettre une dette. Et venir chez moi… Cela jamais personne ne l'a fait.

Et je l'ai reçu dans ma maison. Seulement les pharisiens ont commencé à récriminer. Ils savent bien qui je suis, ou plutôt qui j'étais. Alors je me suis redressé, et du haut de ma petite taille, j'ai annoncé que j'allais donner la moitié de mes biens aux pauvres et que si quelqu'un s'était senti lésé par moi ou par un de mes publicains, je lui donnerais quatre fois plus.

Et alors Jésus a pris la parole. A moi, il n'a rien dit, mais il a souri. A eux, il a dit que comme eux, j'étais un fils d'Abraham et que comme eux, j'appartenais, tout serviteur des romains que je sois, au peuple élu. Il y a eu un petit temps de silence. Il a alors ajouté, qu'il était venu chercher et *sauver ce qui était perdu. Oui je m'étais perdu à vouloir remplacer ma petite taille par la richesse; oui, il est venu me chercher, parce que j'étais quand même bien caché, et oui il m'a sauvé, parce que je sais maintenant que la richesse n'est pas un but en soi et qu'elle peut faire des heureux.*

*Je sais que l'aveugle qui a retrouvé la vue ira avec lui à Jérusalem. Moi je vais rester ici à Jéricho, car maintenant j'y ai un vrai travail: redonner du courage à ceux qui manquent de tout, puisque j'ai de quoi. Et peut-être que c'est comme cela que je deviendrai un peu plus grand. Si mon prénom signifie "Dieu s'est souvenu", alors comme l'ancien aveugle, je ne peux que louer le Très Haut, car Dieu s'est souvenu que j'étais son fils et il m'a ramené dans sa maison.*

(1)  Chant du Père Cocagnac.
https://www.youtube.com/watch?v=DtuTSrJ6Clw


# Luc 24, 35-45. Jésus se manifeste aux disciples à Jérusalem.2022


Mercredi et jeudi de la semaine pascale, la liturgie propose la rencontre de Jésus avec les disciples qui se rendent à Emmaüs, et le retour de ceux-ci à Jérusalem après que le Seigneur se soit fait reconnaître et qu'ils aient eu le cœur tout brûlant.
https://giboulee.blogspot.com/2017/02/notre-coeur-netait-il-pas-tout-brulant.html
 Ce qui se passe ensuite à Jérusalem et qui est rapporté par Luc, c'est pratiquement la finale de son évangile, qui se termine par l'Ascension qui est située à Béthanie (Lc 24, 50-55)

Mais dans l'évangile de Jean, le même jour, il y a des disciples enfermés dans le Cénacle par peur des juifs, et finalement des évènements assez semblables, que ce soit la première phrase prononcée par Jésus - "La Paix soit avec vous" (la phrase qu'il demande aux disciples de dire quand ils entrent dans une maison qui les accueille), la peur des disciples, la nécessité pour Jésus de montrer la trace des plaies, le fait qu'il mange.

Ce sera plus tard (Jn 21) qu'il partagera avec eux du poisson grillé, alors que chez Luc cela se fait le jour même.

Dans cet évangile de Luc, Jésus ouvre leur esprit à l'intelligence des écritures, mais il leur demande d'attendre un certain temps que le Père fasse descendre sur eux l'Esprit, alors que chez Jean cet esprit est donné par le souffle de Jésus, avec le pouvoir de remettre les péchés. Cela sera la tâche des témoins, dans l'évangile de Luc, d'annoncer la conversion en son nom pour le pardon des péchés; à toutes les nations, en commençant par Jérusalem.

La difficulté qui demeure, c'est que Luc promet un don de l'Esprit, mais Jésus les quitte à Béthanie, le jour même, alors que dans les Actes, il demeure quarante jours avec eux.
 L'évangile de Jean (Jn 21) lui se termine en Galilée, autre difficulté, mais pour le moment, je laisse la parole à Cléophas, qui après avoir reconnu Jésus au moment où celui-ci a rompu le pain, décide avec son ami de repartir immédiatement à Jérusalem pour "raconter" ce qu'ils viennent de vivre et qui confirme ce que femmes avaient raconté.


Cléophas raconte.


*Quand nous sommes arrivés à Jérusalem, nous étions encore avec notre joie de ce que nous avions vécu, et nous voulions dire aux disciples - qui se cachaient plus ou moins - que oui le Seigneur était revenu à la vie, que les femmes n'avaient pas déliré, que nous en étions les témoins. Et le fait que nous soyons deux, cela donnait de la force à notre témoignage.*

*A notre grande surprise, ils n'ont pas eu l'air étonné. Ils nous ont dit que le Seigneur s'était manifesté à Simon-Pierre, et nous avons commencé à leur raconter par le détail comment alors que nous étions sur la route qui nous ramenait chez nous, complètement abattus, tristes, malheureux, un homme nous avait demandé ce qui se passait pour que nous fassions cette tête. C'est vrai que normalement quand on revient chez soi après la célébration de la Pâque, on ne fait pas cette tête-là.*

*Comme nous étonnions que cet homme ne soit pas au courant de ce qui s'était passé, il nous a demandé de lui raconter. Dire que nous ne savions pas à qui nous parlions! Mais est-ce que nous pouvions le reconnaître, alors que la dernière image de lui que nous avions était celle d'un homme défiguré, le visage ensanglanté, sur une croix? Peut-être aussi que la tristesse nous rendait incapable d'ouvrir les yeux. Mais voilà, c'est un fait, nous ne l'avons pas reconnu. Et le voilà qui nous dit que nous sommes des idiots. Enfin il ne l'a pas dit comme ça, mais il nous a dit que nous étions sans intelligence.*

*Nous en étions là de notre récit lorsque tout à coup, alors que personne n'avait frappé à la porte, il était là au milieu de nous. Et je dois dire, que la peur s'est abattue sur nous, une peur palpable. Même nous qui l'avions pourtant vu. Certains pensaient que c'était un esprit, un revenant. Lui, je crois que ça l'a fait rire, ça se voyait dans ses yeux.*

*Il nous a alors demandé de le toucher, ce que nous, nous n'avions pas fait. De sentir qu'il y avait bien de la chair et des os, et il a montré les marques des clous. Cela non plus nous ne l'avions pas vu, enfin si, mais tellement brièvement, au moment où il nous a partagé le pain et c'était là qu'il avait disparu à nos regards.*

*Ensuite il nous a demandé de quoi manger; je pense que c'était pour nous rassurer. Devant nous, il a mangé du poisson grillé et du pain.*

Puis il s'est mis à parler, comme il l'avait fait avec nous. Il nous a montré comment les écrits de Moïse, les écrits des prophètes et les psaumes parlaient de lui, de sa venue, du salut qu'il apporterait. Et nos esprits s'ouvraient, et nos cœurs étaient dans la joie. Cette mort n'était pas un non-sens, mais elle donnait la vie au monde.

Il nous a alors dit que désormais nous serions témoins de sa mort et de sa résurrection, que nous proclamerions que se convertir à lui donnerait le pardon des péchés; que cela serait vrai pour toutes les nations, et bien sûr pour Jérusalem.

Puis il a ajouté que son Père allait nous donner, répandre sur nous, cet Esprit dont lui nous avait parlé; que nous devions attendre d'être revêtus de cette force, de cette puissance, pour témoigner de lui.

Et il a disparu. Et notre cœur brûlait toujours.

**JEAN**

## Jn 2, 1-11 Les noces de Cana.  2022.

Jésus a été baptisé par Jean qui a reconnu et annoncé à ses disciples l'agneau de Dieu. Et il y a eu le "recrutement" des cinq premiers. Peut-être sont-ils venus à Nazareth faire la connaissance de la famille biologique de Jésus. Toujours est-il qu'ils sont invités avec Marie (qui devait être la vraie invitée) à Cana. Et Marie veille comme toujours, que ce soit sur son fils ou sur les autres. Et elle voit que le vin manque (ou va manquer) et elle se tourne vers son fils qui dans un premier temps ne lui répond pas très bien. D'ailleurs il n'y aura pas de mots entre elle et lui, sauf plus tard sur la croix, quand le sang deviendra vie neuve, vie nouvelle. Mais là, ce n'est que le début. Mais et cela c'est magnifique, Marie ne se démonte pas devant ce refus. Elle demande juste aux serviteurs d'obéir, même s'ils ne comprennent pas.

Et là il se passe ce que nous connaissons bien: la demande de Jésus aux serviteurs. D'abord puiser de l'eau et remplir les jarres, ce qui a dû prendre un certain temps. Peut-être que c'est cela aussi l'important, faire peut-être quelque chose que je ne comprends pas. Puis puiser (dans ce nouveau puits) et faire constater que quelque chose s'est produit, mais que ce n'est pas du bon c'est du très bon comme dans la Genèse quand Dieu commence à créer du vivant.

On connait la fin. Ce que je retiens, c'est peut-être le fait que remplir ces jarres, cela a pris du temps et que c'est parfois ce que le Seigneur nous demande, être des serviteurs. Et lui, ensuite, il peut agir et faire que c'est Lui qui est révélé et que je ne peux qu'être dans la louange devant ce qu'il a fait en toute discrétion.

- 187 -

Il y a aussi autre chose: ces jarres ce ne sont pas n'importe quelles jarres, elles servent pour les purifications, donc elles ne doivent contenir que de l'eau, et peut-être pas n'importe laquelle , peut-être une eau de source. Et voilà qu'elles contiennent le vin, du vin pour les noces. Alors peut-être que cela préfigure le sang qui sera versé pour l'humanité puisse être sauvée par l'agneau, et aussi le vin qui sera partagé le soir du repas pascal. Mais j'imagine qu'il a fallu ensuite du temps pour que les jarres reviennent à leur fonction première. Mais je crois que c'est l'avantage de la pierre, elle n'est pas poreuse, donc elle ne prend pas d'odeurs.

J'ai laissé (comme l'an passé) parler un serviteur, puis (c'est nouveau) le disciple qui a rapporté ce premier signe, à savoir celui qui nous appelons Jean, l'évangéliste.

Un serviteur raconte.

*Voilà ce que c'est quand on laisse au marié le soin d'organiser les noces. Ces jeunes ils croient tout savoir, mais s'il avait laissé faire son père, on n'en serait pas là, à manquer de vin. C'est sûr que les invités vont raconter à tout le monde ce qui s'est passé. Enfin c'est leur problème, sauf que nous aussi, on aime bien boire un peu de vin pour nous donner du cœur à l'ouvrage.*

*Un homme est venu nous voir. On pensait qu'il voulait une amphore de vin, mais il nous a donné un ordre pour le moins étonnant, remplir d'eau les jarres de pierre qui sont prévues pour les rituels de purification. Une femme était venue nous voir quelque temps avant pour nous dire que si cet homme, son fils, nous demandait de faire quelque chose, il fallait le faire; On l'a regardée un peu de travers, mais bon, nous ne sommes que des serviteurs.*

*Et on a commencé à remplir ces jarres. Même à quatre, ça nous a pris un sacré bout de temps, et on en avait vraiment plein le dos. Enfin on a obéi. Après il nous a dit de puiser dans une des jarres et d'apporter l'outre au maître du repas. Et là, on s'est rendu compte que l'eau était devenue vin. Je crois que cela doit s'appeler un miracle. Et le maître a bu, et il semblait à la fois content et à la fois en colère, parce qu'il avait bien remarqué que le vin était sur le point de manquer. Il a interpellé le marié en lui disant que ça ne se faisait pas de garder le bon vin pour la fin. Cela nous a fait rire, nous aussi on le trouvait vraiment très bon ce vin. Et la fête a continué.*

*Seulement ça nous a fait quelque chose. C'était vraiment un miracle; moi, je suis allé parler avec ceux qui accompagnaient ce Jésus. Ils nous ont dit qu'il était de Nazareth, qu'il était le fils du charpentier, mais qu'il était aussi, parce que c'est ce que Jean le Baptiste leur avait dit, celui que l'on attendait, l'agneau de Dieu, l'agneau qui donnerait sa vie. Bon ça, ça nous dépassait un peu, pour ne pas dire beaucoup, mais cet homme, il fera sûrement de grandes choses.*

Jean le nouveau disciple de Jésus raconte.

*Nous étions maintenant cinq autour de lui. Il y avait Simon et André, Philippe et Nathanaël et moi. Il nous a conduits à Nazareth pour que nous puissions faire connaissance avec sa famille, mais surtout avec sa mère. Moi, je l'ai tout de suite aimée sa mère; comme une mère. Il fallait voir aussi avec quelle admiration elle le regardait. Elle était invitée à des noces à Cana et elle nous a invités à venir avec elle.*

*Ce fut un beau mariage, avec comme dans tous les mariages, de la musique, de la danse, de la joie, et bien sûr du vin. Sauf que le vin il fallait un peu pleurer pour en avoir, comme s'il n'y en avait pas assez. Marie s'est renseignée, elle veille vraiment à tout cette femme. Et elle est allée voir Jésus pour lui dire qu'il y avait un problème, que le vin allait manquer.*

*Lui, il a fait la tête, il n'y a pas d'autres mots. Il l'a envoyée bouler en lui disant une drôle de phrase que je rapporte, parce que je l'ai entendue. Il lui a dit, "Femme, que me veux-tu, mon heure n'est pas encore venue". Est-ce qu'on parle comme cela à sa mère? Et il est parti. Sauf qu'elle ne s'est pas démontée et qu'elle est allée voir les serviteurs en leur disant de faire tout ce qu'il leur demanderait; et elle l'a montré du doigt pour qu'ils le reconnaissent bien.*

*Un peu de temps a passé; il est allé vers les serviteurs et il leur a demandé de remplir d'eau pure les jarres qui servent à contenir l'eau pour les bains de purification. À voir leur tête, ils n'étaient pas ravis. Aller chercher de l'eau, pour autant de jarres, cela en fait des allers et venues. Mais ils l'ont fait. Je crois qu'ils ont dû le trouver un peu fou.*

*Quand les jarres ont été remplies, il leur a dit de puiser un peu, et d'apporter une coupe au maître de la noce. Là, j'ai vu qu'il s'était passé quelque chose, parce que le serviteur qui a fait cela était tout réjoui. L'intendant a goûté, et il s'est tourné vers le marié, presque en râlant. C'est sûr qu'il avait dû avoir peur que le vin ne manque, mais surtout il ne comprenait d'où sortait ce vin qui était aussi bon, parce qu'en général, quand les gens ont bien bu et ne sont plus trop capables de se rendre compte de la qualité du vin, on leur sert de la piquette. Mais là non, c'était du vin et du très bon vin.*

*Alors nous, les cinq, on était dans une grande joie. En toute discrétion notre maître avait aidé un jeune couple, et il leur avait donné du vin, du vin excellent et cela c'était pour nous un signe, un signe merveilleux. Oui, celui que Jean le Baptiste avait appelé l'agneau de Dieu était bien l'envoyé, le Messie, et avec lui, nous ferons de grandes choses. Et surtout la Gloire du Très Haut se manifestait.*

# Jn 2, 13-22 les vendeurs chassés du temple. 2020

Dans l'évangile de Jean, cet épisode se trouve dès le début, contrairement aux synoptiques où Jésus n'arrive à Jérusalem qu'à la fin de son séjour terrestre. Peut-être que, d'emblée, l'évangéliste veut nous faire comprendre que Jésus est la brebis qui donnera sa vie, mais aussi que beaucoup de choses se sont éclairées après la résurrection. J'ai voulu faire parler celui qui s'appelle "le disciple bien-aimé", car il a une compréhension très fine de ce qui se passe.

Jean, le disciple bien-aimé, raconte

*Je me souviens… Nous l'avons rencontré sur les bords du Jourdain, là où Jean baptisait; et là, il avait reçu aussi le baptême. Mais il n'était pas parti, il était resté là, tout près. Le Baptiseur avait dit de lui qu'il était l'agneau de Dieu, celui qui enlève les péchés du monde, mais nous n'avions pas compris. Enfin juste un peu. Et puis nous l'avons suivi, pour apprendre à le connaître. Au début nous étions juste cinq, cinq comme les doigts de la main. Il y avait Pierre et André, Nathanaël, Philippe et moi.*

*Nous avons vécu un peu avec lui en Galilée et nous avons vu quelque chose de peu commun: un jour de noces, à Cana, il avait transformé de l'eau en vin. Oui, il l'avait fait. Puis comme la Pâque approchait, nous sommes montés à Jérusalem. Et là, c'est bien autre chose qui s'est passé.*

*Quand nous sommes entrés dans le Temple, nous avons trouvé un véritable marché. Cela c'était une idée des prêtres, pour se faire de l'argent. Normalement les animaux ne sont pas vendus là, mais plus loin et ils sont payés avec la monnaie romaine. Là, ils sont payés avec la monnaie du temple et bien sûr les changeurs de monnaie se font (pardonnez-moi l'expression) du blé sur le dos de l'acheteur. Et là, moi* qui aime bien regarder, j'ai vu son visage changer, devenir comme le dit le prophète Isaïe dur comme de la pierre, et rempli de colère, mais aussi de tristesse.

Il s'est fait un fouet avec des cordes, et il a été pris d'une sorte de sainte colère, un peu comme celle du prêtre Pinhas. Il a tout balancé, les étals, les bêtes, la monnaie. Sauf que lui, il n'a tué personne. Et ça a fait un sacré charivari, toutes ces bêtes qui partaient dans tous les sens, et les vendeurs qui hurlaient après lui, qui couraient dans tous les sens. Les seuls qui ont échappé à sa colère, ce sont les vendeurs de colombes, à croire qu'il se souvenait que des colombes avaient été sacrifiées pour lui quand il était tout petit. A eux, il a dit sur un ton très triste qu'ils ne devaient pas faire de la maison de son père, une maison de commerce. Et moi, dans ce mot, commerce, j'entendais presque prostitution.

À le voir comme cela, en moi résonnait une parole du grand psaume, le psaume que nous chantons à chaque Sabbat: "On a oublié ta parole, le zèle pour ta maison me dévore". Mais ce qui m'avait étonné, c'est qu'il avait appelé le Temple la Maison non pas du Très Haut, béni soit-il, mais la maison de son Père.

Bien sûr les pharisiens sont arrivés et lui ont demandé de quel droit il avait fait ça (moi je dirais foutu un tel bazar) et de montrer un signe. Un signe, mais le signe ils l'avaient. Sauf qu'il leur a répondu avec une de ces phrases dont il a le secret; il leur a dit: "Détruisez ce Temple et moi je le relèverai en trois jours".

Relever… Cela pour moi évoquait un retour à la vie. Trois jours, comme le temps qu'il avait fallu pour que Dieu montre sa Gloire au moment de l'Exode. Je suis sûr qu'il disait quelque chose de lui, de ce qui se passerait; parce qu'avec lui, rien n'est laissé au hasard.

Sauf que bien sûr les autres lui ont plus ou moins ri au nez. Comment pouvait-il relever un temple qui avait demandé 46 ans pour être *construit? Des incompréhensions entre lui et eux, à mon avis ça ne faisait que commencer; et les connaissant, je pensais bien que ça finirait mal et qu'il y laisserait sa peau.*

*Mais là, ils sont partis et le Maître a guéri beaucoup de malades, et donné de l'espoir à ceux qui l'écoutaient, mais je savais bien qu'il ne leur faisait pas trop confiance, parce que c'est facile de retourner un humain et que les pharisiens à ce jeu sont très forts.*

*Je me demande comment la vie va être avec lui, mais là où il ira, moi je le suivrai.*

## Jn 3, 1-22 Nicodème. 2022

La liturgie propose de lire trois jours de suite la rencontre de Nicodème avec Jésus (et non de Jésus avec Nicodème). Je les mets dans cet ordre-là, car c'est bien cet homme, ce pharisien, ce notable, qui vient trouver Jésus pendant la nuit. Un peu comme s'il voulait se cacher de ses concitoyens, qui pourraient le regarder d'un mauvais œil.

La récente série vidéo "The Chosen" présente cet homme de manière assez étonnante: surtout il "piste" un peu Jésus, pour comprendre "comment" fait cet homme, pour expulser les démons qui sont chez celle que nous appelons Marie de Magdala, puisque lui a échoué. Il est fasciné par ce qu'il entend dire de lui. Mais ce qui m'a le plus étonné dans la vidéo, c'est que la rencontre se passe à Capharnaüm, alors que pour moi, la rencontre a lieu à Jérusalem. Si on suit la chronologie de Jean, qui fait aller Jésus - chapitre 2 - de Cana (premier signe, avec l'eau devenue vin de noces) à Capharnaüm, d'où il monte à Jérusalem, chasse les vendeurs du Temple, puis célèbre la première Pâque (il y en a trois dans le récit johannique), rencontre ensuite Nicodème puis reste ensuite en Judée où il baptise, rien ne prouve que Jésus soit resté à Jérusalem, et la rencontre pourrait avoir eu lieu en Galilée. Mais cette mention de l'auteur sur Jésus qui se rend en Judée m'a un peu interpellée. Impossible de savoir si la rencontre se passe à Jérusalem, ce que je continue à croire, ou en Galilée. Mais la mention sur la Judée reste question. Enfin Jérusalem est bien en Judée.

Ce qui est certain, c'est que ce "Maître", qui est membre du Sanhédrin, veut en savoir plus sur Jésus. Mais comme le note l'évangéliste, la rencontre a lieu dans la soirée, et on peut supposer que Nicodème a envoyé quelqu'un pour fixer un rendez-vous qui l'arrange.

On ne peut pas dire que la rencontre se passe bien. Il semble bien que Nicodème, qui plus tard prendra la défense de Jésus et réclamera son corps à Pilate, se fait quand même bien malmener par Jésus, comme s'il était le prototype de tous les pharisiens, aveuglés par leur savoir. On a parfois l'impression d'un dialogue de sourds, avec un jeune homme, très brillant, qui semble horrifié par l'incapacité de comprendre de son "vieil" interlocuteur, qui trop souvent prend les choses au pied de la lettre, ce qui est quand même la manière rabbinique de laisser un texte questionner, et qui passe vraiment pour un demeuré (j'emploie ce terme exprès, car Jean affectionne ce terme: si quelqu'un m'aime, mon Père l'aimera, nous viendrons à lui et nous ferons en lui notre demeure"). Car c'est peut-être bien cela le chemin de Nicodème., et notre chemin, devenir "demeure".

Nicodème raconte [1].

*Depuis peu, il y a un jeune homme, enfin je dis jeune car il doit avoir entre trente et quarante ans, mais plus près de 30, ce qui pour moi qui ai le double de son âge est jeune, un Galiléen, qui fait des choses peu ordinaires. Il est de Nazareth, mais de Nazareth que peut-il sortir de bon? Certains pensent qu'il est le Messie, mais le Messie, lui, doit être de la descendance de David et donc être né à Bethléem.*

*On m'a raconté qu'il est allé voir ce Jean qui baptise sur les bords du Jourdain, ce Jean qui fait un peu penser à Elie le prophète; qui n'a été investi par aucun d'entre les nôtres, mais qui dit être la voix qui crie dans le désert. Et beaucoup viennent à lui. À certains d'entre nous qui sont allés le questionner, pour savoir au nom de quoi il faisait ce qu'il faisait, prêcher un baptême de conversion, il a dit **qu'il y a chez nous, quelqu'un que nous ne connaissons pas; mais que lui, il ne s'estime pas digne de délier la courroie de sa sandale. Il dit aussi avoir vu l'Esprit, tel une colombe, se poser sur cet homme, quand il est remonté des eaux du Jourdain, et avoir dit qu'il était l'agneau de Dieu.** Certains disent que celui dont il parle, ce serait ce Jésus, ce Nazaréen.*

*Mais nous, les pharisiens, nous ne l'aimons pas trop, Jean; il est très populaire parmi les soldats, et tous ceux qui sont à la solde des romains, des pécheurs. Mais parler de conversion, ça ne fait de mal à personne.*

*Ce Jésus est venu à Jérusalem au moment de la célébration de la Pâque. Et, à ma grande joie je dois le reconnaître, il a chassé les vendeurs du Temple, vendeurs qui ne devraient pas être là, et qui sont des profiteurs. Mais il a eu une phrase curieuse, une phrase qui m'interroge, pour justifier son geste: **Ne faites pas de la maison de mon Père, une maison de voleurs".** Que veut-il dire par là? La maison de son Père. Voudrait-il nous faire croire que notre Dieu, est son Père?*
*On dit qu'il a ensuite beaucoup parlé, et fait quelques guérisons et quelques expulsions; mais cela, nos disciples aussi en sont capables.*
*-*
*J'avais envie de me faire ma propre opinion, et j'ai envoyé mon serviteur le voir, pour qu'il me propose une heure de rencontre. Mais je ne veux pas me faire remarquer, je suis déjà un peu considéré comme un excentrique; je tiens à le rencontrer de nuit.*

*En arrivant, un peu pour lui faire comprendre que je n'étais pas contre lui, mais avec lui, je lui ai dit que je savais que Dieu était avec lui, parce que les signes qu'il accomplissait ne peuvent venir que d'une union avec le Très-Haut et si comme l'a dit ce baptiseur, l'Esprit est sur lui, qui suis-je pour le contrer?*

*Et là-dessus, il est parti dans les hauteurs si je puis dire. Au lieu de me répondre amicalement, il m'a dit sur un ton très péremptoire, que **"à moins de naître d'en haut, on ne peut voir le royaume de Dieu"**. Naître d'en haut, mais qu'est-ce qu'il veut dire? Et lui alors, lui qui est né à Nazareth, on ne sait même pas trop qui est son père, qui est-il pour me balancer une phrase pareille. Et en bon rabbin que je suis, j'ai repris un mot, pour qu'il s'explique. Je lui ai demandé, **"Comment un homme peut naître quand il est vieux? Comment peut-il revenir dans le ventre de sa mère"**? Et en moi-même je pensais que cette dernière ne devait plus être de ce monde! Ma mère nous a quitté il y a longtemps. Là, j'espérais lui avoir montré que j'avais de la répartie moi aussi.*

*Mais lui, il est parti sur autre chose. Et je n'ai pas compris. Ce n'était pas un raisonnement, c'était une affirmation. Il n'a pas répondu à ma question, comme si elle était stupide. J'avais l'impression que ce n'était plus à moi qu'il parlait, mais à ses disciples, qui le regardaient avec admiration. Il a dit **"que nul, à moins de naître de l'eau et de l'Esprit, ne peut entrer dans le royaume de Dieu"**. Là, si je crois ce que le Baptiseur a dit, il parle de lui, mais peut-être pas seulement. Va-t-il proposer un autre baptême? Mais qui est maître de l'Esprit, à part le Très Haut?*

*Et il a continué, en disant que je ne sois pas étonné par ses paroles (et là ça devait bien se voir qu'étonné je l'étais), "que **ce qui est né de la chair est chair, que ce qui est né de l'Esprit est esprit"**.*

*Il veut dire quoi? Tous, nous sommes nés de la chair, tous nous avons un corps, un corps tissé dans le sein de notre mère, et nous pensons que pour certains, l'Esprit de Dieu repose sur eux, c'est ce qu'affirmait Isaïe [(2)]; et j'aime à pense que de l'Esprit du Très Haut est sur moi quand je récite les psaumes, les prières, quand j'offre des sacrifices, quand je fais l'aumône, quand je donne la dîme.*

*Puis il a ajouté "**il faut naître d'en Haut**". Il oppose le bas, peut-être notre monde, avec le Haut, le lieu de la Présence. Au fond de moi, je le sais bien mais comment faire? Et il a conclu par une analogie en disant que "**le vent souffle où il veut, qu'on entend sa voix, mais qu'on ne sait ni d'où il vient, ni où il va. Et que c'est pareil pour qui est né de l'Esprit.**" Alors là, qu'est-ce qu'il veut faire comprendre? Que je ne sais pas d'où il est, ni où il va? Mais que lui, qui se dit si je comprends bien envahi par l'Esprit, quand il parle, c'est la voix du Très Haut que j'entends? C'est un peu comme s'il affirmait être le prophète, celui que Moïse nous a promis.*

*Là encore, pour montrer que je suivais son raisonnement, j'ai demandé "**comment cela pouvait se faire**"? Là il a fait semblant d'être étonné que moi, "**un maître qui enseigne en Israël, je ne connaisse pas ces choses-là**". J'avais l'impression qu'il avait un petit air ironique, mais pas méchant. Sauf que je reconnais que j'ai bien du mal à le suivre. Je ne sais jamais sur quel plan il va poursuivre.*

*Et là, j'ai eu l'impression qu'il s'envolait. Il a employé des pronoms, il y avait du "je", du "nous", et du "vous". Le "vous". J c'était vraiment comme une attaque. On aurait dit qu'il y avait en lui une présence qui lui parlait et que nous, nous n'étions pas capables d'écouter et de comprendre ce qu'il voulait nous dire.*

*Il a dit, non pas que **nous ne recevions pas son témoignage, mais "notre" témoignage**. Et là il n'a pas tort parce que pour qu'un témoignage soit reçu, il faut deux personnes et c'est comme si lui, témoignait de cette présence en lui, mais cette présence je ne la vois pas, et c'est peut-être là le difficile. Et il a conclu bizarrement en disant que "**nul n'est monté au ciel, sinon celui qui est descendu du ciel, le Fils de l'homme**". Et il a ajouté," **De même sur le serpent de bronze fut élevé par Moïse dans le désert, ainsi faut-il que le Fils de l'homme soit élevé, afin qu'en lui, tout homme ait la vie éternelle**".*

*Alors là, je suis un peu rentré en moi-même, dans mes pensées. S'il dit être le Fils de l'homme, celui qui est figure du Très Haut, dans le livre de Daniel s'il dit qu'il est venu du ciel pour nous donner la vie éternelle, celle qui va bien au-delà de la mort du corps, qui est-il? Et je l'ai écouté parler à ses disciples, car moi, j'étais incapable de continuer le dialogue.*

*Et il a dit en s'adressant à tous, **que Dieu avait tellement aimé le monde, qu'il lui avait donné son Fils Unique, pour que tout homme qui croit en lui, ne se perde pas, mais obtienne la vie éternelle".** Quand il disait cela, j'avais l'impression d'entendre le prophète Ézéchiel qui parle des brebis qui s'égarent à cause des prêtres, et je me demandais s'il ne s'agissait aussi un peu de nous les pharisiens avec notre grand respect de la loi, mais surtout des préceptes. Et je m'interrogeais: est-ce que cet homme ne serait pas le vrai berger, celui qui permet aux brebis de trouver un pâturage et aussi d'être protégées.* [3]

*Je crois qu'ensuite il s'est mis à parler de lui, en disant que Dieu, qu'il considère comme son Père, **"l'a envoyé dans le monde non pas pour juger le monde, mais pour que par lui le monde soit sauvé".** Et je dois reconnaître qu'en moi, cette phrase a résonné et résonne encore, et que j'ai vraiment envie de croire. Mais je suis incapable de savoir s'il est fou ou si vraiment il est l'envoyé, et pourtant jusqu'à présent sa vie est celle d'un homme inspiré.*

*Et comme s'il avait lu en moi, il a repris ce verbe "croire" en disant que **"celui qui croit en lui échappe au jugement, et que celui qui ne croit pas est déjà jugé, du fait qu'il n'a pas cru au nom du Fils Unique de Dieu".***

*Il a conclu en disant que la lumière (je pense que c'est lui) **est venue dans le monde, mais que monde ne l'a pas reçue: que les hommes préfèrent les ténèbres à la lumière, parce que leurs œuvres sont mauvaises".***

*Ensuite, il me semble qu'il a terminé par une sorte de sentence, je dirai presque de proverbe.*

*Il a dit que **"celui qui fait le mal déteste la lumière, il ne vient pas à la lumière de peur que ses œuvres ne soient dénoncées"**. Je dois dire, que malheureusement il a raison. Personne n'aime que ce qu'il fait de mal soit dévoilé, et même le reconnaître reste très difficile, parce que parfois, on ne se rend pas compte que c'est mal.*

*Et quand il dit que **"que celui qui fait le mal déteste la lumière"**, c'est un peu comme s'il disait que celui qui fait le mal a peur que la lumière le blesse, lui fasse mal aux yeux; alors il préfère rester dans l'obscurité. C'est un refus, et ces refus, nous savons que Dieu ne les aime pas. S'il nous appelle aussi souvent "le peuple à la nuque raide", c'est bien parce que nous en sommes spécialistes. Et je me demande si lui, ne se considère pas comme la lumière; et que nous refusons - nous qui savons - de lui reconnaître cette qualité, parce que quelque part cela nous fait peur.*

*Puis, il a symétrisé, en disant que **"celui qui fait la vérité vient à la lumière, pour qu'il soit manifeste que ses œuvres ont été accomplies en union avec Dieu"**. Peut-on comparer faire le mal avec faire la vérité? Est-ce que "vérité" cela veut dire "bien"? Mais la connaissance du bien et du mal, c'est tellement compliqué, même pour moi qui suis un maître. Peut-être parle-t-il de lui? Je ne sais pas.*

*Là-dessus, je l'ai quitté, et je suis revenu rempli de perplexité dans ma demeure. Pour moi, il est certain que c'est un homme habité par l'Esprit. Est-il ce qu'il dit être, le Fils de l'homme? Cela je ne le sais pas. Je verrai bien comment cela va évoluer au fil de jours, mais je crains qu'il ne finisse comme un blasphémateur, lapidé.*

[1] Les phrases tirées de l'évangile Jn 3, 1-22 sont en gras
[2] Is 61
[3] Ez 34,11-61

## Jn 4, 43-54 "Seigneur descends avant que mon enfant ne meure". 2022

Quatrième semaine de Carême, on commence l'évangile de Jean. Au moins il y aura une cohérence dans les textes de semaine. Il reste à voir ce qu'on nous proposera comme première lecture.


Réflexions sur le texte.

En lisant ce texte, j'ai été frappé par les différences qui existent entre ce texte et ceux de Matthieu et de Luc qui parlent, non d'un officier royal mais d'un centurion. J'ai fait un tableau, comme pour une concordance, mais la version de Jean diffère trop pour que ce soit vraiment utilisable.

Chez Matthieu, le centurion s'adresse directement à Jésus, c'est lui qui dit qu'il n'est pas digne que Jésus entre chez lui, mais qu'il sait que la parole de ce dernier est puissante et qu'elle peut effectuer un miracle.

Chez Luc, ce sont des amis du centurion: étant non juif il ne veut ni s'adresser à Jésus directement, ni l'inviter à entrer dans sa maison, pour qu'il ne soit pas obligé d'entrer dans la maison d'un non circoncis, même s'il s'agit d'un craignant Dieu. Si on se réfère aux Actes des Apôtres, il est reproché à Pierre d'être entré dans la maison d'un non juif Ac 10, **28** Il leur dit : « Vous savez qu'un Juif n'est pas autorisé à fréquenter un étranger ni à entrer en contact avec lui.

Chez Jean le contexte est très différent. Il s'agit d'un officier royal; et cela ne se passe pas à Capharnaüm, même si c'est là que se trouve et la résidence de l'officier et le malade, mais à Cana.

Le titre même d'officier royal pose question, puisqu'à cette époque, il n'y avait pas de roi. Hérode le grand, était appelé le roi, mais pas ses fils. On peut penser qu'il était attaché à la cour d'Hérode, tétrarque comme le note Luc au début de son évangile, qui devait, si on reprend la décapitation de Jean, avoir une véritable cour. Certaines traductions disent "Seigneur de la cour", "officier du roi", "homme de cour", officier royal, ce qui est très différent de centurion de l'armée romaine. Si comme cela m'a été enseigné il y a fort longtemps, cet homme est un dignitaire de la cour d'Hérode, je peux aussi penser qu'il est juif et non païen, ce qui change quand même les choses.

Par ailleurs, Jean prend le soin de dire que Jésus, après un bon accueil en Samarie (c'est ce qui suit la rencontre avec la Samaritaine au puits de Jacob Jn 4 1-42) et le fait que de nombreux Samaritains croient en lui après l'avoir entendu parler, se demande quel accueil il va recevoir en Galilée .

Jean cite alors une phrase que Jésus a dite dans la synagogue de Nazareth: "Nul n'est prophète en son pays". Et si on fait le lien avec les synoptiques (ce qu'il ne faudrait peut-être pas faire), Jésus parle d'Elie et d'Élisée, qui ont nourri pour l'un et guéri pour l'autre deux étrangers. Alors je me suis demandée, même si je ne suis pas sûre que ce type de typologie intéresse Jean, si malgré tout ce dernier veut montrer que Jésus est bien un prophète, bien plus qu'un prophète.

Je me suis demandée si on ne peut pas faire un parallèle entre ce qui s'est passé entre Élisée et Naaman le général syrien qui vient pour se faire guérir de la lèpre. Ce général est très déçu par le non accueil d'Élisée, qui ne vient pas à sa rencontre et qui lui fait dire de se plonger sept fois dans les eaux du Jourdain; et ce haut fonctionnaire royal, qui lui sachant que Jésus est à Cana, va l'attendre, lui demande avec instance de descendre chez lui à Capharnaüm, pour sauver son enfant qui est mourant (et je trouve que le verbe descendre, employé par trois fois, évoque aussi ce qui attend cet enfant si Jésus n'intervient pas); qui dans un premier temps se fait presque réprimander, et qui dans un deuxième temps retourne chez lui avec une parole, "ton fils est vivant", parole qu'il accepte comme vraie. Il pose là un acte de foi semblable à celui de Naaman (même si pour ce dernier, c'était un peu à son corps défendant). Et de même que Naaman, en retournant chez lui, proclamera que le seul Dieu, c'est le Dieu d'Israël, de même, cet homme et toute sa maison (qui peut être importante) croit en Jésus, c'est-à-dire reconnaît en lui celui qui donne la vie, le Sauveur. Et il croira lui et toute sa maison.

On peut aussi penser que Cana, c'est un peu le miracle d'Élie qui se refait. Ce n'est plus de l'huile et de la farine qui se multiplient durant un temps, mais l'eau qui devient vin.

Le prêtre qui commentait cet évangile a fait remarquer que lors du miracle de Cana, les serviteurs sont envoyés faire goûter ce qui a été prélevé dans les jarres, mais ils ne savent pas ce que l'eau est devenue du vin. De même, lui pense (peut-être contrairement à moi) que quand Jésus lui dit "va", il ne sait pas du tout si son fils est guéri ou non. De même qu'Abraham ne sait pas ce qui va advenir de lui, mais part; et c'est sa foi qui va permettre qu'il devienne le père des croyants.

Lecture du texte en regroupant les versets.


*43 En ce temps-là, après avoir passé deux jours chez les Samaritains, Jésus partit de là pour la Galilée.*
*44 – Lui-même avait témoigné qu'un prophète n'est pas considéré dans son propre pays.*

Intéressant, la durée. Deux jours chez les Samaritains, et quitter un endroit où il respecté et accueilli pour aller dans un ailleurs qui semble inquiétant. Mais ce sera aussi ce qui se passera pour les disciples, après le troisième jour (en fait bien après).

*45 Il arriva donc en Galilée; les Galiléens lui firent **bon accueil**, car ils avaient vu tout ce qu'il avait fait à Jérusalem pendant la fête de la Pâque, puisqu'ils étaient allés eux aussi à cette fête.*

Une explication: si ça se passe bien avec ces habitants-là, c'est qu'ils connaissent Jésus et ont vu ce qu'il a fait pendant la fête de la Pâque. Est-ce qu'il s'agit des vendeurs chassés du Temple (peut-être que cela a réjoui pas mal de monde, ainsi que la manière dont Jésus ne se laisse pas faire par les anciens).

*46 Ainsi donc Jésus revint **à Cana** de Galilée, où il avait changé l'eau en vin.*

Jésus va quand même dans un lieu où il doit être bien accueilli après tout, n'a-t-il pas permis que la noce se termine bien et je peux penser que la famille du ou de la mariée peut lui faire bon accueil, à lui et à ses disciples.

*Or il y avait un fonctionnaire royal, dont le fils était malade à **Capharnaüm.***
*47 Ayant appris que Jésus arrivait de Judée en Galilée, il alla le trouver ; il lui demandait de **descendre** à Capharnaüm pour guérir son fils qui était mourant.*

Et là, on nous parle d'un fonctionnaire royal (pas n'importe qui, un peu comme Naaman le général syrien). Si je fais un lien entre ce fonctionnaire royal, et Naaman le syrien, c'est que Jésus a dit que personne n'est prophète dans son pays, et que cette phrase aurait été prononcée à Nazareth, avec à l'appui les actions d'Élie et d'Élisée en faveur d'étrangers. Et je pensais que ce fonctionnaire de haut rang, aurait pu souhaiter que Jésus accède à sa demande, et le suive immédiatement à Capharnaüm. Un peu comme Naaman qui ne comprend pas que le prophète reste chez lui et se contente de lui donner un ordre: va te plonger sept fois dans les eaux du Jourdain. Là aussi, avec Jésus, il y a aura un "va". Et finalement l'un comme l'autre, deviennent des croyants.

Ce verbe descendre va être employé par trois fois. Le premier, c'est ce que le fonctionnaire royal désire: que Jésus accepte de ne pas rester à Cana, et donc fasse les 30 kms qui le sépare de Capharnaüm, dans l'urgence. Et il semble ne pas concevoir qu'on lui résiste.

*48 Jésus lui dit : « Si vous ne voyez pas de signes et de prodiges, vous ne croirez donc pas ! »*
*49 Le fonctionnaire royal lui dit : « Seigneur, **descends,** avant que mon enfant ne meure ! »*

La phrase prononcée par Jésus semble donner un coup d'arrêt. Dans l'Exode il est question de voir des signes et des prodiges, et de rester avec le cœur endurci. Et cette réponse de Jésus semble avoir un impact. Car je peux imaginer que le ton sur lequel est fait la demande est totalement modifié. Ce n'est plus un ordre, c'est une demande, d'un père pour son fils; et non plus d'un officier à un homme qu'il pense être un guérisseur.

*50 Jésus lui répond : « Va, ton fils **est vivant.** » L'homme **crut à la parole** que Jésus lui avait dite et **il partit.***
*51 Pendant qu'il **descendait,** ses serviteurs arrivèrent à sa rencontre et lui dirent que son enfant **était vivant.***

Comment entendre ce "va"? Et peut-on le dissocier de l'affirmation, ton fils est vivant ce qui est somme toute beaucoup plus que "ton fils est guéri".

La vie est revenue en cet enfant, Jésus a donné la vie à cet enfant pour que son père et toute la maison comprenne qu'en Jésus le Royaume est là, que la vie se donne en plénitude.

***52** Il voulut savoir à quelle heure il s'était trouvé mieux. Ils lui dirent :
« C'est hier, à la **septième heure,** (au début de l'après-midi), que la fièvre
l'a quitté. »
   **53** Le père se rendit compte que c'était justement l'heure où Jésus lui
avait dit : « Ton fils est vivant. »*

Jésus va rendre l'Esprit à la neuvième heure, même si ce n'est pas dans Jean. La septième heure, cela pourrait être six plus un, six la création de l'homme, sept, le renouveau du repos demandé par le Shabbat. Mais c'est bien la confirmation de l'efficacité de la parole de celui que Jean appelle le Verbe.

*Alors il crut, lui, ainsi que tous les gens de sa maison.*

Là, c'est une autre phrase qui fait choc en lui. La première c'est cette sorte de réprimande de Jésus, sur les signes et les prodiges, et là, c'est la confirmation de l'heure de la puissance de la Parole. On a besoin parfois de confirmation pour croire et c'est peut-être ce que le "alors" signifie.

***54** Tel fut le second signe que Jésus accomplit lorsqu'il revint de Judée en
Galilée.*

Il y a eu deux signes. Le vin des noces, et la vie donnée.


Le fonctionnaire royal raconte.

*J'étais à Jérusalem après du roi Hérode. On m'a parlé d'un certain Jésus, un homme de Galilée, qui a eu le culot de chasser les vendeurs du temple, ce qui je dois le dire, m'a fait bien plaisir. J'ai entendu dire qu'il parlait beaucoup, qu'il ne se présentait pas comme un rabbi qui passe son temps à couper les cheveux en quatre, mais surtout qu'il était à l'écoute et qu'il était bon.*

En rentrant chez moi, à Capharnaüm, j'ai trouvé ma femme en larmes. Notre fils était brûlant de fièvre, rien n'arrivait à la faire baisser, il était comme un sac de chiffon dans son lit, trop faible même pour boire; la vie le quittait, il était en train de mourir. Personne ne savait que faire. Quelqu'un de ma maison m'a dit que Jésus était à Cana. Alors je suis parti en grande hâte pour le trouver, lui demander de venir chez moi, de descendre à Capharnaüm, pour rendre la vie à mon fils. Il fallait que j'arrive avant qu'il n'ait quitté cette localité. Je me suis hâté, et l'inquiétude me rongeait.

En arrivant à Cana, j'ai vu qu'il n'était pas seul. Il avait ses disciples, mais aussi beaucoup d'autres personnes. On m'a raconté qu'il y a peu, il avait participé à une noce, et qu'à partir d'eau puisée dans les citernes il a procuré un vin d'une excellente qualité aux invités, qui allaient en manquer. Cela montre bien sa bonté et sa générosité.

Alors je me suis approché de lui et je lui ai demandé de descendre chez moi à Capharnaüm, pour guérir mon fils mourant. J'étais très ému de le voir, de le rencontrer.

Et là, il a eu une phrase rude, comme si j'étais à la recherche d'un geste magique. Il m'a dit: si vous ne voyez pas des signes et des miracles vous ne croirez donc pas. Qu'est-ce qu'il veut dire par "croire"?

Mais moi, bien sûr je ne désirais qu'une seule chose, qu'il quitte Cana au plus vite, que nous puissions descendre à Capharnaüm, nous hâter le plus possible, parce que les heures étaient comptées, qu'il entre chez moi, qu'il touche mon fils, qu'il le guérisse. Et puis, je suis habitué à ce qu'on ne me résiste pas. Et j'avais tellement peur qu'il refuse.
Alors j'ai insisté, je lui ai dit "Seigneur descends avant que mon fils ne meure". Il y a eu un silence; je pensais qu'il allait se mettre en route, m'accompagner; Il m'a dit "va, ton fils est vivant!" Et il avait un tel ton que je l'ai cru. Mais c'était quand même difficile à imaginer; et j'ai pris la route.

*Et pourtant, au fil des heures, je sentais que mon fils était vivant. Mais que la route me semblait longue! J'ai marché toute la nuit.*

*Au petit matin, des gens de ma maison sont venus à ma rencontre. Ils m'ont dit que mon fils était vivant. Je leur ai demandé à quelle heure la guérison avait eu lieu. Ils m'ont dit à la septième heure, et c'était l'heure à laquelle Jésus m'avait dit que l'enfant était sauvé. La même heure. Et là, moi l'officier, moi qui finalement ne croit plus en grand-chose, j'ai cru en cet homme.*

*Sa parole avait été comme celle du Très Haut., qui ne revient pas sans avoir accompli ce qu'elle a dit. Sa parole avait agi. Sa parole avait fait. Mon fils était dans la vie. La mort avait été vaincue. Que le Très Haut soit Béni de nous avoir envoyé un tel homme sur notre terre!*

*Je suis arrivé chez moi, j'ai raconté à toute ma maison ce qui venait d'arriver et tous nous avons cru que cet homme avait les paroles qui donnent la vie, les paroles de la vie éternelle.*

**Jn 6, 16-23: Les disciples voulaient le prendre dans la barque. 2022**

Le texte.

On trouve le même épisode rapporté par Matthieu et par Marc. Chez Luc la multiplication des pains se trouve au chapitre 9. Elle est suivie de la reconnaissance de Pierre, de la première annonce de la passion tu es le Christ et par la transfiguration. Une autre logique.

| Matthieu 14, 22-33 | Marc 6, 45-53 | Jean 6,16-23 |
| --- | --- | --- |

| | | |
|---|---|---|
| **22** Aussitôt Jésus obligea les disciples à monter dans la barque et à le précéder sur l'autre rive, pendant qu'il renverrait les foules | **45** Aussitôt après, Jésus obligea ses disciples à monter dans la barque et à le précéder sur l'autre rive, vers Bethsaïde, pendant que lui-même renvoyait la foule. | **15** Mais Jésus savait qu'ils allaient venir l'enlever pour faire de lui leur roi ; alors de nouveau il se retira dans la montagne, lui seul. |
| **23** Quand il les eut renvoyées, il gravit la montagne, à l'écart, pour prier. Le soir venu, il était là, seul | **46** Quand il les eut congédiés, il s'en alla sur la montagne pour prier. | **16** Le soir venu, ses disciples descendirent jusqu'à la mer.<br><br>**17** Ils s'embarquèrent pour gagner Capharnaüm, sur l'autre rive. C'était déjà les ténèbres, et Jésus n'avait pas encore rejoint les disciples |
| **24** La barque était déjà à une bonne distance de la terre, elle était battue par les vagues, car le **vent** était contraire | **48** Voyant qu'ils peinaient à ramer,<br><br>car **le vent** leur était contraire, il vient à eux vers la fin de la nuit en marchant sur la mer, et il voulait les dépasser. | **18 Un grand ve**nt soufflait, et la mer était agitée. |
| **25** Vers la fin de la | **49** En le voyant | **19** Les disciples |

| | | |
|---|---|---|
| nuit, Jésus vint vers eux en **marchant** sur la mer | **marcher** sur la mer, les disciples pensèrent que c'était un fantôme et ils se mirent à pousser des cris. | avaient ramé sur une distance de vingt-cinq ou trente stades (c'est-à-dire environ cinq mille mètres), |
| **26** En le voyant marcher sur la mer, les disciples furent bouleversés. Ils dirent : « C'est un fantôme. » Pris de peur, ils se mirent à crier. | **50** Tous, en effet, l'avaient vu et ils étaient bouleversés | lorsqu'ils virent Jésus qui **marchai**t sur la mer et se rapprochait de la barque. Alors, ils furent saisis de peur |
| **27** Mais aussitôt Jésus leur parla : « Confiance ! c'est moi ; n'ayez plus peur ! » | Mais aussitôt Jésus parla avec eux et leur dit : « Confiance ! c'est moi ; n'ayez pas peur ! » | **20** Mais il leur dit : « C'est moi. N'ayez plus peur. » |
| *28 Pierre prit alors la parole : « Seigneur, si c'est bien toi, ordonne-moi de venir vers toi sur les eaux. » 29 Jésus lui dit : « Viens ! » Pierre descendit de la barque et marcha sur les eaux pour aller vers Jésus. 30 Mais, voyant la force du vent, il eut peur et, comme il commençait à enfoncer, il cria : « Seigneur, sauve-moi ! » 31 Aussitôt, Jésus* | | |

| | | |
|---|---|---|
| *étendit la main, le saisit et lui dit : « Homme de peu de foi, pourquoi as-tu douté ? »*<br><br>**32** Et quand ils **furent montés** dans la barque, le vent tomba. | | **21** Les disciples voulaient le **prendre dans la barque ; aussitôt, la barque toucha terre là où ils se rendaient.** |
| **33** Alors ceux qui étaient dans la barque se prosternèrent devant lui, et ils lui dirent : « Vraiment, tu es le Fils de Dieu ! » | **52** car ils n'avaient rien compris au sujet des pains : leur cœur était endurci.<br><br>**53** Après la traversée, abordant à Génésareth, ils accostèrent. | |

On voit que les différences sont nombreuses, sans parler de la demande de Pierre de marcher sur les eaux, dans l'évangile de Matthieu. Par ailleurs, dans les synoptiques Jésus donne un lieu précis aux disciples, et c'est lui qui les envoie; chez Jean les disciples abandonnent Jésus, ils le laissent se débrouiller tout seul pour rentrer. Du coup, ce qui se passe ensuite peut tout à fait évoquer ce qui se passera après la mort de Jésus, quand les disciples vivront une véritable tempête intérieure, tempête que les annonces de Marie de Magdala ("le corps a disparu" suivi de "il est ressuscité"), n'apaisent pas. Et, comme sur le lac, Jésus sera pris pour un fantôme. Et c'est lui qui en quelque sorte fera accoster la barque.

Mais quand j'ai travaillé ce texte, c'est le dernier verset qui m'a beaucoup interrogée: **"Les disciples voulaient le prendre avec eux dans la barque; aussitôt la barque toucha terre là où ils se rendaient".**

Un commentateur insiste sur le verbe "prendre", en disant que ce verbe se retrouve déjà plus haut: la foule veut prendre Jésus (s'en emparer) pour le faire roi, et Jésus se "retire" seul dans la montagne. Pour ma part, le verbe se retirer m'a toujours fait penser à la mer qui se retire, et on ne peut pas la retenir. Là, le verbe prendre, mettre la main sur est important, surtout dans cet évangile où Jésus est le maître: nul ne lui prend la vie, c'est lui qui la donne et qui décide le "quand" et le "où".

Si on reprend le texte il semble donc que, Jésus s'étant caché, les disciples sont comme livrés à eux-mêmes et ils ne savent pas trop que faire. Ils décident d'aller au lieu habituel, Capharnaüm, mais c'est leur propre initiative. Est-ce la bonne direction?

Toujours est-il qu'on dirait que les éléments se déchainent comme pour les noyer, comme s'il ne fallait pas que la mission s'accomplisse. On pourrait presque dire, puisque la lumière n'est pas avec eux, alors les ténèbres peuvent s'en donner à cœur joie. Il y a le grand vent et l'agitation de la mer.

Mais curieusement ce n'est pas cela qui leur fait peur, c'est Jésus qui arrive en marchant sur ces éléments déchaînés. Et la réponse "c'est moi", la même que l'on aura et au jardin des oliviers, et surtout dans le cénacle.

Jésus monte -t-il ou pas? Dans les synoptiques, il monte, là, ce n'est pas certain, parce que les ténèbres ont été vaincues, le calme est revenu, et la rive est là. Je dois dire que j'aime bien cette idée où je verrais presque

Jésus le premier à terre tirant sur la barque pour la faire accoster, avec les disciples à l'intérieur. Ils sont comme tractés par Jésus, le Maître. Peut-être faut-il essayer de trouver des harmoniques avec Simon-Pierre, qui remonte dans la barque après la pêche des cent cinquante-trois poissons, au petit matin, et qui deviendra le Berger.


Un disciple raconte.

*Ce jour-là, il avait donné à manger à environ cinq mille hommes, et il y avait eu beaucoup de restes, surtout du pain. Bien entendu le poisson lui avait été entièrement mangé. On avait douze corbeilles remplies de pain. Les corbeilles elles étaient pour nous. Mais quelle surabondance.*

*La foule, elle, aurait bien voulu le prendre pour en faire un roi, leur roi, seulement lui, pendant que nous nous occupions de rassembler les morceaux, il avait disparu dans la montagne. Il a laissé tout le monde sur sa faim si j'ose dire, et pourtant nous étions rassasiés.*
*Nous les disciples, nous ne savions pas trop que faire; la nuit était venue. Nous avons pensé qu'il trouverait bien un moyen de nous retrouver et nous avons pris notre barque pour retourner à Capharnaüm. Enfin, par la terre ce n'est pas si loin. Mais on ne lui a pas demandé s'il voulait qu'on l'attende. On avait envie de souffler un peu, de nous retrouver à la maison.*

*Seulement pendant la nuit la tempête s'est levée, la mer s'est agitée, et nous ne savions plus du tout où nous allions. On se demandait même si ce n'était pas comme une punition, parce qu'on l'avait laissé tout seul. Le bateau se remplissait d'eau, et nous ramions, ramions, mais dans la nuit totale, nous étions complètement perdus. Pourtant ce morceau de la côte nous le connaissons par cœur. Mais là nuit, c'est autre chose surtout quand le vent se lève en tempête.*

*Et là, tout d'un coup, nous avons vu une silhouette qui marchait sur l'eau, et nous étions dans l'effroi le plus total. Était-ce un fantôme, un esprit mauvais? La peur nous avait envahis. Mais non, c'était Jésus, notre maître, qui nous avait rejoints ainsi.*

*Lui, la lumière, il avait vaincu les ténèbres qui nous menaçaient et qui voulaient nous avaler. Il nous a dit "C'est moi, n'ayez pas peur", mais sa manière de dire cela, c'était comme si le très Haut parlait par sa bouche, c'était un Moi, rempli de puissance et de force. Et le calme était là; mais la barque tanguait toujours pas mal.*

*Nous pensions le prendre dans la barque avec nous, mais à notre grande surprise, la terre était là.*

*Et lui le premier a mis pied sur la terre ferme et c'est lui qui a tiré la barque sur le rivage. Puis nous sommes rentrés à la maison aux premières lueurs du jour.*

*Mais en nous il y avait bien cette question: qui est-il vraiment, lui qui est venu à notre aide, qui nous a fait arriver sur le rivage, qui nous a sauvés des eaux profondes; et qui a donné à manger avec trois fois rien à autant de monde?*

*Puis il est sorti et nous avec lui, et très vite il y a eu du monde, beaucoup de monde. De fait ils ne comprenaient pas comme Jésus avait fait son compte pour arriver là, et ce n'est pas nous qui allions leur dire ce que nous avons vécu cette nuit-là. C'est notre secret.*


## Jn 7. "Les récriminations d'un pharisien". 2022

Cette semaine, les lectures proposées aux messes de semaine, tournaient autour du chapitre 5 (la guérison du paralytique de la piscine de Bethesda, et la polémique qui s'en suit) et du chapitre 7, qui reprend cette polémique dans le contexte de la fête des Tentes. Jésus essaye de faire comprendre aux pharisiens qui il est, mais ceux-ci sont très hermétiques.

J'ai eu envie, après la lecture proposée ce vendredi - Jn 7,1-30 - d'utiliser le texte de Jean pour imaginer ce qu'un bon pharisien pouvait reprocher à Jésus.

Je ne ferai pas ou le moins possible de références aux Synoptiques, où les pharisiens reçoivent beaucoup de reproches: malheur à vous les pharisiens, hypocrites., sépulcres blanchis  etc.

Dans le texte de Jean, le mot Dieu est fréquent, mais je doute qu'un juif pratiquant l'emploie, peut-être "Adonaï", mais je reconnais céder un peu à la facilité et avoir employé de vocable parce que c'était plus facile, tout en le remplaçant parfois par "Le très Haut".

Je voulais montrer l'exaspération des pharisiens. J'ai pensé à raconter cela sous la forme d'un écrit adressé à un ami de la Diaspora, donc qui n'est pas au courant de ce qui se passe à Jérusalem. Mais je reconnais avoir utilisé "mon style" et pas du tout le style épistolaire de l'époque (les épitres pauliniennes). C'est donc une sorte de relecture des sept premiers chapitres de l'évangile de Jean, un peu un survol; mais je reconnais que c'était l'inspiration de ce vendredi 1° avril, le jour des farces.


Un pharisien écrit à un ami.

*Mon très cher Josué,*

*Je tiens à te rapporter ce qui se passe dans notre ville de Jérusalem, depuis qu'un certain Jésus, un Galiléen, avec un accent à couper au couteau, s'est invité dans notre ville, avec des disciples à lui, tous des* hommes pratiquement sans instructions. À se demander ce qu'ils lui trouvent pour avoir quitté leur métier, leur femme, leur maison pour le suivre. Imagine-toi, qu'il y a même un publicain qui le suit, un zélote, des pêcheurs. Tu te rends compte?

La première chose qu'il a faite en entrant dans le temple c'est de chasser les vendeurs de bœufs, de brebis et de colombes et les changeurs de monnaie. Il s'est fait un fouet avec des cordes, et il les a tous chassé du Temple. Tu peux imaginer la pagaille dans les rues de la ville, avec les bœufs et les brebis qui allaient dans tous les sens. Il a renversé les tables des changeurs de monnaie et il a crié "**Enlevez ceci d'ici, ne faites pas de la maison de mon Père une caverne de commerce"**. En soi, je reconnais qu'il a raison, mais dire de la maison du Très Haut qu'il est son père, alors là, ça dépasse les bornes. Que David dans les psaumes, parce que le très Haut l'appelle son fils, puisse l'appeler son Père, je l'accepte, mais celui-là qui sort de Galilée, d'un village perdu, pour qui se prend-il? Si encore il était de la descendance de David, mais non, il vient de Nazareth et comme chacun le sait que peut-il sortir de bon de Nazareth?

Certains d'entre nous lui ont demandé un signe pour prouver qu'il était celui qu'il disait, comme si c'était possible. Il leur a rétorqué: **"Détruisez ce sanctuaire et en trois jours je le rebâtirai"**. Alors là, ça dépasse tout. Il a fallu quarante-six ans au roi Hérode pour faire du temple ce qu'il est aujourd'hui, alors trois jours!

Tu sais, cela fait penser aux contes que l'on raconte à nos enfants, où un héros - qui bien souvent est un petit dernier d'une famille illustre, malgré tout quelqu'un de pas très malin mais souvent de gentil - arrive à réaliser des choses inimaginables pour obtenir la main de l'élue de son cœur. Mais là, un homme sans aucune origine! C'est au moment de la Pâque que c'est arrivé. Il est resté un peu dans notre ville et il semble que beaucoup aient été séduits par son enseignement et par quelques miracles. Puis, je crois qu'il est retourné dans ses terres.

A propos de se prendre pour un héros, je vais encore t'en raconter une autre et je te reparlerai de ce qui nous énerve tant en ce moment un peu plus tard.

Imagine-toi qu'en Galilée, il a dit ni plus ni moins à nos amis qui étaient venus l'écouter dans la synagogue de Capharnaüm, que Moïse avait donné la manne à notre peuple, mais que lui, **il était le vrai pain venu du ciel, et qu'il donnerait sa chair en nourriture et que celui qui mangerait sa chair et boirait son sang, aurait la vie éternelle.** Tu te rends compte? Il est complètement fou, mais il est aussi dangereux. A cause de lui, le peuple va se détourner de ce qui est écrit dans nos livres, il n'aura plus foi en nous, il va se tourner vers ce fou qui dit donner cette vie éternelle que seul le Tout Puissant, béni soit-il peut donner. Et oser parler du sang alors que le sang appartient au Très Haut? Mais je reviens à ce qui se passe dans notre sainte ville.

J'ai su que l'un des nôtres, Nicodème est allé le voir de nuit. Tu te rends compte, de nuit, comme s'il avait peur que ça se sache. Mais ici, tout se sait. Ce qui s'est passé entre eux, je ne sais pas, mais d'après ce qu'on dit notre Nicodème a été tout retourné.

Ah, encore autre chose, j'avais oublié de te dire qu'il a été voir ce Jean, qui baptise à tour de bras sur les bords du Jourdain. C'est donc qu'il a quelque chose à se reprocher. On raconte - mais on raconte tellement de choses - que quand ce Galiléen est remonté de sa baignade forcée, Jean aurait eu une vision. Il aurait vu une colombe venant du ciel, demeurer sur lui, et il aurait dit que ce Jésus était l'élu de Dieu. Mais comment peut-on croire un fou comme ce Jean, qui vit dans le désert et qui se prend pour Elie? Enfin comme cela tu sais ce qui se passe ici.

Maintenant j'en arrive à ce qui vient de se passer. Un jour de Shabbat ce type est allé à la piscine aux cinq portiques, ce lieu qui est envahi par des superstitieux de toutes religions qui attendent un miracle quand l'eau de met à bouillonner.

*Il a vu un homme couché sur une civière, et il l'a guéri. Il lui a dit de se lever et de prendre sa civière avec lui. Alors, quand certains d'entre nous ont rencontré cet homme dans la rue, ils lui ont dit que c'était interdit de porter quoique ce soit, ce jour-là. L'homme leur a répondu que celui qui l'avait guéri lui avait dit de faire cela. Il a ajouté que lui, qui ne bougeait plus depuis trente-huit ans, qui attendait que quelqu'un le mettre dans l'eau, mais que jamais personne ne l'avait fait, il obéissait sans poser de question à cet ordre. Il a eu une phrase curieuse. Il a dit qu'il avait senti qu'en cet homme, il y avait un tel bouillonnement de vie, que ce n'était plus nécessaire d'aller dans le bouillonnement de l'eau. C'est étonnant quand même.*

*Il ne savait pas que c'était ce Jésus qui l'avait guéri. Ce n'est qu'un peu plus tard que nous avons eu le fin mot de l'histoire. Et là, ce Jésus, nous avons voulu le coincer. Il le fallait bien. Il allait tout démolir. Un homme qui pousse un autre à ne pas respecter le Shabbat, ce n'est pas possible. Il doit disparaître. Il va falloir trouver comment. Mais le conseil est prévenu, et il a envoyé des gardes pour l'arrêter.*

*Alors là, il nous en a dit des choses et des choses. Je vais essayer de résumer pour que tu te fasses une opinion.*

*Il a dit que **celui qui écoutait sa parole, écoutait Celui qui l'avait envoyé** et que cela **procurait la vie éternelle et que cela permettait d'échapper au jugement.***
*Ensuite, c'est vraiment devenu du délire. Il a dit que **les morts, tu lis bien, les morts, qui entendront sa voix, et là, il a parlé de lui comme étant le Fils de Dieu, eh bien ceux- là redeviendront vivants, parce que sa voix à lui a un pouvoir énorme.** Tu vois, quand je dis qu'il est fou. Il affirme que sa parole, qui est comme écho de celle de celui qu'il appelle son Père - et il parle du Très Haut - donne la vie finalement aux morts et aux vivants. Il se prend pour Dieu, ni plus ni moins.*

Il a ensuite affirmé (mais cela au fond ne me déplaît pas) qu'il y aurait une résurrection pour tous. Que ceux qui auront fait le bien n'auront pas besoin de jugement, mais que ceux qui auront fait le mal, eux, seront jugés et condamnés. Mais si je le suis bien, seuls seront sauvés ceux qui auront cru en lui, et ça, ça c'est impensable.

Et pour couronner le tout, il ajoute qu'il ne fait rien de lui-même, qu'il écoute ce que lui chuchote son père, et qu'il lui obéit en tout. Qui entend le très Haut parler dans le creux de l'oreille? Personne! L'écriture est là pour nous dire ce qu'il veut, mais sa parole, plus personne ne l'entend! Et celui-là, il veut nous faire croire que lui, il est l'élu, le "choisi", et que comme le prophète Elie il entend le murmure du Très Haut.

En fait personne n'est trop d'accord sur son origine, et sur ce qu'il enseigne. Ce qui est certain, c'est qu'il nous cherche, qu'il nous provoque. Il nous dit que Moïse nous a donné la Loi, mais que nous ne la suivons pas, que nous la pervertissons, que nous nous en servons. Il dit que si quelqu'un veut faire la volonté du Très Haut, vraiment la faire, alors il reconnaîtra que lui, et la doctrine qu'il enseigne, viennent de Dieu. Il dit **qu'il ne cherche pas sa gloire, mais celle de celui qui l'a envoyé.** La Gloire… Et il nous dit que nous, ce que nous voulons, c'est être reconnus les uns par les autres comme des hommes de bien, comme des hommes justes, et que cette reconnaissance nous suffit et que cela ce n'est pas correct. Pourtant nous en faisons des efforts pour que cette loi de Dieu soit respectée par nous, par nos familles, pour que son règne vienne enfin sur cette terre. C'est bien pour cela que nous jeûnons deux fois par semaine. Et lui, on raconte qu'il passe son temps dans les repas, à droite et à gauche.

Il a repris aussi le reproche qu'on lui a fait d'avoir guéri un homme le jour du Shabbat. Il aurait bien pu faire ça un autre jour et ça n'aurait pas posé de question. Mais non, il a fallu que ce soit justement ce jour-là. Il nous a fait remarquer que quand une circoncision tombe un jour de

*Shabbat, que nous obéissons, puisque la loi nous dit que ce doit être le huitième jour. Là, je reconnais qu'il a marqué un point.*

*Ce qui est étonnant c'est que tout le monde est divisé à son sujet. Dans la foule, certains le prennent pour un prophète et pensent que c'est pour cela que personne ne l'a arrêté. D'autres au contraire, pensent que ce n'est pas possible, et ils ont bien raison, parce que le Messie, personne ne saura d'où il vient. Et c'est contradictoire avec d'autres écritures qui disent que le messie sera de la lignée de David. Enfin, là, je ne sais plus trop.*

*Ce que je sais, c'est qu'il s'est mis à haranguer le peuple.* **Vous pensez me connaître disait-il, vous pensez savoir d'où je viens, vous pensez tout savoir de moi, mais si je suis là aujourd'hui, c'est parce que je suis envoyé par celui qui est le Vrai** *- et là il parle du Très Haut, de notre Dieu créateur - et que c'est de là que je viens, d'un ailleurs que vous ne pouvez imaginer. Quand je te dis qu'il est fou! Il raconte qu'il est en permanence auprès de Dieu. Il affirme aussi qu'il ne restera pas rester auprès de nous - sauf que nous ne lui avons rien demandé! - et qu'il va retourner auprès de celui qui nomme son Père.*

*Il a quand même eu une phrase sublime, et cela je le reconnais. C'était le dernier jour de la fête des Tentes. Il a dit, et cela je l'ai entendu de mes propres oreilles, que* **si quelqu'un avait soif, qu'il vienne à lui (qui lui? Ça c'est la question), et qu'il lui donnera de l'eau vive. Et il a ajouté que de son sein couleront des fleuves d'eau vive.** *J'ai un peu pensé à la vision du prophète Ézéchiel qui voit ce fleuve d'eau vive qui sort du temple et qui irrigue tout, mais c'était une vision. C'est quand même une belle phrase.*

*Pour finir, les gardes qui devaient l'arrêter ne l'ont pas fait et nos anciens et nos grands-prêtres, étaient furieux contre eux. Comment des hommes peuvent-ils se faire avoir par les discours de cet homme? Que les foules se laissent embobiner, oui, parce qu'elles ne connaissent rien à rien, mais nous, nous ne le laisserons pas faire. Nous allons bien trouver quelque chose pour arriver à le condamner. On va bien y arriver, car il risque de provoquer des émeutes dans Jérusalem.*

*Mais il a quand même réussi à se faire un allié de Nicodème. C'est étonnant. J'espère lors de ma prochaine missive pouvoir de raconter comment nous avons réussi à nous débarrasser de lui.*

*Que le Seigneur te bénisse et te garde et te donne sa Paix.*

*Ton ami, Isaac.*

## Jn 8, 1-11. La femme adultère. "Va et ne pèche plus."2022

C'est le cinquième dimanche de Carême: la femme adultère, ou la mort de Jésus se programme.

On dit parfois que ce texte aurait pu appartenir à l'évangile de Luc, mais je trouve qu'il a bien sa place ici. A Jérusalem, l'étau se resserre de plus en plus.

J'ai déjà écrit deux billets, très éloignés dans le temps, sur cette péricope.

Le premier, https://giboulee.blogspot.com/2013/03/la-femme-adultere-jean-81-10.html   fait parler la femme, et ce qu'elle a vécu.

Le second en 2019, là c'est Jésus qui raconte. https://giboulee.blogspot.com/2019/04/jesus-raconte-la-femme-adultere-jn-8-1.html

Ce matin, en travaillant ce texte, je voyais un premier cercle autour de Jésus, avec "la foule" et quelques disciples, car l'heure est matinale; puis un deuxième cercle, mais plutôt une sorte d'ellipse, avec deux foyers: la femme jetée en pâture, et Jésus qui risque d'être lui aussi jeté en pâture, et autour les pharisiens et quelques disciples qui sont restés, et peut-être quelques curieux, mais plus grand monde. Et à la fin à nouveau un cercle, Jésus et la femme sont au centre, il reste peu de monde autour.

 Et ce sera un de ses disciples qui va raconter ce qui s'est passé ce matin-là.

Les postures physiques de Jésus dans cet épisode m'interrogent toujours. Il est assis, la position du maître qui enseigne. Il se baisse et écrit sur le sol, comme s'il se mettait dans une bulle, comme s'il s'isolait. Il se relève pour donner quelques mots, là c'est une parole qui suit l'écrit, mais peut-être que c'est un moyen de vivifier ce que lui a écrit sur le sol, que nous ne connaissons pas; et à nouveau il se sort de ce qui se passe, il ne regarde pas, il n'influence personne, il est là. Et ce n'est que dans un nouveau silence qu'il s'adresse à la femme, et là, je le vois debout.

Un disciple raconte

*La dernière rencontre avec les bien-pensants, ceux qui utilisent la Loi comme un bouclier, s'était mal terminée. Ils auraient même voulu que notre maître soit arrêté, mais par un vrai miracle les gardes ont été subjugués par sa parole et n'ont pas porté la main sur lui. Un peu de temps avait passé, mais je pensais bien qu'ils chercheraient un moyen pour prouver qu'il n'était pas un bon juif et pour le faire lapider. Ils ont la pierre facile à Jérusalem. Il faut dire qu'ici les pierres ce n'est pas ce qui manque.*

Jésus avait passé comme souvent la nuit dans le jardin des Oliviers, ce jardin qu'il aime tant. Et comme souvent il était arrivé au Temple dès le lever du soleil, pour le chant des psaumes. Des gens s'étaient rassemblés autour de lui, et il avait commencé à leur parler. Ils étaient suspendus à ses lèvres. Il était donc assis, et nous et quelques autres autour de lui en cercle.

Et tout à coup, il y a du bruit, des pas, des pleurs étouffés. Arrive une jeune femme, en larmes, tenue par deux pharisiens et suivie par beaucoup d'autres. Ses gardiens, car c'en était, l'ont poussée devant Jésus, presque jetée à terre, mais elle est restée debout. Ils ont dit qu'ils avaient surpris cette femme en délit d'adultère, que la loi de Moïse prescrivait de lapider ces femmes, et que lui, il était sommé de dire ce qu'il fallait faire.

Pour un piège c'était un piège et du coup, mon maître était en aussi mauvaise position que cette pauvre femme, parce que s'il disait qu'il fallait obéir à la loi de Moïse, cela le discréditait aux yeux de tous ceux qui croyaient en lui et qui voyaient en lui le sauveur attendu, celui qui communiquait avec le Très Haut, qu'il appelait son père, et s'il disait qu'il ne fallait pas, alors il manquait à la loi de Moïse, et il était lui passible de lapidation. C'était vraiment un vrai traquenard. Et je me sentais là, en spectateur, totalement impuissant.

Lui, il était toujours assis. Il avait son regard triste, ce regard que je connais bien quand quelque chose le peine. Et de la compassion pour cette jeune femme il en avait. D'ailleurs normalement elle n'aurait pas dû être seule. Son compagnon aurait dû être là, mais lui, il avait sûrement réussi à sauver, ou alors elle n'avait rien fait et c'était un coup monté. Enfin c'est ce que j'ai pensé à un moment.

Jésus ne disait rien, ne répondait rien, comme s'il se murait dans le silence; et il s'est mis à écrire sur le sol, enfin à tracer des lettres. J'étais trop loin pour lire ce qu'il écrivait. Il me semble quand même qu'il avait *écrit le nom d'Adonaï, et celui de Moïse. Il ne regardait personne. La femme était debout, lui assis, regardant le sol. Le silence était pesant.*

*Ils sont revenus à la charge, et là, il s'est redressé, il les a regardés, avec toujours cette infinie tristesse, je dirais presque qu'il avait des larmes dans les yeux; et il a juste prononcé une phrase. Il a dit: "Que celui qui est sans péché lui lance la première pierre".*

*Et là il y a eu un autre silence. On ne lapide pas dans le Temple, on lapide hors de la ville, et eux ils avaient des pierres avec eux. Comme si tout était prévu à l'avance. Seulement là, ils ont baissé la tête. Après tout, l'écriture ne dit-elle pas que le juste pèche sept fois par jour? Alors les uns après les autres, en commençant par le plus âgé, ils sont partis. Qu'ont-ils pensé? Ont-ils reconnu qu'ils étaient aussi mauvais que ces vieillards des temps anciens qui avaient voulu faire condamner la jeune Suzanne? Étaient-ils furieux après Jésus? Je ne sais pas, mais un autre silence était là. Et Jésus avait continué à écrire.*

*Il s'est enfin redressé, un peu comme s'il s'éveillait d'un mauvais rêve. Il a regardé la femme, et il a dit "Femme où sont-ils? Puis il a ajouté, comme s'il était surpris: "Personne ne t'a condamnée?". Elle a répondu: "Personne Seigneur".*
*Et là, Jésus a souri. Un pauvre sourire. Je crois qu'il était très secoué par ce qui venait de se passer. Il s'est remis debout, il l'a regardée, et il lui a dit "Va, et ne pèche plus". Alors bien sûr elle est partie, sans trop demander son reste, mais elle était devenue autre. Elle s'était redressée, elle n'était plus perdue, elle était belle, belle comme tous ceux que notre maître fait renaître.*

*A notre tour nous avons quitté le Temple, et nous sommes partis à Béthanie.*

# Jn 8-11 Les interrogations d'un pharisien.2022

Dans un précédent billet, j'ai laissé la plume à un pharisien qui récrimine contre ce Galiléen qui depuis qu'il est à Jérusalem est un véritable empêcheur de tourner en rond.

Un peu de temps à passé, et Isaac, ce pharisien, se pose des questions, et se sent bouleversé par ce que nous appelons la résurrection de Lazare.

Voici ce qu'il écrit à son ami Josué.

Un pharisien écrit.

*Mon très cher Josué,*

*J'avais commencé à te parler de ce Jésus de Nazareth qui nous complique bien la vie à Jérusalem. Si ça continue, il va voir tout le peuple avec lui. Ces maudits qui s'imaginent avoir trouvé le messie qui va les aider à se révolter contre l'occupant, et nous, nous savons bien que les Romains ne le supporteront pas et que la réaction sera dans le sang. Alors nous pensons de plus en plus à le prendre en défaut pour pouvoir le lapider, le mettre à mort, mais en ayant le droit et la loi pour nous.*

*Nous avions même élaboré un vrai piège pour trouver une raison de le lapider. Je dois dire que c'était brillant. Nous lui avons amené au petit matin une jeune femme, surprise en délit d'adultère. Bien entendu elle était seule, l'amant avait trouvé moyen de prendre la poudre d'escampette. Nous avons alors en quelque sorte mis en demeure Jésus de nous dire ce que nous devions faire, puisque Moïse nous a dit de lapider ces femmes. Curieusement, il est resté là où il était assis; il s'est mis à écrire je ne sais quoi sur le sol. Ceux qui étaient plus près ont dit* que c'était le nom du Très Haut. Un peu de temps a passé. C'était un silence à couper au couteau. La femme, lui, nous. L'un de nous lui a reposé la question. Là il s'est redressé, nous a regardés et nous a dit: **"Que celui qui est sans péché lui jette la première pierre!"** Là je reconnais qu'il nous a pris complètement au dépourvu. Qui peut dire qu'il est sans péché? Tu sais comme moi que le juste pèche sept fois par jour. Alors nous sommes partis, presque honteux, parce que vouloir le lapider lui, c'est quand même un meurtre. Il parait qu'il a renvoyé la femme en lui disant de ne plus pécher. Je reconnais que son attitude m'a étonné. Il avait dit un peu la même chose à ce paralytique qu'il a guéri un jour de shabbat. Étonnant quand même.

Mais ensuite il a repris ce langage énigmatique qui nous contrarie tant. Je vais de donner quelques exemples. Ce qui est pénible, c'est qu'il affirme quelque chose, et que lorsqu'on essaye de le pousser dans ses retranchements, on a toujours l'impression de ne pas l'avoir compris, de ne pas le suivre là où il est, lui. Deux mondes différents, et il ne fait aucun effort pour s'adapter à nous. Le pire, c'est qu'on a toujours l'impression qu'il a un temps d'avance sur nous. Pour un homme qui n'a pas fait d'études, je dois dire que c'est très désagréable, et que cela augmente encore notre envie de le faire disparaître.

Par exemple il a déclaré qu'il allait s'en aller vers celui qui l'a envoyé; que nous le chercherions (enfin là, je crois qu'il se trompe, on a plutôt envie d'être débarrassé de ce beau parleur), et que là où il irait nous ne pourrions venir. On a pensé qu'il pourrait partir rejoindre les frères de la diaspora ou même se donner la mort, mais pas de réponse.

Quand on lui fait remarquer que ce qu'il dit de lui ne peut être retenu, puisqu'il faut deux témoins dans notre loi, il nous répond que son témoignage est valable, parce que lui, il sait d'où il vient, et où il va, que nous ne le savons pas; et surtout, que le Père qui l'a envoyé témoigne pour lui. Et là-dessus, ça devient un dialogue de fou. Il affirme que lui connait le Père, que nous, nous qui avons la Loi et les Prophètes, nous ne le connaissons pas. Et pourtant nous passons notre vie à apprendre à le connaître, en respectant les lois, et ses décrets et préceptes; alors que lui, il viole le shabbat.

Il a aussi des phrases étonnantes. Je vais t'en donner quelques exemples.

Il dit: "Je suis la lumière du monde". Mais pour qui se prend-il?
Alors que nous nous moquions de lui, qui disait qu'Abraham s'était réjoui de sa venue - alors que lui, qui n'a pas cinquante ans, il ne pouvait pas l'avoir vu, il a rétorqué: "Avant qu'Abraham fut, Je suis". Alors là, oser parler de lui-même avec le nom même que le très Haut a donné à notre père Moïse au buisson ardent, c'est plus que nous ne pouvons en supporter.
Il dit aussi que celui qui garde ses paroles ne verra jamais la mort. Et quand on lui rétorque que tous nos pères sont morts, il répond que nous ne comprenons rien.
Il a aussi dit que nous les pharisiens, nous disons que nous voyons, et que notre péché demeure. Nous dire ça à nous!

Une autre fois, il a affirmé qu'il est lui le bon pasteur, qu'il connaît ses brebis, et que ses brebis le connaissent. Et là, je sais qu'il pense au texte de notre prophète Ézéchiel. Mais celui qui est le berger, c'est le très Haut, ce n'est sûrement pas cet homme.

Il dit aussi qu'il est la porte par laquelle passent les brebis, et il nous fait bien comprendre que les brebis ce sont les prostituées, les publicains, les sans loi ni foi. Mais pour qui se prend-il?

Ensuite il nous accuse de vouloir le mettre à mort. Il n'a pas tort, mais si nous voulons l'éliminer, ce n'est pas à cause des guérisons qu'il fait - ce qu'il appelle les œuvres de son père, mais parce qu'il se prend pour Lui. Il ose dire que lui et le Père, (et il parle de l'Unique), ils font Un, que le Père est en lui et que lui est dans le Père.

*Maintenant je dois, pour être honnête avec toi, te parler de ce qui vient de se produire à Béthanie. C'est là que vit une famille qui fait partie de ses amis. Imagine-toi que l'un des leurs, Lazare, est tombé gravement malade. Sa sœur Marthe a envoyé des amis à elle, lui demander de venir pour guérir son frère. Mais il n'a pas bougé. En fait, il est allé là-bas alors que Lazare était mort depuis quatre jours. Quatre jours, là il était vraiment mort. Eh bien, il est allé devant le sépulcre où il était déposé; on nous a même dit qu'il avait pleuré - avec une autre femme, Marie, la petite sœur de Lazare. Il a demandé que l'on ôte la pierre, et il a dit: "Lazare, viens dehors". Ceux qui étaient là, n'en croyaient pas leurs oreilles. Mais le mort est sorti, avec les bandelettes et tout et tout. Il a juste dit de le délier, et c'est ce ce qui a été fait. Vivant! Cela m'interroge. Dieu exaucerait-il un pécheur? Alors je ne sais que penser. Peut-être que ce Jésus révèle un autre visage d'Adonaï, ce Dieu qui est le Dieu de la vie? Je veux dire le visage d'un père rempli d'amour, un père aimant.*

*Je crains cependant que ce miracle ne pousse nos grands prêtres à vouloir vraiment l'éliminer par tous les moyens. Je te tiendrai au courant, mais je dois dire que je ne sais plus; et que j'aimerais finalement bien le rencontrer ce Jésus, simplement le voir, comme l'a fait avant moi Nicodème.*

*La Pâque est toute proche. Je crains le pire.*

*Ton fidèle ami Isaac*


Jn 12, 1-11, L'onction à Béthanie.2022


C'est l'évangile proposé pour le lundi de la semaine sainte. Je me suis toujours demandée si ce qui s'est passé là, à Béthanie, n'a pas permis à Jésus d'utiliser ce geste avec ses disciples en Jn 13 pour le lavement des

pieds. https://giboulee.blogspot.com/2011/04/les-deux-lavements-des-pieds-jn-12-1-12.html
Bien sûr, c'est très différent. Pour moi, le geste de Marie est un geste d'amour, presque maternel, d'une femme qui embrasse, parfume le corps de son tout petit, et qui ce faisant est enveloppée dans son odeur à lui, et lui de son odeur à elle, puisque c'est elle qui a choisi.

Jésus, lui, va faire un geste paternel avec ses disciples, un geste d'homme. Certes un geste qu'il est demandé d'entendre en termes de service, mais il me semble que cela va bien au-delà. Jésus, en faisant ce geste, devient "un" avec celui auquel il lave les pieds: sa pureté à lui enserre l'impureté du disciple et la dissout dans sa sainteté.

Commentaire du texte.

*1 **Six jours avant la Pâque**, Jésus vint à Béthanie où habitait Lazare, qu'il avait réveillé d'entre les morts.*
*2 On donna un repas en l'honneur de Jésus. Marthe faisait le service, Lazare était parmi les convives avec Jésus.*
*3 Or Marie avait pris une livre d'un parfum très pur et de très grande valeur ; elle versa le parfum sur les pieds de Jésus, qu'elle essuya avec ses cheveux ; la maison fut remplie de l'odeur du parfum.*

On est inséré dans le temps; la Pâque est proche. On est inséré dans un lieu, Béthanie, qui est près de Jérusalem. Et on a des personnages: Jésus, Marthe, Lazare, Marie. On aura aussi Judas et la foule des curieux.

-Pour moi, **Lazare**, quand il se réveille d'entre les morts, est guéri de la maladie qui l'avait emporté. Il n'est pas un squelette, comme je pense l'avoir lu autrefois, un malade convalescent qui n'a que la peau sur les os.
-**Marthe**, fait le service. Comme dans l'évangile de Luc.
-**Marie** n'est plus assise aux pieds de Jésus, mais elle s'occupe des pieds de Jésus. Et l'odeur du parfum les enserre l'un et l'autre dans un même

cocon d'odeur; peut-être même que toute la maison en est remplie. Elle ne pleure pas comme la pécheresse de Luc, non. Elle essuie avec ses cheveux, par un geste qui est maternel. Ils sont presque comme la mère et son enfant. Ensemble, inséparables dans la mort qui va advenir.

Par ailleurs la maison, pour la psychologue que je suis, c'est un contenant qui renvoie à l'image maternelle. Alors cette maison qui est embaumée, qui embaume, elle est peut-être aussi à l'image de ce qui sera le tombeau de Jésus dans quelques jours.

*4 **Judas** Iscariote, l'un de ses disciples, celui qui allait le livrer, **dit alors** :*
*5 « Pourquoi **n'a-t-on** pas vendu ce parfum pour trois cents pièces d'argent, que l'on aurait données à des pauvres ? »*
*6 Il parla ainsi, non par souci des pauvres, mais parce que c'était un voleur : comme il tenait la bourse commune, il prenait ce que l'on y mettait.*

Et voilà Judas qui entre en scène, comme il entrera en scène lors du lavement des pieds. Je sais que traditionnellement on pense aux trente pièces qui sera le salaire de la trahison, mais le texte décrit simplement ce qui se passe à ce moment-là.

J'aime bien le "on". On peut presque l'entendre comme une critique de Lazare. Après ce qu'on a fait pour lui, n'aurait-il pas dû remercier plus qu'avec un simple repas? Donner de l'argent pour les pauvres? Et on sait qu'il exprime tout haut, ce que les autres disciples disent aussi dans les synoptiques. Seulement c'est le coup de patte de Jean à Judas, qu'il doit détester cordialement.

*7 Jésus lui dit : « Laisse-la observer cet usage en vue du jour de mon ensevelissement !*
*8 Des pauvres, vous en aurez toujours avec vous, mais moi, vous ne m'aurez pas toujours. »*

Et là, où la zizanie aurait pu arriver, je veux dire que Lazare aurait pu faire des reproches à Marie, ou même Marthe, Jésus apaise. "Laisse-là", elle m'oint en vue de ce jour où je vais être mis au tombeau. Si c'est 6 jours avant la Pâques, on est le dimanche.

*9 Or, une grande foule de Juifs apprit que Jésus était là, et ils arrivèrent, non seulement à cause de Jésus, mais aussi pour voir ce Lazare qu'il avait réveillé d'entre les morts.*
*10 Les grands prêtres décidèrent alors de **tuer aussi Lazare**,*
*11 parce que beaucoup de Juifs, à cause de lui, **s'en allaient, et croyaient en Jésus**.*

Et là, on passe à autre chose. On sait que la mort de Jésus est décidée, mais si on tue Lazare aussi, la preuve en quelque sorte que cet homme est un homme de Dieu, un prophète comme Elie ou Élisée, alors on aura gagné, plus personne ne désertera le pouvoir des prêtres.


Jean, le disciple bien-aimé, raconte.

*Jésus avait redonné la vie à Lazare. Au bout de quatre jours, il était sorti vivant du tombeau, il était sorti peut-être aveuglé par la lumière du jour, mais vivant et je dois dire guéri. Moi qui m'étais attendu à voir quelqu'un décharné par la maladie, il n'en n'était rien.*

*Peu de jours après, il nous a invités, nous les disciples, à un repas, je dirai plus qu'un repas de remerciements, un repas d'action de grâce. Et comme d'habitude, il en avait laissé l'organisation à Marthe. Et voilà, que Marie, celle avec laquelle Jésus avait pleuré quand il s'était rendu sur la sépulture de Lazare, est entrée dans la salle. Elle avait avec elle un flacon de parfum, un de ces parfums qui est réservé aux riches, et elle l'a versé sur les pieds de Jésus. Une odeur s'est répandue sur ses pieds, mais sur lui, autour de lui, et elle a pris ses cheveux comme pour caresser ses pieds. Elle aussi était tout imprégnée de cette odeur. Cela pour moi évoquait une mère en train de l'occuper de son petit, elle et lui étant inséparables, enveloppés dans la même odeur, dans la même senteur, absents du reste du monde.*

*Et voilà que Judas a rompu le charme. Il s'est étonné que l'on ne lui ait pas donné ce parfum qu'il aurait pu revendre pour avoir de l'argent pour les pauvres. En fait, comme c'est lui qui gère les finances de notre groupe, je sais très bien que cet argent il l'aurait en grande partie gardé pour lui. Mais c'est un peu comme s'il interpellait Lazare en lui faisant remarquer qu'il devrait faire attention à cette folle de Marie.*

*Heureusement que Jésus a pris la parole. Il l'a fait taire en lui faisant remarquer que des pauvres, il y en aurait toujours et hélas c'est bien vrai, mais que lui, non, il ne serait pas là pour toujours et que ce geste-là, il était pour lui, pour lui seul, et que c'était un vrai geste d'amour. La mort de Jésus, je me dis que Judas, il doit bien souhaiter que cela lui arrive et qu'il fera tout pour ça. Jésus a ajouté que ce geste, c'était comme pour anticiper ce qui allait de passer. Mon cœur s'est serré quand il a parlé d'ensevelissement. Mais au fond de moi, je sais bien que ça va mal se terminer.*

*Le repas s'est terminé, mais le charme était rompu. En rentrant à Jérusalem, j'ai appris que les grands prêtres, qui voulaient que Jésus leur soit livré, avaient aussi décidé de tuer Lazare, parce qu'à cause de lui de nombreux pharisiens se détournaient d'eux et apprenaient à vivre d'une manière plus conforme à la volonté de celui que Jésus appelle son Père. Ils sont vraiment odieux. Enfin s'ils s'imaginent que ce meurtre changera quoique soit au dessin du Très-Haut, ils se trompent.*

Jn 20, 8: Il vit et il crut. Fête de Jean l'évangéliste.2021

(octave de Noël).

Le disciple que Jésus aimait et qui aimait Jésus, raconte.

*Encore une nuit où nous avions fort mal dormi. Les événements défilaient en boucle devant nos yeux, et il y avait cette question lancinante; allait-il revenir à la vie, lui que j'avais vu mourir sur la croix, lui dont le côté avait été percé par la lance d'un soldat romain (je l'aurais bien tué celui-là si j'avais pu), ce côté dont était sorti du sang et de l'eau? Et puis au petit matin, voilà que Marie de Magdala arrive, presque échevelée, dans tous ses états, pour nous dire que le corps a été enlevé, et qu'elle, et les autres qui étaient venues avec elle pour embaumer le corps, ne savent pas quoi faire.*

*Nous nous sommes habillés en grande hâte et nous sommes partis au pas de course vers le jardin, vers la grotte où le corps avait été déposé. Comme je suis un peu plus jeune que Pierre, je suis arrivé le premier. Mais je ne suis pas entré. J'ai vu, de l'entrée, que les linges étaient posés sur la pierre qui avait accueilli son corps. Pierre est arrivé, un peu essoufflé. Il a repris sa respiration, il est entré, il est sorti. Il n'a rien dit, ni à Marie, ni à moi.*

*Plus tard il me dira que ce silence de mort lui a fait peur, et que de voir les linges à plat, et pas de corps, cela l'avait effrayé, et qu'il était en plein désarroi. Que certes il se souvenait bien du jour où Jésus avait changé d'aspect devant lui et les fils de Zébédée, et où il avait annoncé qu'il devait souffrir, être mis à mort, et ressusciter le troisième jour; et qu'il ne fallait pas en parler, mais qu'il ne comprenait plus rien, il ne savait plus rien, il ne savait plus que penser, que croire, même qu'espérer.*

*Je suis entré à mon tour, il n'y avait que la lumière du jour pour éclairer la dalle sur laquelle le corps avait reposé. Mais de corps il n'y en avait pas. Il y avait par contre les linges qui avaient enveloppé le corps, bien pliés; et le suaire qui avait enveloppé son visage, posé là où sa tête avait reposé. Des linges bien pliés, cela montrait bien que ce n'était pas un voleur ou un pilleur de tombe qui était passé par là, parce qu'un voleur serait parti en laissant tout dans le désordre. Non cela voulait dire autre chose. Mais de corps il n'y en avait pas.*

*Et dans ce silence, dans cette semi obscurité, j'ai compris que ce qu'il nous avait dit s'était réalisé, que c'était vrai. Lui la vie, il était vivant, il était le vivant, lui la lumière qui luit dans les ténèbres, les ténèbres n'avaient pu avoir raison de lui, elles n'avaient pu le retenir, lui l'Amour, il était celui qui est. Une grande paix m'a envahi.*

*Certes il n'était pas là, il n'était plus là, mais celui que j'aimais plus que tout était en vie, et il allait sûrement se montrer quand il le voudrait; car il nous l'avait promis juste avant d'être arrêté.*

*Nous avons rejoint les autres et nous avons commencé l'attente, en ce premier jour de la semaine.*

Jn 20, 12-18. La rencontre entre Marie-Madeleine et Jésus. 2022

C'est étonnant, je pensais avoir beaucoup écrit sur ce texte que j'aime, mais finalement il y a peu de choses. Ce billet écrit pour la fête du 22 juillet reste d'actualité mais peut-être faut-il le rafraîchir: https://giboulee.blogspot.com/2020/07/jai-vu-le-seigneur-jn-20-18.html

C'est le texte avec les "retournements" de Marie. J'aime beaucoup regarder ses attitudes. Mais ce matin, je crois que le dernier retournement c'est le choix de la vie. La voix de Jésus lui permet enfin de se détourner de ce lieu de mort vers lequel elle revient sans cesse, comme si elle était aimantée par ce vide, pour aller enfin vers le dehors, le jardin, la vie. Et ces mouvements-là, ils sont bien souvent les nôtres; et parfois il faut se forcer à ne pas être aimanté par le malheur, par la mort, mais aller vers ce qui reste vivant, ce qui est en vie , ce qui donne la vie.

Le texte.


*11 En ce temps-là, Marie Madeleine **se tenait** près du tombeau, **au-dehors**, toute en pleurs. Et en pleurant, elle **se pencha** vers le tombeau.*

Très étonnant les postures. Elle est debout, elle est à l'entrée, et elle pleure. Elle est seule, les autres sont partis. Jean, le disciple, certainement transformé, Pierre semblable à lui-même, mais ils ne cherchent pas le corps avec elle, comme si cela ne les intéressait pas. Et elle, elle est seule.

*12 Elle **aperçoit** deux anges vêtus de blanc, assis l'un à la tête et l'autre aux pieds, à l'endroit où **avait reposé** le corps de Jésus.*
*13 Ils lui demandent : « Femme, **pourquoi** pleures-tu ? » Elle leur répond : « On a enlevé mon Seigneur, et je ne sais pas où on l'a déposé. »*

Et là, j'imagine qu'elle tourne la tête vers le tombeau, elle qui n'y est pas entrée. Elle, elle ne voit pas les linges, contrairement aux deux autres, mais deux anges, qui pour moi symbolisent les anges de l'arche d'alliance. Et eux au moins ils parlent, et ils s'intéressent à elle. Seulement, ils ne disent toujours pas où est le corps; et le corps, elle le veut. Et du coup, eux peuvent rester où ils sont, cela ne l'intéresse pas.

*14 Ayant dit cela, elle **se retourna** ; elle aperçoit Jésus qui se tenait là, mais elle ne savait pas que c'était Jésus.*
*15 Jésus lui dit : « **Femme**, pourquoi pleures-tu ? **Qui cherches-tu ?** » Le prenant pour le jardinier, elle lui répond : « Si c'est toi qui l'as emporté, dis-moi où tu l'as déposé, et moi, j'irai le prendre. »*

Et là, elle regarde à nouveau non plus vers la mort, mais vers le jardin, vers la vie, et elle voit cet homme qui s'intéresse lui aussi à elle. Après tout, c'est quand même une semaine importante dans la vie des juifs, la Pâque, les pains azymes. Et deux questions, pourquoi pleures-tu, qui cherches tu. Et là, elle ne se démonte pas, elle, la femme, elle ira chercher le corps du mort. Parce que pour elle, il est mort, mort. Et peut-être qu'elle regarde à nouveau vers le tombeau, ce qui peut aussi expliquer le retournement.

*16 Jésus lui dit alors : « **Marie !** » S'étant retournée, elle lui dit en hébreu : « Rabbouni ! », c'est-à-dire : Maître.*

Et là, parce qu'elle se tourne vers lui et pas vers le lieu où il aurait dû être, elle entend la voix, elle le reconnaît et elle peut le nommer, celui qui est le Maître de la vie et de la mort, qui a vaincu la mort.

*17 Jésus reprend : « Ne me retiens pas, car je ne suis pas encore monté **vers le Père**. Va trouver mes frères pour leur dire que **je monte** vers **mon** Père et **votre** Père, vers **mon** Dieu et **votre** Dieu. »*

Et là, il lui confie une mission. Et pour moi, si Jésus est descendu dans les profondeurs qui ne l'ont pas retenu, c'est qu'il a vraiment terminé sa mission et qu'il peut aller vers le Père - sur les hauteurs; et que désormais ce Dieu est devenu le Dieu de tous, et le Père de tous. Car au ciel aussi, il s'est comme produit une transformation.

*18 Marie Madeleine s'en va donc annoncer aux disciples : « **J'ai vu** le Seigneur ! », et elle raconta ce qu'il lui avait dit.*

Ce qui reprend un peu ce qui s'est passé pour l'évangéliste: il vit et il crut. Mais ce n'est pas le même voir.

## Marie raconte.

*Simon Pierre et Jean - le disciple qui est un ami de Jésus - sont partis. Quand ils sont sortis du tombeau, Simon-Pierre est resté de marbre, et pas un mot. L'autre, lui, c'était différent, il avait l'air heureux, apaisé, mais ils ne m'ont rien dit et ils m'ont laissée seule. Moi qui espérais qu'ils m'aideraient à trouver le corps! Mais non, rien. Et moi je me sens abandonnée, et mes larmes coulent.*

*Maintenant, je me tiens dehors, je n'arrive pas à entrer. Et en me penchant pour regarder je vois deux hommes assis là. Mais qu'est-ce qu'ils font là? Avant ils n'y étaient pas. Ils sont vêtus de blanc. Je pourrais presque dire qu'ils me font penser à ces anges qui étaient de part et d'autre du propitiatoire dans l'arche d'alliance, mais ils me font un peu peur. Je ne comprends pas trop. Est-ce que ce lieu est devenu sacré?*

*Ils me demandent pourquoi je pleure. Quelle question. Moi je ne leur demande pas ce qu'ils font là. Et eux, ils ne me disent pas où est le corps. Alors je les laisse là, et je regarde de l'autre côté, vers le jardin.*

*Là, je vois un homme, et je me dis que celui-là, peut-être, me répondra, que c'est le jardinier chargé de l'entretien du jardin. Et comme je ne sais pas trop si Joseph avait le droit d'utiliser ce tombeau tout neuf, peut-être qu'il a pris le corps.*

*Il me regarde avec bienveillance, il me demande pourquoi je pleure et qui je cherche. Lui au moins, il est un peu plus humain. Alors je lui réponds que si c'est lui qui a emporté le corps qui était là, qu'il me dise où il s'en est débarrassé pour que moi je puisse l'emporter. De fait je ne sais où je le mettrais, mais ce corps je le veux. Et je regarde à nouveau vers ce lieu où il a reposé. En fait je voudrais que le corps revienne là, dans l'obscurité, dans la nuit, mais que le tombeau ne soit plus vide. Que je puisse faire quelque chose, que je puisse agir.*

*Et là, celui que je prends pour le jardinier prononce mon nom; et avec cette manière de le dire qui est cette manière unique qu'avait mon maître de le dire. Alors là, mon cœur tressaille en moi, la joie m'envahit et je me tourne vers lui, avec cette envie de me jeter tout contre lui, pour sentir sa chaleur, sa peau, de voir son regard; et je lui dis tout doucement "Rabbouni", parce que c'est comme cela que moi je l'appelle, mais là, c'est autre chose, parce que maintenant il est le maître de la vie, il est le vivant.*

*Il me demande alors de ne pas le retenir, parce qu'il n'est pas encore monté vers le Père. Chaque mot qui sort de sa bouche, je le déguste. Il commente ce qu'il vient de dire, il me dit d'aller vers ses frères, et de leur dire qu'il monte vers son Père qui est maintenant notre Père, qu'il monte vers son Dieu qui est notre Dieu. Je crois qu'il me dit quelque chose de très important, que moi je dois transmettre, même si je ne comprends pas très bien. Je comprends juste que désormais, moi aussi je peux appeler, comme Lui, le Très haut mon Père, et que ce Dieu que j'imaginais loin de moi, dans les hauteurs, il est là, en Moi, comme il l'a été pour mon bien-aimé. Je crois qu'il me dit que désormais lui et nous, nous sommes ses frères, que nous avons le même père, parce qu'il a donné sa vie pour nous tous, par amour.*

*Alors en grande hâte, je suis partie et je leur ai annoncé que j'avais vu de mes yeux vu Jésus le Seigneur, et je leur ai transmis ce qu'il m'avait dit.*

*Maintenant ce sont des larmes de joie que je verse. Il est vivant, je suis vivante, la vie s'est manifestée, la mort a été vaincue.*

Jn 21, 1-12. L'apparition sur le lac.

C'est le texte proposé pour le vendredi de l'octave de Pâque.

Commentaire

Si on se réfère au chapitre 20 de cet évangile, l'auteur nous dit *"qu'il y a encore beaucoup de signes que Jésus a fait en présence de ses disciples, et qui ne sont pas écrits dans ce livre. Mais ceux -là ont été écrits pour que vous croyiez que Jésus est le Christ, le Fils de Dieu, et pour qu'en croyant, vous ayez la vie en son nom"*.

Et pourtant, le rédacteur a éprouvé le besoin de rapporter la troisième manifestation de Jésus. Elle se passe sur les bords du lac de Tibériade, ce qui évoque la multiplication des pains (Jn 6); les disciples sont peu nombreux, mais nommés: ils sont sept, Simon-Pierre, Thomas, Nathanaël, les fils de Zébédée donc Jacques et Jean (on retrouve donc les trois qui ont vu la transfiguration), et deux autres disciples, l'un d'eux étant le disciple que Jésus aimait.

Ce qui est étonnant, c'est qu'à Jérusalem Jésus a répandu son esprit sur ses disciples en soufflant sur eux, et leur a donné le pouvoir de remettre les péchés ou de les maintenir. On peut quand même se demander pourquoi un certain nombre de disciples, dont ceux que nous savons être de Galilée, s'en sont retournés chez eux finalement comme si rien n'était advenu; comme s'ils pouvaient reprendre leur vie, là où ils l'avaient laissé.

Peut-être que toute cette séquence, qui se termine par l'envoi de Pierre en mission, est là pour nous dire que maintenant que Jésus est revenu à la vie et que la mort a été vaincue, il n'est plus question de faire comme si rien ne s'était passé: il faut aller de l'avant.

On dit souvent que, si Pierre passe un vêtement au moment où il saute à l'eau pour rejoindre Jésus sur la rive, c'est parce que - comme Adam au moment de la faute - il se sent coupable et se met à l'abri derrière ce vêtement; qui va être trempé et ne servira à rien. Je ne pense pas que la culpabilité soit en cause (même si c'est ce que la suite du texte pourrait faire croire avec la triple question); parce que ce qui s'est passé à Jérusalem, et le don de l'Esprit, montre que Jésus est passé lui aussi à autre chose. Mais ici Pierre, en reprenant sa vie d'avant, sa vie de pêcheur, a pris encore la fuite, plus que la nuit du Jeudi saint. Et le feu de braises certes renvoie au feu qui a entendu ce reniement, mais peut-être aussi au buisson ardent, qui brûle sans se consumer et qui est lieu de la présence de Dieu.

Je me disais aussi que les trois questions de Jésus, surtout la première, prennent un autre sens, si on admet que Pierre a refait un petit groupe d'amis pour refaire avec eux une vie.

- Le "Simon-Pierre, m'aimes-tu plus que tu aimes ceux-ci" (est-ce que tu me préfères à eux, tes amis) prend alors tout son sens. Et Pierre en répondant "oui", choisit d'aimer Jésus: et alors Jésus lui demande d'être le berger de ses agneaux (c'est-à-dire de ceux-là qui sont les "enfants" de Jésus, ce qui renvoie à la manière dont Jésus les appelle au début de la péricope).

- Le second "Simon-Pierre, m'aimes-tu vraiment" peut effectivement faire référence à ce qui s'est passé durant la nuit du jeudi au vendredi (mais peut-être ne faut-il pas oublier que Pierre a essayé de défendre Jésus en blessant un serviteur du grand-prêtre), et pousse un peu Pierre dans ses retranchements. Cela l'oblige, lui l'impulsif, à réfléchir. Et sa réponse: "Oui, toi Seigneur tu le sais" va bien dans ce sens. Et là, Jésus augmente en quelque sorte la charge: désormais, il y a les brebis, ces brebis dont Jésus parlait au chapitre 10, qui sont ceux qui connaissent sa voix. Et là, ça fait du monde.

- Quant à la troisième question, puisqu'il s'agit de ce verbe aimer qui a deux sens en grec, je peux penser que pour Pierre il est impossible d'aimer au sens plein, comme Jésus aime et que cela il le sait et que cela l'attriste et c'est peut-être pour cela que Jésus se met à son niveau et lui parle de cet amour d'amitié, mais cet amour-là, quand il va jusqu'au bout, permet bien d'être le berger des brebis du Seigneur.

Je pense qu'il se fait là tout un chemin de conversion pour Pierre, un chemin que l'on est tous, appelé à faire, mais chacun à sa manière.

Mais je reconnais que c'est une interprétation très osée de ma part.
Bien sûr il y a le filet qui ne se rompt pas contrairement au voile du temple (mais ce n'est pas la même rédaction); il y a les 153 poissons sur lesquels on a beaucoup écrit.
Si on cherche la signification des 153, outre St Augustin, il y a de nombreuses interprétations. Il y a aussi non pas 153, mais 154 car Jésus est aussi le poisson (ICHTUS).

Mais il y a surtout que ce pain et ces poissons, ceux qui sont déjà là et ceux qui sont apportés par Pierre, évoquent tellement ce qui s'est passé le jour où Jésus a nourri une foule. Là il partage ces aliments, et c'est lui qui nourrit, et ce sera bien aux disciples de reprendre ce geste et de nourrir ces nations qui demandent à connaître le Fils.


Simon-Pierre raconte.

*Notre maître, celui pour lequel nous avons tout quitté, avait été mis à mort sur une croix. Il avait dit que cela devait arriver, qu'il devait mourir sur une croix, mais je n'arrivais pas à y croire. Et quand c'est arrivé, croire qu'il pouvait revenir à la vie c'était impossible. Quand un poisson est sorti de l'eau, il meurt. Quand un homme est sur une croix, il meurt.*

*Et pourtant, par deux fois il s'est manifesté, il est apparu alors que nous étions enfermés dans la chambre haute, parce que nous avions peur que les juifs ne veuillent mettre la main sur nous, comme si nous avions volé le corps. Et il avait soufflé sur nous, nous avait donné ce pouvoir énorme de maintenir les péchés ou au contraire de pouvoir délier. Et Thomas ,qui lui était absent lors de cette première venue, et qui refusait de nous croire, a reconnu que Jésus était bien redevenu vivant, et que Jésus était son Seigneur et son Dieu. Car l'homme que nous avions connu n'était plus là, c'était un autre, et quelque part nous en avions un peu peur.*

*Et puis nous avons décidé de retourner chez nous en Galilée, loin de Jérusalem, le temps que la pression retombe. On reviendrait peut-être pour la fête du don de la Loi, la fête de Chavouot, même si désormais cette loi était remplacée par celle que le Seigneur nous avait donnée: de nous aimer les uns les autres comme Lui nous avait aimé.*

*Et ce soir-là, j'avais envie de pêcher. Je l'ai dit à mes amis, ceux de toujours, Jacques et Jean, Nathanaël, mais aussi à Thomas, et à deux autres dont Jean, celui qui comprend toujours tout avant tout le monde, comme s'il était en prise directe sur Jésus; et encore un autre. Et toute la nuit nous avons pêché et rien, rien, rien. C'en était à pleurer.*

*Et quand nous avons regagné le rivage, un homme au loin nous a interpellé. Il nous a dit: "Hé les enfants, avez-vous du poisson?" Quelle drôle de question et pourquoi, nous appeler ainsi, comme s'il nous connaissait? Nous avons répondu que non. Là il nous a dit de jeter le filet à droite de la barque. Cela nous a étonné, mais nous l'avons fait et là, la barque a commencé à se pencher vers la droite, sous le poids du filet qui se remplissait. Et c'est là que Jean, (pas le frère de Jacques) m'a dit: "c'est le Seigneur", et j'ai su qu'il avait raison.*

*Seulement, j'avais un peu honte de moi, parce que le soir où il avait été arrêté et quand il avait annoncé que je le trahirai par trois fois, moi, je pensais vraiment donner ma vie pour lui et le suivre partout et j'avais* quitté Jérusalem, et j'avais repris ma vie d'avant. Alors j'ai passé un vêtement, et j'ai sauté à l'eau. Les autres ont suivi et ils ont laissé la barque sans remonter le filet. Quand je suis arrivé au bord, avec mes vêtements trempés, il m'a fait signe d'aller auprès du feu pour me réchauffer; il ne disait rien, il me regardait comme lui seul sait regarder. Et là, j'ai vraiment su qu'il était ressuscité, qu'il était le Seigneur, qu'il était Dieu, comme Thomas l'avait dit.

Sur le feu de braise, il y avait du poisson et du pain, et ça sentait bon. Il a demandé de prendre aussi de notre poisson et c'est là que je suis retourné à la barque que j'ai amené le filet sur la terre, que j'ai constaté que le filet ne s'était pas rompu, ce qui est étonnant avec une charge pareille, et qu'il y avait 153 poissons. Et des beaux poissons; pas de ce ceux qu'on rejette. Et ces poissons, c'était un signe rien que pour nous, notre signe. Surabondance, vie, présence.

D'un coup, je me suis retrouvé comme en arrière dans le temps: ce jour où, après avoir guéri un homme qui ne marchait plus depuis trente-huit ans, Jésus avait dû quitter Jérusalem parce que les pharisiens lui reprochaient d'avoir obligé l'homme à porter sa civière un jour de Shabbat. Et nous nous étions retrouvés en Galilée, chez nous, avec une foule importante que nous voulions renvoyer, car la nuit était proche. C'était peu de temps avant la fête de la Pâque. Il avait nourri la foule lui tout seul avec ce que nous avions, du pain et du poisson. Et ici, il y avait à nouveau du pain, du poisson grillé et il nous a partagé cela. Tous les sept, nous étions à nouveau avec "notre" Jésus, celui qui avait nourri la foule, qui avait dit qu'il donnerait sa vie pour que nous ayons, nous, la vie éternelle.

Un petit moment a passé. Et puis, par trois fois, il m'a demandé si je l'aimais. Et par trois fois j'ai dit que oui je l'aimais plus que ceux qui étaient là, que oui je l'aimais et que oui je l'aimais, mais que je ne savais pas faire. Et par trois fois il m'a donné la charge d'être le berger.

*Moi qui ne suis qu'un pauvre pêcheur, je lui succède pour prendre en charge ses brebis. Moi l'impétueux, et bien j'accepte cela, comme l'intendant, qui sait qu'il n'est que l'intendant, et qui fera de son mieux pour que la parole d'amour se répande sur toute la terre. Peut-être que cela me conduira à la mort, mais là au moins je pourrai lui ressembler, je donnerai vraiment ma vie pour lui, et jamais plus je ne le renierai.*

# CONCLUSION
## Raconter une histoire, raconter des histoires.

Je me suis demandée s'il fallait ou non conclure, parce que somme toute les textes peuvent se suffire à eux-mêmes. Puis, j'ai demandé à l'Esprit Saint de m'inspirer. Laisser tel quel, ou terminer.

C'est là que m'est venue l'idée de parler un peu de ma pratique professionnelle, et plus précisément des tests projectifs, qui me sont très familiers et que je continue à trouver très utiles pour avoir comme une radiographie de quelqu'un à un moment donné de son existence. Or ce que je demande, lorsque je présente une série d'images qui évoquent toutes un conflit, c'est bien de raconter une histoire, une histoire qui se développe dans le temps, et qui tienne compte dans la mesure du possible de l'image elle-même. Et dans ma manière actuelle de faire, je raconte bien une histoire à partir de l'image que le texte évangélique me suggère.

Ce que je sais aussi, c'est que chacun a sa manière à lui, en fonction de son organisation psychique, de raconter une histoire. Elle pourra coller à l'image, s'attacher aux détails, éviter le conflit, ou utiliser quelque chose de plus vivant, avec des émotions, des affects. Et je pense qu'en utilisant cela, qui donne de la vie, c'est bien ce que j'ai voulu faire, sauf que je dis voulu, mais que bien souvent c'est venu tout seul, comme si j'étais guidée, même si ces textes sont très certainement un reflet de ce que je suis.

Puis "on" m'a soufflé de dire merci. Et des remerciements, j'en ai à la pelle, surtout avec une vie d'une certaine durée. " Comment rendrai-je à Dieu, tout le bien qu'il m'a fait ?"

Un peu de mon histoire.

Quand j'avais une dizaine d'années, mon père m'a fait rencontrer un technicien de l'usine dont il était le directeur, qui faisait passer des tests aux employés. Je suppose que ce monsieur a dû un peu parler avec moi, et ne sachant pas trop quelle était la demande de son directeur, a terminé, en me laissant seule, mais avec pour travail de raconter par écrit ce à quoi me faisait penser l'image qu'il m'avait montrée.

Celle-ci, en noir et blanc, représentait un petit garçon assis derrière une table sur laquelle reposait un violon. Le garçon en question contemplant cet instrument d'un air désolé ou boudeur. Je me souviens avoir écrit toute une histoire qui racontait comment petit à petit, malgré l'échec il finissait par tirer des sons harmonieux de cet instrument. Est-ce que j'ai parlé de cours qu'il aurait pris pour y arriver, ce n'est pas certain du tout, mais je pense que c'était très centré sur la volonté, et le désir de faire plaisir.

Mais ce que je sais aujourd'hui, c'est cette image, qui m'a été montrée dans mon enfance, je l'ai retrouvée lors de mes études. Elle fait partie d'un test projectif, le TAT, que j'ai utilisé maintes et maintes fois durant ma vie professionnelle. Et j'en ai entendu des histoires, allant du garçon qui veut cacher le violon derrière une armoire pour avoir la paix, au garçon qui finit par devenir un violoniste de renommée mondiale.

Tout cela pour dire que devant la même image, chacun a des représentations différentes et aussi un style qui lui est propre pour raconter. Et je pense que devant les différentes scènes que nous rapportent les évangiles, il y a autant de manière de voir, d'entendre de vibrer que de personnes.

Si donc, j'ai choisi de faire parler certaines de personnes présentes, je suis bien consciente que je suis le narrateur et que j'ai parfois injecté ma sensibilité, voir mes incompréhensions ou même de la colère, mais aussi mon savoir. Je veux dire tout ce que j'ai pu apprendre au fil des années de pratique professionnelle.

Cette manière de procéder a donc été pour moi le moyen de m'approprier ces textes dits sacrés, tellement sacrés qu'on les regarde sans oser les questionner, les interroger, voir les remettre en cause.

Pour en revenir encore un peu à mon histoire, le premier texte rédigé à la première personne est né à la suite d'un enseignement sur l'analyse narrative des évangiles et plus particulièrement appliqué à la femme hémorroïsse dans l'évangile de Marc. Ce texte est comme en sandwich entre la démarche de Jaïre qui vient pour demander la guérison de sa petite fille, et l'annonce du décès de cette dernière. https://giboulee.blogspot.com/2007/05/la-femme-qui-perdait-du-sang-mc-515-25.html

L'enseignant, que j'admire énormément, a donné ce jour-là du grain à moudre à l'intellectuelle que je suis. Mais de cela il fallait faire quelque chose, que ça s'incarne. Je peux presque dire que j'ai incorporé son enseignement et que cela s'est incarné en moi et que cela a pris corps. Et c'est bien de cela qu'il s'agit pour les textes qui composent ce livre. Il s'agit bien de corporéité.

Si j'ai rapporté ces deux expériences, l'une liée à ma profession de psychologue (mon expérience des tests projectifs) et celle liée à ma pratique chrétienne, c'est qu'elles m'ont donné l'envie et le goût de me laisser prendre par un souffle qui est en moi, de le laisser mettre des mots, des affects, et que cela me permet aujourd'hui, pour vraiment conclure de remercier tous ceux et toutes celles qui au cours de ma carrière m'ont permis de devenir qui je suis, et aussi tous ceux qui ont aidé à ce que ma recherche de '' l'eau vive'' par moment comblée.

J'en viens maintenant aux remerciements.

Je voudrais ici, remercier mes parents, qui même s'ils n'ont jamais été à la messe avec moi, même s'ils n'ont jamais prié avec moi, m'ont donné comme on dit une éducation au cours de laquelle j'ai pu rencontrer des êtres remplis de la Présence: d'avoir pu me donner ce qu'eux n'avaient peut-être pas reçu.

Je voudrais remercier ma famille, surtout mon très cher mari et mes enfants, d'avoir supporté que je reprenne des études sur le tard, de m'avoir épaulée, et de m'avoir fait totalement confiance. Je voudrais aussi les remercier les uns et les autres pour leur patience et pour leur présence indéfectible. Et plus particulièrement celui qui m'a choisie, pour sa patience et pour l'aide apportée à la lecture et à la relecture de ces textes.

Je voudrais remercier toutes les personnes qui ont été sur ma route, et elles sont nombreuses, très nombreuses, qui m'ont confié des responsabilités, qui m'ont accordé leur confiance, qui m'ont raconté leur histoire, et qui m'ont transformée.

Je voudrais remercier ceux et celles que ma pratique m'a donné de rencontrer, et peut-être ces enfants polyhandicapés, car c'est grâce à eux que j'ai comme touché du doigt la présence de l'Amour. Et bien sûr tous ceux qui m'ont raconté des histoires qui sont de l'ordre de "l'indiscible" parce qu'elles touchent au Mal.

Je voudrais remercier tous ceux et toutes celles que j'ai rencontrés, que je rencontre, et qui sont mes amis.

Et pour finir, remercier le Seigneur, d'avoir mis depuis toujours, depuis que je suis venue dans ce monde au moment de la deuxième guerre mondiale, des personnes qui ont été peut-être, sans le savoir, celles dont j'avais besoin à ce moment-là pour me sentir vivante.

Merci à mes lecteurs.

Édition : BoD – Books on Demand, info@bod.fr
Impression : BoD – Books on Demand, In de Tarpen 42,
Norderstedt (Allemagne)
Impression à la demande
ISBN : 978-2-3224-2161-9
Dépôt légal : mai 2022